Kerry Gleeson

MIEUX S'ORGANISER POUR GAGNER DU TEMPS

Un Programme d'Efficacité Personnalisé

2ᵉ édition revue et augmentée

MAXIMA
LAURENT du MESNIL ● ÉDITEUR

Kerry Gleeson est le créateur initial du PEP (Programme d'Efficacité Personnalisé), système réputé pour multiplier la productivité et qui a déjà révolutionné la vie de très nombreux professionnels. Kerry Gleeson est le fondateur et président d'IBT (Institute for Business Technology), une société de conseil spécialisée dans l'amélioration de la productivité et de l'efficacité du management et de leur personnel. IBT a d'abord été développé en Suède, et est désormais présent sur tous les continents et dans de nombreux pays francophones. IBT compte parmi ses clients des entreprises renommées telles que Caisse d'Épargne, Shell, Volvo, Unilever, Électricité de France, Hewlett Packard, Tetra Pak, Atmel, le CICR, l'Organisation des Nations Unies, la Commission Européenne, Degrémont, ainsi que des administrations nationales et locales.

———

À ma famille, en souvenir
de ma mère et de mon père.

MAXIMA
LAURENT du MESNIL ● ÉDITEUR

192, bd Saint-Germain, 75007 Paris
Tél. : 01.44.39.74.00 - Fax : 01.45.48.46.88
Internet : www.maxima.fr
© **Maxima, Paris, 2004**
ISBN : 2.84001.369.X

Titre original : *The Personnal Efficiency Program, How to Get Organized to Do More Work in Less Time*. Traduit de l'américain par Francine Siéty et Bénédicte Dambly pour cette nouvelle édition. © All Rights Reserved. Authorized translation from English Language edition published by John Wiley & Sons, Inc. © 2000, Kerry Gleeson.

SOMMAIRE

Préface 9

Avant-propos à la 2ᵉ édition 27

Avant-propos à la 1ʳᵉ édition 29

INTRODUCTION
GAGNER DU TEMPS, CELA S'APPREND

- L'origine du problème 31
- Les demi-mesures 33
- L'importance des détails 34
- Le Programme d'Efficacité Personnalisé 34

CHAPITRE 1
L'ACTION IMMÉDIATE

- Le principe de l'action immédiate et son efficacité 39
- Commencer par ranger son bureau ou son espace de travail . 40
- Ne plus dire « je vais faire… » mais faire 43
- L'action immédiate n'est pas toujours possible 54
- S'habituer à trancher 55
- S'habituer à l'action immédiate 56
- La perfection 57
- La discipline 58
- *En résumé* 60

CHAPITRE 2
L'ORGANISATION IMMÉDIATE

- Mettre de l'ordre dans son bureau 62
- L'origine du désordre 63
- Le désordre est-il une nécessité ? 64
- Ni vu… ni connu 65
- Ne pas négliger l'évidence 65
- Commencer par le commencement 68
- Des outils de travail appropriés 68
- Se tenir au courant des nouveaux outils de travail 72

- Les systèmes de classement 73
- Les dossiers de travail 75
- Organisez vos dossiers de travail 79
- Quelques bons conseils pour améliorer son classement 86
- Classer et étiqueter 88
- Les dossiers électroniques 88
- Classer les télécopies directement de votre ordinateur 96
- Créer et classer le répertoire de votre messagerie
  électronique 98
- Organiser le bureau pour accéder à ses applications 99
- L'organisation d'autres supports 100
- En bref 101
- *En résumé* 102

CHAPITRE 3
LE PILOTAGE AUTOMATIQUE IMMÉDIAT

- Tenir un journal de bord 106
- Journal de bord électronique 107
- Filtrer les informations 108
- Réagir avec pertinence 110
- Traiter le travail de routine par regroupements 111
- Programme pour éviter les choix inutiles 112
- La loi de Parkinson et la répartition du temps 113
- Procéder par séquences 114
- Traiter les appels téléphoniques par regroupements 115
- La messagerie électronique 117
- Bien gérer ses messages électroniques 119
- Limiter le nombre de messages électroniques 120
- Courrier et mémos 122
- Utiliser Internet 124
- La lecture 126
- Les entretiens hebdomadaires individuels 127
- Rendez vos réunions plus efficaces 128
- Comment gérer les interruptions 131
- Se mettre au travail 134
- Les écueils 134
- *En résumé* 137

CHAPITRE 4
LA PLANIFICATION IMMÉDIATE

- Le but de la planification 141
- Principes de planification 143
- Les techniques de planification du PEP 145
- Le planning quotidien 146
- Muscler son agenda 154
- La visualisation 171
En résumé 174

CHAPITRE 5
COMMENT TENIR LE CAP ?

- La persévérance 178
- Soulager sa mémoire 179
- Garder l'esprit libre 180
- Organiser des systèmes de suivi efficaces 180
- Assistants numériques personnels et ordinateurs de poche ... 190
- L'interconnexion informatique des groupes de travail 190
- Les logiciels de groupe 192
- L'art de la délégation 192
- Quelques nuances 194
- Sauvegarder ses arrières 195
- Intégrer le suivi à ses méthodes de travail 195
En résumé 197

CHAPITRE 6
L'EFFICACITÉ IMMÉDIATE

- L'origine du PEP 200
- Kaizen 203
- Le PEP : outil indispensable à l'amélioration de la qualité 205
- Les 4 S 205
- Définir les besoins de ses clients 207
- Le benchmarking ou le modelage de l'excellence 208
- Être vigilant ! 208
- L'amélioration projet par projet 209
- Vers un changement permanent 209
- Programme d'Efficacité Personnalisé et reengineering 210
- Reengineering et technologie 212
En résumé 215

CHAPITRE 7
LE MANAGEMENT IMMÉDIAT

- Le management baladeur 218
- Un exemple de management baladeur 222
- Pourquoi ce succès ? 223
- La communication en face à face 224
- Une méthode de suivi 225
- La délégation 225
- Comment pratiquer le management immédiat ? 226
- La primauté du processus de travail 226
- Constituer des équipes 227
- Ne pas rester cloué à son bureau 228
- Rester lucide 229
- Les outils au service du management baladeur 229
- Management baladeur et environnements particuliers 230
- Dernières précisions au sujet du management baladeur 232
- *En résumé* 234

CHAPITRE 8
L'ACTION IMMÉDIATE,
OÙ QUE VOUS SOYEZ

- Des environnements professionnels en pleine évolution 237
- Le bureau de nouvelle génération : qu'est-ce que c'est ? 239
- Envisagez-vous de passer au bureau de nouvelle
  génération ? 243
- Le rôle que joue la direction dans la réussite d'une transition . 248
- Le bon équipement pour favoriser cette initiative 249
- Le PEP et le passage au bureau de nouvelle génération 250
- Cohérence structurelle de l'organisation de l'information 252
- Travailler dans le bureau de nouvelle génération 254
- L'efficacité de la direction et de l'assistance 255
- Les défis posés par le bureau du futur 256
- Autres questions à propos du bureau de nouvelle génération . 267
- Diverses questions se posant dans le bureau à domicile 271
- Le travail nomade 275
- Utilisateurs d'ordinateurs portables : Attention 276
- *En résumé* 277

CHAPITRE 9
LA MAINTENANCE IMMÉDIATE

- L'entropie 280
- Maintenance et cycle de travail 281
- Se simplifier la vie 283
- Pas de maintenance à tout prix 283
- Maintenance et action immédiate 284
- S'habituer à la maintenance 284
- Le défi des 21 jours 287
- Maintenance et voyages 287
- La maintenance préventive 289
- Maintenance et progrès continu 290
- Un rattrapage périodique 291
- La maintenance minimale 292
- Que faire quand tout va mal ? 292
En résumé 294

Épilogue : Une habitude de plus 297

Annexe A : Liste d'améliorations des réunions 299

Annexe B : Ce qui fait perdre du temps 301

Annexe C : Adresses IBT 307

PRÉFACE

Pour qui veut réussir, s'appuyer sur des principes simples et efficaces ainsi que sur les ressources existantes est de la plus haute importance et du meilleur bon sens. Dans une période où l'économie est pleine d'incertitudes, retrouver l'intelligence de la simplicité est un gage de sécurité et de puissance.

Kerry Gleeson vous propose dans ce livre de découvrir les éléments clés du succès déclinés au quotidien dans la vie d'un cadre. Vous apprendrez comment vous pouvez améliorer votre potentiel et faire plus et mieux tout en économisant votre énergie et votre temps.

L'approche est résolument centrée sur l'expérience concrète et sur le réalisme. Elle s'appuie sur une évidence souvent oubliée : pour obtenir des changements d'envergure, mieux vaut d'abord changer les habitudes quotidiennes.

Ce livre vous présente une expérience vécue et enrichie quotidiennement par les plus de 500 000 personnes qu'IBT (Institute for Business Technology) a entraînées à l'efficacité. Kerry Gleeson et son réseau de consultants d'IBT savent mettre en pratique dans la réalité quotidienne des entreprises, petites et grandes, les théories et observations des grands chercheurs et théoriciens du management.

L'observation individuelle et le coaching individuel de plus d'un demi-million de dirigeants, cadres et employés, dans leur travail quotidien, à leur bureau, a permis à IBT d'accumuler une extraordinaire expérience des conditions qui créent le succès. IBT repère les clés du succès, les codifie et les transmet grâce à une technologie efficace qui permet à la plupart de réussir à leur tour. La force d'IBT est de faire de l'efficacité un concept simple décliné en une trilogie percutante : *l'organisation immédiate, l'action immédiate, la planification immédiate.*

Connaître ces principes est facile et à la portée de tous, les adopter dans les habitudes quotidiennes est plus qu'une affaire de volonté, c'est là qu'intervient le consultant IBT pour permettre à chaque individu de réussir. Cette trilogie sera personnalisée pour s'adapter aux besoins individuels, ce sera le Programme d'Efficacité Personnalisé (le PEP) d'IBT.

L'esprit français conclut malheureusement trop souvent que connaître c'est savoir faire. La réalité est en fait fort différente. Connaître permet uniquement de savoir ce qui pourrait être fait. Plusieurs étapes seront nécessaires pour l'instauration de ces nouveaux savoir-faire : connaissance des règles du succès, acceptation de nouvelles options plus performantes, essais, retours aux anciennes habitudes, remises en question, stimulation, réussites, et enfin intégration définitive des meilleures nouvelles habitudes dans les automatismes. Le cycle perpétuel de l'apprentissage reprendra alors vers de nouvelles progressions.

Le grand mérite du Programme d'Efficacité Personnalisé est de savoir faire passer dans des automatismes comportementaux quotidiens les clés du succès de l'entreprise en travaillant avec chaque individu jusqu'au résultat.

En découvrant ce livre, vous aurez plaisir à découvrir comment, avec des mots simples, Kerry Gleeson sait prolonger, par son pragmatisme terriblement concret, les grands théoriciens du management qui inspirent l'entreprise d'aujourd'hui.

Si vous n'avez pas encore eu le temps de faire connaissance avec certains de ces auteurs fameux, voici quelques repères de lecture. Ils vous permettront de mieux comprendre les raisons de l'efficacité du PEP et de ses applications ramifiées dans tous les domaines d'expertise de l'entreprise ou de l'administration.

Henry Mintzberg[1] met en garde les entreprises devant les risques de la planification. En effet trop prévoir ne donne plus la possibilité de s'adapter aux mutations. Le Programme d'Efficacité Personnalisé (ou PEP) propose le concept de la *planification immédiate* qui donne la responsabilité de la planification à chaque niveau de l'entreprise, à chaque étape d'un projet, à chaque collaborateur impliqué, dans un mouvement de va-et-vient dynamique suscitant la *responsabilité immédiate* au lieu de la soumission à une planification stratégique dépourvue d'imagination et de souplesse.

Henry Mintzberg, qui a étudié de près l'emploi du temps des dirigeants et des cadres, souligne que : « Passant d'un sujet à un autre, le cadre profite des interruptions pour traiter les problèmes, généralement en à peine dix minutes. Supervisant jusqu'à 50 projets en même temps, tous délégués à un collaborateur, il semble jongler avec, les examinant périodiquement avant de les renvoyer sur orbite. » Nous trouvons dans cette réalité quotidienne du dirigeant toute la difficulté et l'exaltation du poste qui, pour être rempli avec satisfaction et performance, demande une *organisation immédiate* et rigoureuse, tant du cadre lui-même que de ses collaborateurs.

Peter Drucker[2], le gourou des gourous du management, définit les cinq activités fondamentales du

---

1. Henry Mintzberg, *Grandeur et décadence de la planification stratégique*, Dunod, 1994.
2. Peter Drucker, *La nouvelle pratique de la direction des entreprises*, Éditions d'Organisation, 1977. *La société post-business. Je vous donne rendez-vous demain*, Maxima, 1992.

dirigeant : déterminer les objectifs, organiser le travail, motiver et communiquer, établir les normes de performance et former le personnel. Le PEP ou Programme d'Efficacité Personnalisé est l'outil résolument pratique qui permet au cadre de mieux maîtriser ces cinq pôles de son efficacité. Les principes d'*action immédiate*, d'*organisation immédiate*, de *planification immédiate* deviennent les outils incontournables qui permettront à chaque dirigeant, cadre et collaborateur de développer le sens de sa responsabilité et d'être un partenaire efficace au service du projet commun. La théorie de la **Direction Par Objectifs (DPO)** a été élaborée dans les années 50 par Peter Drucker pour aider le dirigeant à développer son rôle de visionnaire dans huit secteurs déterminants pour l'entreprise : situation du marché, innovation, productivité, ressources humaines et financières, rentabilité, performance et formation du dirigeant, performance et attitude des employés, responsabilité publique. Pour donner suite à cette philosophie du management, **John Humble**[1] a développé une méthodologie pratique de la DPO. Trop centrée sur les dirigeants, elle a maintenant perdu de son influence. Le PEP lui préfère une approche pragmatique qui se focalise sur les objectifs de chaque collaborateur et qui implique chacun dans la définition des objectifs qu'il aura à assumer et des moyens nécessaires pour les atteindre.

Thomas Gordon[2], la référence en matière de **communication dans l'entreprise**, de résolution de conflits sans perdant, et de management participatif, insiste sur la nécessité d'améliorer les communications

1. John Humble, *Comment faire participer les cadres à la réalisation des objectifs*, Entreprise Moderne d'Édition, 1971.
2. Thomas Gordon, *Cadres et dirigeants efficaces*, Belfond, 1990.

dans les relations à tout niveau hiérarchique pour que l'entreprise trouve plus de performance et ses employés plus de satisfaction et d'épanouissement. Le PEP, en définissant un meilleur contour des responsabilités de chacun, en mettant en place la qualité et l'efficacité à chaque échelon, va régler ou prévenir de nombreuses situations de tension, voire de conflit. Chacun devient en effet plus attentif à ses tâches et à la manière dont ses comportements affectent les autres partenaires dans l'entreprise ou à l'extérieur. Plus respectueux de ses propres besoins et de ceux de ses interlocuteurs, chacun devient plus actif et plus imaginatif pour trouver la satisfaction des besoins de tous et communique ainsi plus facilement.

Beaucoup d'entreprises sont tentées avec raison de mettre en place des démarches de « **reengineering** » pour développer une meilleure productivité. Les auteurs du « reengineering », **James Champy** et **Michael Hammer**[1], champions du changement drastique, sont très ambitieux. Ils s'attendaient à ce que le reengineering d'un côté réduise de 70 % le temps de réalisation des produits et de 40 % les coûts, et de l'autre augmente de 40 % la qualité et de 25 % les gains de parts de marché tout en améliorant la satisfaction du client et du chiffre d'affaires ! Deux ans plus tard, James Champy donne l'alerte : « Le reengineering est en danger », s'exclame-t-il dans la première phrase de son ouvrage suivant. Il rejoint ainsi une préoccupation chère à Kerry Gleeson : remettre à plat une entreprise ne peut réussir sans une mise à plat des démarches managériales et des comportements quotidiens des

---

1. J. Champy, M. Hammer, *Le reengineering : réinventer l'entreprise pour une amélioration spectaculaire de ses performances*, Dunod, 1993. J. Champy, *Reengineering Management*, Dunod, 1995.

employés. Si les structures changent et que les mentalités et les modes de travail restent les mêmes, le changement risque bien de tourner court. Keny Gleeson introduit la notion de reengineering au cœur même de la préoccupation de chaque niveau de responsabilité et de chaque collaborateur. Il incite à *la remise en question permanente immédiate*.

Le « **downsizing** » vise à recentrer l'entreprise sur ce qu'elle maîtrise le mieux et sur ce qui lui est le plus profitable par une réduction de sa taille. Du point de vue du développement ou de la survie de l'entreprise cette démarche s'explique. Cependant, elle a trop souvent deux conséquences très pénibles et douloureuses : les licenciements d'une partie du personnel et la surcharge de ceux qui restent. Beaucoup pensent que le downsizing doit se comprendre comme un progrès qui permet de recentrer une entreprise pour qu'elle puisse reprendre des forces, puis à nouveau augmenter ses effectifs pour ses nouveaux développements. Pour compenser la dureté des licenciements et l'anxiété qui l'accompagne, les partants bénéficient en général de mesure d'accompagnement. La restructuration d'entreprise oublie souvent ses « survivants », ils sont surchargés, confrontés à des responsabilités importantes, doivent assumer, en plus de leur poste habituel, les tâches et fonctions de ceux qui les ont quittés, sont mis sous pression, inquiets de l'avenir… Travailler comme précédemment devient impossible. Leur charge a été alourdie. La restructuration amène des changements auxquels il faut s'adapter. Ils seront donc obligés de repenser l'organisation de leur travail. Le Programme d'Efficacité Personnalisé leur donne les moyens de savoir faire les choix, déterminer les priorités, trouver un système d'organisation qui leur permettra de tirer le meilleur de leurs possibilités malgré la situation d'inconfort environnante.

Stephen Covey[1], tout comme Kerry Gleeson, insiste avec force et succès sur l'urgence à se défaire de la notion d'urgence, dans laquelle de trop nombreux cadres se laissent enfermer. Ils mettent l'accent sur l'importance de retrouver le sens de la priorité qui permet à chacun dans l'entreprise de consacrer son énergie, ses efforts et son temps à ce qui est le plus important, sans pour autant négliger les innombrables petits détails.

Dirigeants et cadres sont souvent bien seuls face à leurs responsabilités. En général ils sont tout à fait compétents pour les mener au succès, cependant la conduite des affaires et des équipes « le nez sur le guidon » ne leur laisse souvent pas la disponibilité de temps et d'esprit suffisante pour prendre le recul nécessaire par rapport à certains paramètres élémentaires. Les consultants d'IBT aident cadres et dirigeants à s'interroger sur leurs fonctions, sur la meilleure manière de gérer leur rôle, d'exécuter leurs tâches et de conduire leurs équipes, tout en tenant compte de leurs personnalités et de leurs objectifs. **Manfred Kets de Vries**[2], économiste, titulaire d'un MBA et psychanalyste, insiste lui aussi sur la nécessité pour tout dirigeant de créer son propre style de leadership en utilisant tout à la fois ses forces et ses faiblesses. Améliorer la connaissance de soi peut s'avérer difficile. La rencontre avec le consultant venu de l'extérieur permettra de suppléer l'éventuelle manque de « fou du roi » au sein de l'entreprise, indispensable au bon leader pour découvrir et améliorer sa manière de gouverner, explique Kets de Vries.

1. Stephen Covey, *Les sept habitudes de ceux qui réalisent ce qu'ils entreprennent*, First, 1993 ; *Priorité aux priorités*, First, 1995.
2. Manfred Kets de Vries, *Leaders, fous et imposteurs*, Eska, 1995.

Bennett Harrison[1], professeur à Harvard, nous rappelle que beaucoup avaient prophétisé la fin du règne des énormes entreprises parce que l'évolution donnait de meilleures chances non pas au plus fort mais au plus rapide. Selon lui, les grandes entreprises qui savent jouer la flexibilité et s'adapter aux nouvelles conditions du marché conservent ou reprennent le leadership dans leur domaine. Les grandes sociétés se recentrent. Bon nombre de très grandes entreprises ont intégré le Programme d'Efficacité Personnalisé dans leurs formations pour donner à leurs équipes la possibilité d'être plus performantes ainsi que la conscience et les moyens de s'adapter aux changements inévitablcs. Certaines adoptent les principes PEP dans leur culture d'entreprise.

Frederick Herzberg[2], père du concept d'« **enrichissement du travail** », a beaucoup contribué à la prise en compte du facteur de motivation par les entreprises. Lorsque l'emploi « s'enrichit », par la *délégation immédiate* telle que préconisée dans le PEP, l'employé peut mieux gérer de plus importantes responsabilités ; les fonctions de contrôle peuvent être allégées, ce qui permet d'enrichir le travail de ceux mêmes qui avaient mission de contrôler ; le concept même du management, du niveau le plus modeste au plus élevé, peut être enrichi. Cette démarche permet d'aborder l'« **empowerment** » (parfois traduit en français par « implication totale » ou encore « empouvoirement »). À mille lieues du taylorisme, l'empowerment implique

---

1. Bennet Harrison, *Lean and Mean. The Changing Landscape of Corporate Power in the Age of Flexibility*, Harper Collins, 1995.
2. Frederick Herzberg, *Le travail et la nature de l'homme*, Entreprise Moderne d'Édition, 1971 ; *À la recherche des motivations perdues*, Harvard-L'Expansion, 1968.

totalement l'individu en lui fournissant les moyens, les compétences et les pouvoirs pour prendre des décisions dans son domaine de compétence. L'individu devient totalement responsable de ses décisions, de leur suivi et de leurs conséquences. L'empowerment oblige à repenser la manière de gérer ses tâches, force le management à se centrer sur sa spécificité et les équipes à se responsabiliser et à travailler ensemble. Pour réussir, l'empowerment se prépare. Le PEP intervient dans cette phase de préparation de la culture des équipes en développant l'*engagement immédiat* et la *responsabilisation immédiate*.

Le rôle du manager est de gérer le « **capital concepts** » : créativité, nouvelles idées, adaptation au changement, définition des objectifs, etc., s'enflamme **Edward de Bono**[1], la référence incontournable en matière de « génération de nouvelles idées et d'abandon des anciennes », qu'il appelle « **pensée latérale** ». La plupart du temps cette fonction va être déléguée au département Recherche et Développement alors que c'est dans chaque service de l'entreprise que la créativité doit trouver sa place. Beaucoup pensent ne pas avoir de temps pour la créativité, ils estiment avoir déjà bien trop à faire pour gérer ce qui est en cours. Le PEP insiste auprès de chaque cadre et chaque collaborateur sur la nécessité de mieux gérer son capital temps pour avoir plus de disponibilité et ainsi repenser ses méthodes de travail, ses prestations, l'esprit client, etc.

Tom Peters et **Robert Waterman**[2], les champions de l'excellence dans l'entreprise, ont suivi les entreprises

---

1. Edward De Bono, *Six chapeaux pour penser*, InterÉditions, 1987 ; *I Am Right, You Are Wrong*, Viking, 1990.
2. Tom Peters et Robert Waterman, *Le prix de l'excellence*, InterÉditions, 1983 ; Tom Peters et Nancy Austin, *La passion de l'excellence*,

qu'ils avaient désignées comme des exemples de succès au début des années 80 et ont découvert que certaines ne pouvaient plus être considérées comme des modèles d'excellence en raison de leurs revers. Ils ont donc redéfini l'excellence et concluent maintenant que les sociétés excellentes sont celles qui font passer dans leur culture d'entreprise le concept du **Kaizen**[1] (amélioration constante pas à pas) et le concept du changement permanent.

Le Programme d'Efficacité Personnalisé développe le benchmarking comportemental et managérial. Le **benchmarking**[2] consiste à repérer qui est le meilleur ou quelle est la meilleure stratégie dans un domaine, à l'évaluer et à reproduire cette excellence. Habituellement, le benchmarking peut être concurrentiel (se comparer avec une société exerçant la même activité) ou fonctionnel (se comparer avec une société exerçant une activité différente mais confrontée au même type de situation). Il peut être externe (comparaison avec une autre entreprise) ou interne (comparaison avec un autre département). Rank Xerox semble être la première société à avoir standardisé le concept de benchmarking en 1979. Le PEP s'intéresse à stimuler l'excellence chez chacun en utilisant également les possibilités de la comparaison et du modelage. En développant son travail dans une entreprise, le consultant IBT repère des stratégies de management ou de travail qui semblent

InterÉditions, 1985 ; Tom Peters, *Le chaos management*, InterÉditions, 1988 ; Tom Peters, *L'entreprise libérée*, Dunod, 1993 ; Robert Waterman, *Les champions du renouveau*, InterÉditions, 1990 ; Robert Waterman, *La stratégie des équipes ad hoc*, Maxima, 1993.
1. Masaaki Imai, *Kaizen, la clé de la compétitivité japonaise*, Eyrolles, 1991.
2. Karlöf et Partners, *Pratiquer le benchmarking*, Éditions d'Organisation, 1995.

offrir un meilleur rapport coût/rendement par rapport
à des paramètres tels que l'investissement en temps,
énergie, finances, ressources… Il stimule les personnes
qu'il coache à faire de même. Ensuite viendra la phase
finale de transposition et d'adaptation. Le benchmarking sera donc un benchmarking comportemental et
managérial plus que stratégique ou organisationnel.

Le PEP s'insère dans la démarche de la **Qualité
Totale** en stimulant l'intégration de la qualité dans les
réflexes individuels, en aidant chacun à sa propre
remise en question permanente vers l'amélioration de
la qualité de ses prestations. Curieusement, le concept
de la Qualité Totale n'arrive en Europe qu'au cours des
années 80 alors qu'il a été développé au Japon par deux
américains, **Edward Deming**[1] et **Joseph Juran**[2], dans
la période de l'immédiat après-guerre pour aider le
Japon à redresser son économie. En France, le coût de
la non-qualité en production atteindrait 4 à 10 % du
chiffre d'affaires total des entreprises selon les estimations, soit un coût annuel immense d'un minimum de
61 milliards d'euros. La Qualité Totale fait faire un
immense progrès aux nombreuses entreprises qui
l'adoptent en cherchant le « zéro-défaut » et en impliquant tous les salariés. Le PEP, dans cette démarche,
va focaliser l'attention de chaque collaborateur sur
deux questions importantes et liées, la première :
comment puis-je faire mieux et plus à mon poste de
travail avec les ressources dont je dispose ; et la
seconde : comment puis-je stimuler mon environnement et mon équipe à faire mieux et plus, ou à me
fournir de meilleures ressources pour de meilleures
prestations. C'est ce que nous appelons la *progression*

1. Edwards Deming, *Qualité : la révolution du management*, Econo-
mica, 1991.
2. Joseph Juran, *Planifier la qualité*, Afnor, 1989.

immédiate, qui présente deux orientations : *centrée interne* (moi-même à mon poste de travail) et *centrée externe* (mon équipe, mon entreprise). Chaque employé est stimulé à avoir un moment privilégié de planification hebdomadaire consacré à sa progression immédiate.

La **motivation** est le nerf de l'engagement personnel. De nombreux auteurs se sont penchés sur cet aspect essentiel du dynamisme de l'entreprise. **Douglas McGregor**[1] approuve **Abraham Maslow**[2] dans sa classification hiérarchisée des besoins humains en besoins successifs de survie, de sécurité, de relations sociales, de réalisation et enfin d'accomplissement de soi. McGregor démontre la supériorité de la « théorie Y » (management participatif) sur la « théorie X » (management autoritaire) grâce à son meilleur potentiel pour satisfaire les besoins de niveau supérieur du personnel. Sur ce point il rejoint des auteurs réputés tels que **Thomas Gordon, Rensis Likert**[3], **David McClelland**[4], **Peter Drucker, E.F. Schumacher**[5], **Rosabeth Moss Kanter**[6]. La force du PEP est également de valoriser la recherche de la motivation et d'aider les cadres à découvrir cette motivation chez chacun en développant participation et autocontrôle. Nul doute que la plupart des collaborateurs d'une entreprise aiment être considérés

---

1. Douglas McGregor, *La dimension humaine de l'entreprise*, Gauthier-Villars, 1974.
2. Abraham Maslow, *Vers une psychologie de l'être*, Fayard, 1972.
3. Rensis Likert, *Le gouvernement participatif de l'entreprise*, Gauthier-Villars, 1974.
4. David McClelland, *Motivating Economic Achievement*, Free Press, 1969.
5. E.F. Schumacher, *Small is beautiful : une société à la mesure de l'homme*, Le Seuil, 1978.
6. Rosabeth Moss Kanter, *L'entreprise en éveil : maîtriser les stratégies du management post-industriel*, InterÉditions, 1992.

comme des adultes et peuvent mieux révéler leur potentiel si les moyens leur en sont donnés. Le consultant IBT, au cours de ses consultations, identifie le niveau de besoin que le participant cherche actuellement à satisfaire et l'aide à trouver plus rapidement le chemin de sa satisfaction. La créativité de l'individu sera alors mise à contribution pour atteindre cet objectif de satisfaction. La démarche PEP fournit une mise en pratique de nombreux éléments simples et pragmatiques contribuant à l'apparition d'un management participatif et déclenchant l'*engagement personnel immédiat*.

Charles Handy[1], décrit la formule que les patrons tentent actuellement d'appliquer : $1/2 \times 2 \times 3$. C'est-à-dire deux fois moins de salariés payés deux fois plus et produisant 3 fois plus. Il confie dans un entretien au magazine suisse *Bilan* en juin 1995 les conséquences de cette tendance : « À terme, le travail au sein des entreprises sera plus rare et, pour les salariés, à la fois plus intéressant et mieux payé, mais aussi plus exigeant, voire usant. » Il prophétise qu'actuellement « émerge un nouveau modèle d'organisation inspiré du fédéralisme politique à base de subsidiarité et de délégation vers le centre, et non du centre vers les filiales comme le faisait autrefois la décentralisation ». Il montre les changements de rôle : « On ne parle plus en anglais des "managers", dit-il, mais de "teams leaders", de "facilitators", de "coordinators". Ce qui sera vrai demain pour l'ensemble de l'organisation l'est déjà pour certains cadres : ils n'ont de pouvoir que celui que leurs collaborateurs leur accordent, et non plus celui que leur confère leur rang hiérarchique. On ne pourra plus diriger des gens à qui l'on demande initiative,

---

1. Charles Handy, *Le temps des paradoxes*, Village Mondial, 1995.

réactivité et autonomie comme autrefois à coups de procédures et de directives. » **Tom Peters**[1] va dans le même sens quand il explique que plus personne n'a envie de devenir chef : « L'entreprise désormais s'engage à l'horizontale dans ses projets. La pyramide hiérarchique a disparu, on ne grimpe plus. »

Tout comme **Richard Schonberger**[2], le PEP cherche à développer un « esprit client » dans toute la chaîne de l'entreprise. Un grand pas est franchi quand chacun prend conscience qu'il est le client d'un collègue et le fournisseur d'un autre. La responsabilisation individuelle augmente. Le souci d'une meilleure qualité s'intègre. La conscience de l'engagement sur un délai ainsi que sur des critères de qualité et de quantité devient évidente. La recherche de la satisfaction des besoins des autres prend naissance. L'exigence dans la satisfaction de ses propres besoins s'affirme. L'interdépendance devient créatrice, stimulante et génératrice d'une amélioration générale avec l'inévitable effet boule de neige qui va l'accompagner.

Tout comme dans les autres groupes humains, il est habituel dans l'entreprise de constater que les responsabilités en cas de problème sont rejetées sur l'autre : le chef considérant que ses collaborateurs n'ont pas su effectuer leur tâche, les collaborateurs estimant que leur chef gère bien mal son équipe. Le PEP considère que chacun est responsable de tout et notamment des responsabilités qui lui ont été confiées et qu'il a acceptées. Par son action, le consultant IBT va stimuler chacun à assumer ses propres responsabilités et à développer l'influence qu'il peut avoir en respectant les règles du groupe. Le PEP, par sa responsabilisation

---

1. Tom Peters, *L'entreprise libérée*, Dunod, 1994.
2. Richard Schonberger, *Building a Chain of Customers*, Free Press, 1990.

induite, se rapproche ainsi de la pensée de **John Adair** [1] quand il explique sa règle des cinquante-cinquante : 50 % de la motivation sont liés à l'individu lui-même, 50 % à l'environnement ; 50 % du succès d'une action sont attribuables à l'équipe de collaborateurs, 50 % à son leader. L'action du PEP va donc se pencher à la fois sur l'équipe et sur son leader.

Le PEP développe chez les responsables la rencontre magique entre leurs deux pôles : leader et manager. John Adair, repris plus tard par **Craig Hickman** [2], propose une distinction intéressante entre leader et manager : le leader est le motivateur attentif qui entraîne, le manager est le gestionnaire rigoureux et garde-fou. Le cadre ou le dirigeant devra développer ces deux talents pour mener son équipe au succès.

En augmentant le pouvoir de leurs collaborateurs, les dirigeants augmentent leur propre pouvoir car ils peuvent faire plus avec des équipes qui peuvent faire plus. Le dirigeant dispose de plus de temps. Selon **Hamel** et **Prahalad** [3], les dirigeants, trop centrés sur l'urgent et leur surcharge, consacrent en moyenne 2,4 % de leur temps au service de la construction d'une perspective propre à toute l'entreprise alors qu'ils devraient consacrer 20 à 50 % de leur temps à ce rôle primordial.

Le défi de l'entreprise est maintenant de faire plus et mieux avec moins. Le défi des collaborateurs est de

---

1. John Adair, *Le leader, l'homme d'action*, Top Éditions, 1991.
2. Craig R. Hickman, Paul Dubrule, Gérard Pélisson, *Le plus management*, Maxima, 1991.
3. Gary Hamel et C. K. Prahalad, *La conquête du futur. Stratégies audacieuses pour prendre en main le devenir de votre secteur et créer les marchés de demain*, InterÉditions, 1995.

faire plus passionnant et plus gratifiant en investissant moins de temps. C'est sur ces défis que le PEP s'engage en soutenant chaque acteur dans son apprentissage de méthodes de travail plus responsabilisantes, plus pertinentes et plus économes. Le PEP libère l'esprit, le temps et la créativité. L'un des secrets du succès du PEP est dans le paradoxe consistant à faire plus et mieux avec moins tout en donnant plus de sens et plus de plaisir au travail. Les détails du quotidien cachent des leviers mobilisateurs et des ressources disponibles : la richesse du futur.

La plupart des théories de management et de leurs propositions de changement espèrent stimuler l'enthousiasme, mais sont en fait confrontées à un handicap majeur : **la résistance humaine au changement**. Les consultants IBT sont formés tout spécialement pour permettre de dépasser ces résistances au changement en créant une *motivation immédiate au changement*. Des techniques spéciales sont appliquées en rencontrant personnellement plusieurs fois chaque employé et en cherchant avec lui son *avantage personnel immédiat* et son *avantage personnel différé* à s'investir dans un changement qui l'implique. L'employé est accompagné dans son engagement et soutenu dans ses phases difficiles, dans ses espoirs tout comme dans ses découragements.

La course à l'efficacité, à la rationalisation, à la productivité, fait craindre que l'homme ou la femme soit oublié au profit des systèmes et des organisations. Dans la philosophie du Programme d'Efficacité Personnalisé, employés, entreprise et clients sont les bénéficiaires de la démarche de recherche d'efficacité. L'efficacité implique d'un côté amélioration de la productivité et de la qualité au profit du client et de l'entreprise et de l'autre amélioration de la qualité de vie et épanouissement des employés au travail. La satisfaction des différents opérateurs s'obtient grâce à un enracinement du changement dans les attitudes quotidiennes.

La lecture de cet ouvrage vous donnera les bases pour commencer à appliquer sur vous-même les règles du succès dans la gestion quotidienne de vos responsabilités, de vos tâches et de vos équipes. Peu à peu, avec persévérance, vous acquerrez des réflexes qui vous laisseront plus de disponibilité en temps et en énergie pour vous consacrer aux fondements de vos responsabilités. Puisse ce livre vous aider comme le Programme d'Efficacité Personnalisé en a déjà tant aidé.

Bruno Savoyat*

---

* Bruno Savoyat a la responsabilité d'IBT et de ses équipes de consultants spécialisés en France, en Suisse et dans la plupart des pays francophones.

AVANT-PROPOS À LA 2ᵉ ÉDITION

L'ouvrage *Mieux s'organiser pour gagner du temps – Un Programme d'Efficacité Personnalisé* a été publié en quatorze langues dans le monde, ce qui prouve bien que le sujet intéresse le plus grand nombre. Après avoir travaillé avec une multitude de personnes venant de cultures et de continents différents, je me rends compte que le monde des affaires s'unifie. Les hommes et femmes du monde entier sont confrontés à des défis professionnels similaires. Ils ont l'impression d'avoir trop à faire et pas assez de temps pour le faire. Pourquoi ? Tout le monde a ses raisons : certains veulent une deuxième voiture et doivent donc gagner un peu plus ; l'entreprise a décidé de supprimer certains postes de secrétaires et les cadres doivent apprendre à s'en passer, d'autres travaillent en indépendants et doivent s'occuper de tout.

Même si je me demande quelquefois pourquoi certaines personnes sacrifient leur temps et leur vie pour gagner de l'argent ou pour avoir cette deuxième voiture, j'essaie de ne pas m'étendre sur les questions philosophiques et plutôt de voir comment faire ce que nous avons à faire de la manière la plus efficace possible.

Depuis la publication de la première édition de ce livre, des avancées technologiques considérables ont changé en profondeur notre façon de travailler. Des puces informatiques font fonctionner des dispositifs qui nous permettent de travailler pratiquement partout et n'importe quand, sans parler d'Internet qui a révolutionné nos modes de travail. Grâce aux nouvelles technologies, les entreprises s'adaptent à des environnements de travail plus flexibles, au télétravail, au travail virtuel.

L'ordinateur, l'assistant personnel numérique, une architecture de bureau flexible et les intranets rendent l'environnement de travail complexe. Pourtant, nombreux sont ceux qui réussissent à maîtriser ces nouveaux outils, à être efficaces dans cet environnement changeant et *à avoir encore beaucoup de temps pour eux* ! Ces personnes particulièrement efficaces ont beaucoup à nous apprendre.

Cet ouvrage se fonde sur l'expérience que nous avons glanée auprès de nombreuses personnes particulièrement efficaces que nous avons coachées et formées chez IBT au cours des quinze dernières années. Notre travail porte plus particulièrement sur *le processus de productivité personnelle*. Que font ces personnes particulièrement productives ? Comment font-elles ? Leurs comportements professionnels peuvent-ils se résumer à quelques principes que nous pourrions tous appliquer ? Cet ouvrage présente une gamme presque exhaustive des idées et des comportements qui font gagner du temps appliquée par ces personnes très productives. Il donne également des stratégies éprouvées, mises au point pour aider nos clients à ne pas déroger à ces principes de productivité et à se les approprier.

Charles Dickens a dit : « Sans mes habitudes de ponctualité, d'ordre et de diligence et sans ma volonté de me concentrer sur un seul sujet à la fois, je n'aurais jamais pu faire tout ce que j'ai fait. » Les qualités que Dickens énonce : ponctualité, ordre, diligence, volonté, concentration sont des facteurs stratégiques de la réussite personnelle et professionnelle.

Si les outils et la perception du temps étaient différents au temps de Dickens, les comportements qui fonctionnent semblent en revanche rester les mêmes !

AVANT-PROPOS À LA 1ʳᵉ ÉDITION

C'est au développement de la productivité personnelle de centaines d'individus brillants et compétents, qu'ils soient administrateurs français, cadres supérieurs suédois, managers britanniques, directeurs de ventes américains ou encore exportateurs néerlandais, que j'ai consacré toute mon attention. Ce livre s'inspire de mon expérience auprès de personnalités de premier plan qui m'ont souvent appris autant que j'ai pu leur apprendre.

Ce livre s'adresse aux cadres parfaitement compétents dans leur travail mais lassés de devoir répondre à des exigences toujours croissantes. À ceux – salariés d'une grande société ou à la tête d'une petite entreprise – qui ont besoin d'habitudes et de méthodes de travail éprouvées pour faire face aux pressions quotidiennes mais aussi d'outils pour les appliquer.

Devenir plus efficace et productif afin de consacrer plus de temps à ce qui présente un réel intérêt pour vous est essentiel. Dans ce livre vous découvrirez comment appliquer les connaissances indispensables à l'amélioration de vos méthodes de travail et comment mieux vous organiser.

Qu'y gagnerez-vous ? Outre la capacité de faire mieux en moins de temps, une plus grande tranquillité d'esprit... et moins de travail.

GAGNER DU TEMPS, CELA S'APPREND

> « L'évidence est ce qui n'apparaît
> que lorsque quelqu'un l'a exprimée
> simplement. »
>
> *Khafil Ghibran*

L'origine du problème

Commençons par quelques questions :

- Êtes-vous toujours pressé(e) ?
- Vous sentez-vous surchargé(e) de travail ?
- Vous sentez-vous débordé(e) par tout ce qui vous attend au bureau ?
- Êtes-vous submergé(e) par la paperasse ?
- Souhaiteriez-vous consacrer plus de temps à ce que vous avez envie de faire ?
- Vous arrive-t-il souvent d'effectuer des heures supplémentaires, de travailler le soir ou pendant les week-ends pour vous mettre à jour ?
- Êtes-vous stressé(e) à l'idée de ce que vous n'avez pas fait ?
- Êtes-vous incapable d'améliorer à long terme votre travail et votre vie quotidienne parce que vous êtes sans cesse débordé(e) ou sur le qui-vive ?
- Vous demandez-vous si votre travail et votre vie quotidienne vous donnent une réelle satisfaction ?

- Souhaiteriez-vous que votre travail et vos efforts vous procurent de meilleurs résultats ?

Si vous avez répondu « oui » à certaines de ces questions, quelle est l'origine du problème ?

La réponse est simple ! Bien que vous possédiez, en général, une formation adaptée à votre profession, vous avez rarement appris à vous organiser avec un maximum d'efficacité et de productivité. Vous savez tracer des plans d'architecte, rédiger une annonce publicitaire ou négocier une affaire. Mais êtes-vous capable d'organiser votre semaine de travail et de gérer correctement les interruptions, les opportunités et les priorités ?

L'un de mes collègues et amis décrit ainsi ce phénomène : « Vous faites des études universitaires, vous vous initiez à une profession et vous trouvez un emploi. Une fois à votre poste, vous êtes submergé(e) par la paperasse. Ces papiers, personne ne vous en avait parlé jusque-là. Lesquels garder, où les ranger et comment les retrouver ? »

Au cours de mon expérience professionnelle, j'ai rencontré de nombreux individus intelligents et compétents, pouvant résoudre des problèmes complexes avec une étonnante facilité. Ils ont appris à bâtir des immeubles, à livrer des marchandises, à développer de nouveaux produits, à rendre des services, à soigner des malades… Et pourtant, malgré leur savoir et leur compétence, j'ai constaté qu'ils étaient toujours sur la brèche. Pourquoi ce stress ? Parce que, comme vous et moi, ils n'ont jamais appris les principes élémentaires de l'organisation du travail dans le cadre d'un bureau.

La situation est similaire dans d'autres domaines. Traditionnellement, les enseignants sont des experts dans leur discipline mais pas dans l'art d'enseigner. Les parents aiment leurs enfants mais la plupart n'ont pas reçu de formation à l'art d'être parents au quotidien. De même, de nombreux cadres, spécialistes de leurs domaines, ne savent pas gérer leur travail personnel ni celui de leur équipe faute d'avoir appris à le faire.

Comment gérer votre travail personnel ? C'est le but du Programme d'Efficacité Personnalisé (PEP) que je vous propose dans ce livre.

Les demi-mesures

Vous êtes conscient de votre manque d'efficacité et désireux de combler cette lacune. Si l'un de vos collègues utilise un agenda d'affaires ou un « organiseur », pourquoi ne pas suivre son exemple ? Vous réfléchissez à vos erreurs, et vous mettez au point, tant bien que mal, des méthodes qui finissent par vous satisfaire. Mais ces dernières ne se conforment pas toujours aux principes d'organisation du travail et sont donc loin d'être infaillibles. Répondant aux contraintes d'un contexte donné, ces méthodes risquent de devenir obsolètes à la suite d'un changement de poste, d'une fusion d'entreprises ou d'une réduction d'effectifs. Quel avantage présentent-elles si, dans un environnement plus contraignant, elles vous imposent deux fois plus d'efforts pour un résultat identique ?

L'habitude étant une seconde nature, vous acceptez à regret de changer vos méthodes car il vous paraît souhaitable de le faire. Quelle est donc la meilleure manière de gérer votre travail ? Comment transformer vos habitudes avec succès ? Comment devenir efficace ? Ce livre répond à toutes ces questions. Il vous permet, en fin de compte, de moins travailler et d'atteindre plus facilement le résultat souhaité.

L'importance des détails

Un homme très fortuné à qui je demandais le secret de sa réussite, me répondit en deux mots : « Les détails. » Vous savez tous pertinemment que votre succès professionnel doit beaucoup à l'attention que vous portez aux détails, mais vous ne voyez pas toujours le rapport entre ce principe et votre manière de travailler.

Nous avons réfléchi à ces détails pour mettre au point le Programme d'Efficacité Personnalisé. Que vous vous limitiez à une modeste amélioration de vos méthodes, ou que vous les remettiez totalement en question, vous vous concentrerez sur les détails. Cette concentration entraînera une évolution positive de votre comportement, et vous en tirerez beaucoup plus de bénéfices que vous ne le supposiez.

Le Programme d'Efficacité Personnalisé

Les industriels occidentaux, stimulés par l'aiguillon de la concurrence, n'ont pas ménagé le temps et l'argent consacrés à l'analyse financière et au perfectionnement de chaque étape du processus de fabrication. Cet effort a porté ses fruits : la productivité et la qualité ont fait un bond en avant spectaculaire. Mais le travail des cadres qu'il s'agisse des services, du traitement de l'information ou du management est plus difficile à analyser et à réorganiser. On accorde rarement aux méthodes personnelles de travail la considération qu'elles méritent, et on pense moins encore à les analyser ou à les améliorer.

Une telle lacune dans le domaine de la gestion du travail personnel crée une rupture dans la chaîne de la qualité et de la productivité, même au sein des entreprises les plus performantes. Bien que nous ne nous en rendions pas toujours compte, ce chaînon brille par son absence… Il est aujourd'hui, pour beaucoup de cadres, la source d'innombrables frustrations sur leur lieu de travail.

Le Programme d'Efficacité Personnalisé comble cette lacune de la chaîne de productivité. Il vient en aide à tous ceux qui ploient sous leur charge de travail. Au cours des dix dernières années, il a permis à 200 000 personnes d'être plus efficaces pendant leurs heures de travail hebdomadaires. Il vous apprend :

- À mieux maîtriser votre travail.
- À alléger votre tâche.
- À gagner du temps.
- À déterminer ce qui compte le plus pour vous.
- À réaliser ce que vous jugez important.

Le Programme d'Efficacité Personnalisé est une manière différente de gérer votre travail, qui multiplie votre productivité personnelle. Pourquoi vous satisfaire habituellement de si peu, alors que la plupart d'entre nous pourraient doubler, sinon tripler leur productivité ?

Loin de moi l'idée que vous ne travaillez pas assez ! J'ai constaté, au contraire, dans des centaines d'entreprises dans une vingtaine de pays, que les cadres travaillent très dur et qu'ils ont, pour la plupart, la volonté de bien faire. Cependant, leurs résultats ne sont pas à la mesure de leurs efforts. Avec de bonnes méthodes, appliquées rationnellement, la productivité individuelle est sans limite…

Grâce au Programme d'Efficacité Personnalisé, vous saurez que faire et comment procéder. Il vous simplifiera la tâche et vous aurez moins d'efforts à fournir qu'aujourd'hui.

Quelles que soient vos motivations – devenir milliardaire ou goûter aux joies du farniente, travailler plus ou partir à l'heure du bureau – les principes essentiels exposés ici vous permettront d'arriver à vos fins.

Cet ouvrage pratique se propose d'égaler en simplicité le Programme d'Efficacité Personnalisé, enseigné en sessions individuelles par plus de cent cinquante consultants de l'Institute For Business Technology. Il est la codification de leur expérience dans le domaine de l'amélioration des méthodes de travail. Inspiré des systèmes, des méthodes et des solutions qui ont aidé 200 000 personnes à résoudre leurs problèmes d'efficacité, il vous aidera vous aussi à parfaire votre organisation quotidienne. Vous serez plus satisfait de votre performance et plus détendu…

Être bien informé est une chose, modifier son comportement en est une autre. Si vous souhaitez modifier votre comportement, mieux vaut procéder de manière radicale. Vous découvrirez cela en réorganisant votre bureau. Nous insisterons aussi sur le principe de l'action immédiate. Le meilleur moyen de faire plus est d'éviter de différer son travail, réflexe qui risque de bloquer dangereusement votre comportement. Puisque l'habitude est une seconde nature, substituez de bonnes habitudes aux mauvaises. Ce changement s'impose car le bon usage de votre temps et votre tranquillité d'esprit en dépendent.

Le Programme d'Efficacité Personnalisé doit être réalisé étape par étape pour qu'il soit productif. Il ne suffit pas de le parcourir d'un œil distrait. Si telle est votre intention, libre à vous d'abandonner ce livre tout de suite pour gagner un peu de temps. Personnellement, je souhaite que vous le gardiez et que vous le mettiez en pratique. Vous gagnerez beaucoup plus de temps et constaterez une nette amélioration de votre qualité de vie.

CHAPITRE 1

L'ACTION IMMÉDIATE

« Ceux qui font mauvais usage de leur temps sont les premiers à se plaindre de sa brièveté. »

Jean de La Bruyère

Objectifs
• Augmenter votre productivité en pratiquant l'action immédiate.
• Lutter contre votre tendance à remettre à plus tard en prenant l'habitude de pratiquer l'action immédiate.
• Réduire votre charge de travail en le faisant une fois pour toute.
• Devenir plus résolu en envisageant la pire conséquence de votre action et en vous en accommodant si elle est acceptable.
• Ne plus prendre prétexte des priorités pour ne pas agir.
• Réfléchissez : soit c'est assez important pour le faire maintenant, soit cela ne l'est pas. Si ça l'est, faites-le tout de suite, sinon ne le faites pas du tout.
• Utiliser autant d'astuce à terminer les choses que vous en mettiez à les remettre à plus tard.

Maintenant ! Vous entendez prononcer ce mot à longueur de journée. Par votre patron, votre femme ou votre mari, vos enfants, ou par les annonceurs publicitaires et les commerçants. Certains jours, on dirait que l'urgence est de rigueur. Votre patron vous annonce l'absence de l'un de vos collègues ; il compte sur vous pour prendre sa place, séance tenante. On vous appelle de chez vous à propos d'une fuite d'eau qui ne peut attendre. La sonnerie du téléphone exige une réponse instantanée, la publicité vous conseille d'acheter immédiatement.

Vous n'arrêtez pas d'être sollicité par votre environnement, *ici* et *maintenant*, voilà pourquoi vous vous laissez engloutir par votre travail, en dépit de toutes vos théories en matière de management.

Certains spécialistes de la gestion du temps, conseillent d'ignorer tout ce qui exige une attention immédiate, y compris le téléphone. Il n'est pas souhaitable, selon eux, de dépendre de son environnement humain et matériel ; ils recommandent de s'organiser, d'établir des priorités, de maîtriser son existence en remettant à plus tard certaines tâches secondaires pour concentrer son attention sur les activités « les plus importantes », « essentielles », ou même « hautement prioritaires ».

Certes, il est important de planifier et d'avoir des objectifs et des priorités. Mais si vous procédez ainsi, vous n'arriverez jamais au bout de votre liste. Les activités « moins importantes » cèdent la place à des activités « plus importantes ». Reléguées au placard, elles y croupissent jusqu'au moment où elles se transforment en urgences. Et qui devra faire le nécessaire ? Vous, bien sûr, et tout de suite !

Le principe de l'action immédiate et son efficacité

Je connais une seule méthode réellement satisfaisante, celle qui consiste à faire de *maintenant* votre allié et non votre ennemi et qui repose sur l'application du principe de l'*action immédiate* à l'efficacité personnelle.

Que faire lorsqu'une masse de papiers s'est accumulée sur votre bureau ? Passez à l'*action immédiate* ; elle vous permettra de mieux vous organiser, de mieux maîtriser le moment et le lieu où vous agirez, ainsi que votre manière de procéder. Vous aurez une meilleure opinion de vous-même et de votre performance. L'*action immédiate* est évidemment le principe fondamental du Programme d'Efficacité Personnalisé.

Que pensez-vous du scénario suivant : vous arrivez au bureau, vous vous asseyez et vous jetez un coup d'œil sur les papiers dispersés devant vous. L'un d'eux est signé Marie. Vous vous promettez aussitôt de penser à lui téléphoner et, sagement, vous commencez une pile « À faire ». Vous trouvez alors une lettre de réclamation d'un client. Vous vous dites qu'il faudra lui répondre, et la lettre rejoint la pile. Un troisième papier concerne un problème à résoudre ; vous maugréez que vous allez en discuter avec votre patron et ce papier rejoint les autres. Un quatrième papier vous paraît moins important : vous créez une pile « À faire plus tard », à côté de la pile « À faire », qui a atteint des proportions inquiétantes. Lorsque vous en avez fini avec ce petit jeu, vous revenez à votre première pile, et vous devez relire un à un chacun des papiers. Vous avez effectué deux fois la même démarche. Que de temps perdu ! Deux fois, ça n'est pas dramatique, me direz-vous. Mais il vous arrive de recommencer plusieurs fois la même opération avant de vous décider à agir. Dans ces conditions, vous perdez beaucoup plus de temps qu'en intervenant immédiatement.

Le premier principe à observer pour améliorer votre efficacité personnelle est donc le suivant : **agissez dès que vous avez un papier en mains ou que vous le lisez pour la première fois**.

Il n'est pas question de ce que vous ne pouvez pas – ou même de ce que vous ne devez pas – faire immédiatement. Je vous parle ici de tout ce que vous devriez faire mais que vous ne faites pas ; de la paperasserie courante que vous recevez chaque jour. Prenez la peine de vous en occuper tout de suite ; à longue échéance vous gagnerez un temps précieux et vous serez moins encombré.

Téléphonez à Marie, répondez à ce message, écrivez à votre client mécontent et allez discuter avec votre patron du problème qui vous préoccupe, immédiatement... Vous serez surpris par le peu de temps que cela vous prendra et par l'extraordinaire soulagement que vous éprouverez !

Si vous n'êtes pas prêt à agir, n'accordez pas même un regard à vos papiers. Si vous n'avez pas l'intention de répondre tout de suite, n'écoutez pas vos messages ! N'encombrez pas votre journée de choses que vous ne comptez pas faire. Tournez-vous au contraire vers ce que vous allez faire et passez à l'*action immédiate*.

Commencer par ranger son bureau ou son espace de travail

Lorsqu'un client me demande de l'aider à s'organiser et à mettre en place un Programme d'Efficacité

Personnalisé, ma première initiative est d'entreprendre avec lui le rangement de son bureau. Ensemble, nous passons en revue tous les papiers accumulés sur sa table de travail. J'en prends un et je lui demande de quoi il s'agit :

« Un papier auquel je dois répondre », réplique-t-il en le reposant devant lui.

C'est alors que le dialogue s'engage :

« Une petite seconde ! Que faites-vous là ? », lui dis-je.

Le client, surpris : « Je le mets de côté pour m'en occuper plus tard. »

Je lui propose alors de nous en occuper immédiatement :

« Immédiatement ? Ça risque de prendre du temps...

– Peu importe, lui dis-je, je vais m'asseoir en attendant que vous ayez fini. »

Tandis que mon client se met à la tâche, je chronomètre l'opération, qui dure quelques minutes au plus.

« Ça n'a pas été bien long », observe-t-il.

Voilà la remarque que j'attendais !

Cette première expérience déconcerte habituellement mes interlocuteurs. Le principe de l'*action immédiate* leur reste étranger, même si, après en avoir discuté avec eux, je les incite à le mettre en pratique dans leur travail. Ils ne comprennent pas encore qu'ils doivent l'appliquer en permanence et sans concessions.

Quelle que soit leur bonne volonté, je constate ce manque de rigueur à ma deuxième visite. La plupart du temps, ils ont déblayé leur bureau ou leur espace de travail en prévision de ma venue : tout a été regroupé en piles impeccables. Il m'a suffi de leur parler de l'*action immédiate* pour obtenir leur adhésion, mais contrairement à ce qu'ils s'imaginent, ils ne maîtrisent pas encore ce principe, loin de là ! Ce n'est qu'en travaillant assidûment sur la question – comme je l'ai fait moi-même –

que l'on constate les difficultés de l'*action immédiate* et les prétextes que les gens se donnent pour toujours remettre leurs tâches à plus tard.

Je me souviens d'un client dont nous avions rangé le bureau de fond en comble. Nous avions passé en revue un à un tous ses papiers, jusqu'à ce qu'il ait fait tout ce qui était faisable. Nous avions discuté du principe de l'*action immédiate*, et il avait décidé avec enthousiasme de l'adopter comme règle de travail. À ma visite suivante, j'ai à peine ouvert la porte qu'il me chante déjà les mérites de l'*action immédiate* – une découverte merveilleuse, qui a révolutionné son existence... Je me penche alors sur sa corbeille « en attente ». Le premier papier est un message téléphonique.

« Pourquoi ne pas répondre immédiatement ? », lui suggérais-je.

Mon client, fronçant les sourcils :

« Immédiatement ?

– Oui, bien sûr ! »

Il a donc répondu à cet appel. À la fin de notre entrevue, tous les papiers « en attente » avaient été traités un à un. Comment suis-je parvenu à vider la corbeille, alors que mon client en avait été incapable ? Un simple problème de définition : pour lui, « en attente » signifiait « à remettre à plus tard », et ma première visite ne l'avait pas amené à reconsidérer cette notion.

J'insiste sur ce point ! L'*action immédiate* doit se pratiquer régulièrement et avec rigueur, jour après jour. Mon client avait manqué à cette règle. Il n'avait pas réalisé que la corbeille « en attente » concerne ce que vous ne pouvez pas régler tout de suite, ce qui échappe à votre contrôle. Par exemple, vous rappellerez Marie lundi parce que c'est la date de son retour de vacances, et non parce que vous trouvez que c'est un « bon jour ». Voilà ce que signifie réellement « en attente ».

Si vous avez bien compris ce qu'on entend par *action immédiate* et par « en attente » – et si vous vous imposez chaque jour cette règle de conduite – votre travail et votre vie vous apparaîtront sous un jour entièrement neuf. Vous découvrirez que vous n'avez jamais été aussi productif.

> « La procrastination est un voleur de temps. »
>
> *Edward Young*

Ne plus dire « je vais faire... » mais faire

Le simple réflexe de remettre à plus tard constitue une incroyable perte de temps lorsque vous travaillez ! Si tel est votre cas, l'*action immédiate* vous apportera une aide précieuse en vous permettant de débusquer vos mauvaises habitudes et de vous en défaire.

La plupart des gens ont mille manières ingénieuses de remettre à plus tard. « Je n'ai pas le temps » est l'excuse la plus courante, mais on entend aussi : « Je ne les ai pas appelés parce que j'ai l'impression qu'ils ne sont pas là aujourd'hui », « Ça risque de durer des heures, je préfère attendre une journée plus calme pour m'en occuper », ou encore « Ça n'est pas si important ». Les prétextes invoqués sont innombrables !

Je vous propose donc la démarche suivante : **Soyez aussi ingénieux pour agir que vous l'avez été pour remettre à plus tard**. Si Marie est absente, qui pourra vous renseigner à sa place ? Son assistante ? De quelles autres sources d'information disposez-vous ? À qui pouvez-vous déléguer cette tâche ? L'essentiel est d'aller jusqu'au bout ! Comment faire en sorte que cette lettre, ce dossier ou ce rapport cesse d'encombrer votre bureau et ne tombe plus jamais sous vos yeux ? Renoncez à tous vos mauvais prétextes et concentrez vos facultés intellectuelles sur cet objectif.

Rien n'est plus simple en apparence, mais vous trouverez la pilule plus amère qu'il n'y paraît : on ne perd pas facilement une habitude si bien ancrée... Pour renverser la vapeur, apprenez dès maintenant à augmenter votre productivité personnelle en ne remettant jamais à plus tard et en agissant tout de suite. Adoptez les huit principes suivants : ils vous seront immédiatement profitables...

1. *Agir instantanément.* Si vous avez l'habitude de trier les papiers accumulés sur votre bureau en deux piles – « à faire » et « en attente » – sachez que ce cas est fréquent. Je connais une jeune femme adepte de cette méthode. Elle procède par étapes : une première lecture pour « se familiariser », une seconde pour agir, et parfois une troisième si les problèmes sont mis « en attente ». Cette personne, soit dit en passant, est diplômée d'une prestigieuse université et occupe un poste de haut niveau dans une entreprise. En adoptant le principe de l'*action immédiate*, elle tirerait un précieux bénéfice du Programme d'Efficacité Personnalisé !

À quoi bon relire plusieurs fois les papiers qui atterrissent sur votre bureau avant de passer à l'action ? Vous savez ce que vous avez à faire dès la première lecture d'une lettre. Une deuxième lecture vous prend deux fois plus de temps et vous n'avez toujours pas répondu... Occupez-vous immédiatement de cette lettre ! L'*action immédiate* vous permettra de gagner du temps, de mieux satisfaire votre client et de vous libérer d'une tâche qui vous empêche d'en accomplir d'autres, plus importantes.

2. *Se libérer l'esprit.* Un client m'a décrit le calvaire qu'est pour lui son retour en voiture à la maison, chaque soir. Devant la station-service, il pense : « Je n'ai plus de roue de secours ; il faut absolument que je passe au garage ! » Un peu plus loin, il aperçoit une pharmacie : « Attention, se dit-il, l'hiver approche, on a besoin de vitamines C à la maison. » Devant le super-marché, il se souvient que sa femme lui a demandé de rapporter du pain, mais il n'a pas le courage de s'arrêter et de faire des courses. Il arrive chez lui épuisé, stressé, et il explique qu'il lui faut un verre pour se détendre. « Tout ce que je vois me rappelle des choses que j'aurais dû faire », m'a-t-il confié. De plus, il ne s'est pas arrêté une seule fois en cours de route, mais il se sent aussi épuisé que s'il avait fourni de gros efforts.

Combien de tâches et de projets devez-vous mener à bien sur le plan professionnel ? Cent ? Deux cents ? Sur le plan familial, combien comptez-vous de tâches inachevées, de projets avortés ? Et combien y en a-t-il en rapport avec vos loisirs, vos amis, vos obligations civiques ou religieuses ? Si vous additionnez tous ces éléments qui encombrent votre esprit, vous arriverez probablement à un chiffre compris entre cinq cents et mille.

L'expérience nous enseigne qu'à un moment donné, l'esprit humain ne peut jongler qu'avec un nombre limité de tâches ou d'activités. Comment cette surcharge risque-t-elle d'affecter votre travail ? Prenons l'exemple d'une lettre adressée par un client. « Pourriez-vous avoir l'amabilité de me fournir des renseignements sur tel nouveau produit ? » lisez-vous à la première ligne. Votre attention s'envole immédiatement vers des rensei-gnements que vous étiez censé envoyer à quelqu'un d'autre, mais que vous n'avez pas encore obtenus. Vous revenez à la lettre : votre correspondant vous propose de rencontrer ses collègues pour discuter d'un certain projet. Votre attention s'envole à nouveau, car vous devez justement préparer plusieurs réunions, mais vous n'en avez pas encore eu le temps. Dernier retour à la lettre que vous étiez en train de lire... La simple accumulation d'activités restées en suspens vous distrait de ce que vous avez à faire ! C'est alors que se pose le problème des priorités.

Les priorités peuvent jouer un rôle positif dans la maîtrise de votre travail, mais elles sont parfois une bonne excuse pour ne rien faire. Elles vous incitent à remettre à plus tard les tâches « sans importance » et éventuellement à ne jamais vous en acquitter. Si vous n'agissez pas au fur et à mesure, vous ne pouvez plus vous concentrer sur vos obligations du moment, car trop de voix intérieures vous rappellent vos tâches inachevées. Quand on dresse une liste d'une dizaine de choses à faire, on constate automatiquement que les cinq dernières sont toujours les mêmes ! On a tendance à se braquer sur les priorités et à négliger ce qui paraît moins urgent, et qui pourtant n'en est pas moins important.

À mon avis soit on fait tout de suite ce que l'on doit faire, soit on décide définitivement de ne rien faire. Respectez les échéances lorsqu'il y en a, mais ne négligez surtout pas ce qui mérite d'être réalisé. Si vous souhaitez éviter une surcharge de travail, débarrassez-vous des petites tâches mineures qui pèsent sur vous et vous détournent de l'essentiel. Dressez-en une liste et profitez d'un moment de tranquillité pour leur régler leur compte une à une ; ou bien, décidez d'y renoncer et jetez le tout à la corbeille à papiers. Mieux encore, tirez parti des suggestions de ce livre pour ne pas laisser ces tâches s'accumuler. Une fois cette surcharge éliminée, vous ne risquez plus d'être distrait. Votre niveau de concentration s'élève. D'ores et déjà vous terminez le travail commencé souvent mieux et plus vite qu'auparavant...

La concentration, sous sa forme la plus authentique et la plus pure, serait, selon Kumar[1] « la capacité de fixer son esprit sur un seul point ». Si vous arrivez à vous concentrer sur la tâche en cours, vous aurez fait un pas décisif dans la voie du succès.

3. *Trouver une solution aux problèmes dès qu'ils apparaissent.* À mesure que votre expérience professionnelle s'accroît, vous apprenez à détecter ces petits drapeaux rouges qui vous signalent qu'un problème se pose et que la situation risque d'empirer si vous n'intervenez pas. Malheureusement, vous n'avez que trop tendance à les ignorer au profit de questions plus urgentes à régler.

Il m'arrive de remarquer une pile de papiers suspecte, au coin de bureau. « C'est ma pile de problèmes, répond généralement mon interlocuteur, je m'imagine qu'à force de rester ici, ils finiront par se volatiliser. » Et c'est parfois ce qui se produit.

Connaissez-vous la loi de Murphy, appelée aussi « loi de l'emmerdement maximum » ? Elle stipule que si quelque chose peut aller mal et que vous ne prenez pas le taureau par les cornes, le pire vous arrivera. Le corollaire de cette loi est que, parmi tous les ennuis qui vous guettent, les seuls auxquels vous n'échapperez pas sont ceux qui auront les pires conséquences ! La plupart des problèmes de votre pile se volatiliseront au bout d'un certain temps, seul persistera celui que vous appréhendiez le plus. Comme vous le savez, il faut beaucoup plus de temps pour résoudre une crise que pour réagir à la présence d'un drapeau rouge !

---

1. Kumar, écrivain indien, ami et partisan de Ghandi. *(N.d.T.)*

Prenez l'habitude d'agir instantanément en affrontant les problèmes à leur stade initial, avant qu'ils ne dégénèrent en véritables crises. Vous aurez perdu moins de temps et vous pourrez vous concentrer sur des choses plus importantes.

4. *Réduire les interruptions.* J'entends fréquemment mes clients déplorer des interruptions, apparemment difficiles à éviter. Ils les considèrent comme un phénomène échappant à leur contrôle et comme la source de presque tous leurs maux. « J'aurais eu le temps de finir si je n'avais pas été interrompu sans cesse ! » Qui n'a pas dit ou entendu dire cela maintes fois ? Bien souvent, les interruptions en question résultent d'une tâche que vous avez remise à plus tard. Vous êtes alors obligé, non seulement de faire ce que vous n'avez pas fait, mais de vous occuper des gens qui ont eu à pâtir de cette situation. Vous vous créez ainsi un surcroît de travail ! En outre, vous vous sentez mal à l'aise lorsque vous devez vous justifier d'un retard. Même si vous avez d'excellentes raisons et si la personne au bout du fil se montre compréhensive, vous trouvez déplaisant de lui présenter des excuses et de mendier des délais supplémentaires.

Pour éviter les interruptions, acquittez-vous des tâches qui les provoquent. Moins vous aurez de retards à justifier, plus vous aurez de temps à consacrer à votre travail. Ayez la réputation de quelqu'un qui respecte ses délais ; on cessera de vous questionner sur l'avancement des travaux qui vous auront été confiés.

Attention, certaines interruptions sont souhaitables ! Si une vente dépend d'informations immédiates, le chef du service des ventes se fera une joie d'être interrompu. Mon objectif est d'éliminer les interruptions inutiles et de ne pas aggraver la situation en donnant aux autres de bonnes raisons de vous interrompre. L'élimination de ces interruptions « autoprovoquées » a d'autres avantages : elle vous permet d'améliorer la qualité de votre travail – grâce à une concentration totale – et d'accroître votre productivité car on ne vient plus vous déranger.

5. Se débarrasser du travail en retard. Si vous devez assurer un rythme de travail intensif, tout en ayant accumulé un retard important, occupez-vous d'abord de ce travail en retard. Suivez mon conseil, sinon cet arriéré deviendra un handicap. Je vous rappelle que le travail en retard est lui-même créateur d'un surplus de travail ; donc, en l'éliminant, vous allégerez votre tâche beaucoup plus que vous ne l'aviez supposé. Voici cinq principes qui vous faciliteront cette démarche :

1) Identifiez votre travail en retard.
2) Déterminez quelles tâches en retard sont à traiter en priorité.
3) Prévoyez chaque jour un certain temps pour combler une partie de votre retard.

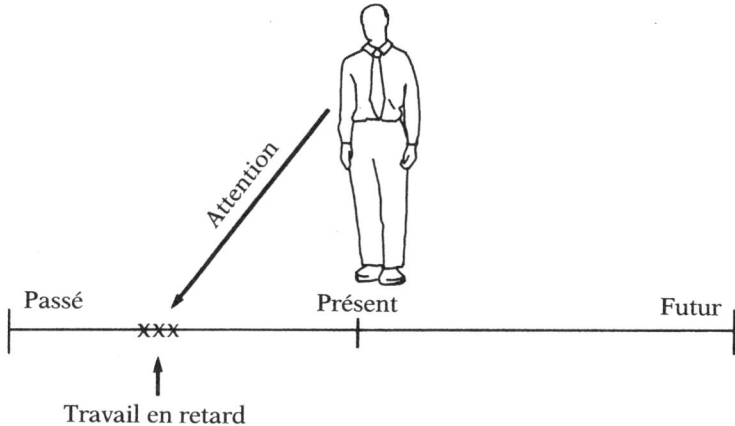

Figure 1.1. *Le travail en retard force l'attention à se concentrer sur le passé et la détourne du présent et du futur.*

4) Déterminez la cause d'une telle situation.
5) Prenez des mesures pour éviter que cela ne se reproduise ou que d'autres retards ne surviennent.

Lorsque vous aurez comblé votre retard et pris des mesures pour rester à jour, vous pourrez envisager l'avenir plus sereinement.

6. *Se tourner vers l'avenir et non plus vers le passé.* La figure 1.1 illustre votre état d'esprit lorsque vous avez accumulé un retard important ; les X représentent les tâches que vous auriez dû accomplir. Dirigée vers le passé, votre attention perd de son acuité. Les psychologues estiment que la proportion d'attention que vous consacrez au passé par rapport au présent et au futur est un excellent indicateur de votre santé mentale. Être centré de manière préférentielle sur le passé serait un indice de perturbation mentale. Un être sain d'esprit se tourne, selon eux, vers son présent et son futur. Rien d'étonnant si vous vous sentez perturbé par tout ce travail en retard !

Lorsque vous regardez vers le passé, vous avez tendance à vous concentrer sur ce qui aurait pu ou dû être, sur les occasions manquées. Tout ce qui vous attire du présent vers le futur est plus sain que ce qui vous retient en arrière.

Imaginez-vous en train de participer à une course : la ligne de départ est le présent et la ligne d'arrivée l'avenir. Si, au lieu de partir du présent, vous partez du passé, vous aurez un plus long chemin à parcourir pour arriver au but !

7. *Traiter le plus pénible en premier.* Perdre du temps parce que vous remettez à plus tard ou parce que vous devez faire face à des interruptions continuelles ou à de soi-disant urgences, n'est pas le problème le plus grave.

Le véritable danger provient de la manière dont ce phénomène vous affecte sur le plan mental et émotionnel.

La figure 1.2 illustre comment en éliminant les tâches qui attirent notre attention vers le passé, nous « faisons de la place » pour le présent. Ce processus est important car nous avons tous une capacité d'attention beaucoup plus limitée que ce que nous pensons. Consacrer l'attention nécessaire à une tâche est essentiel pour aller au cœur et jusqu'au bout du problème.

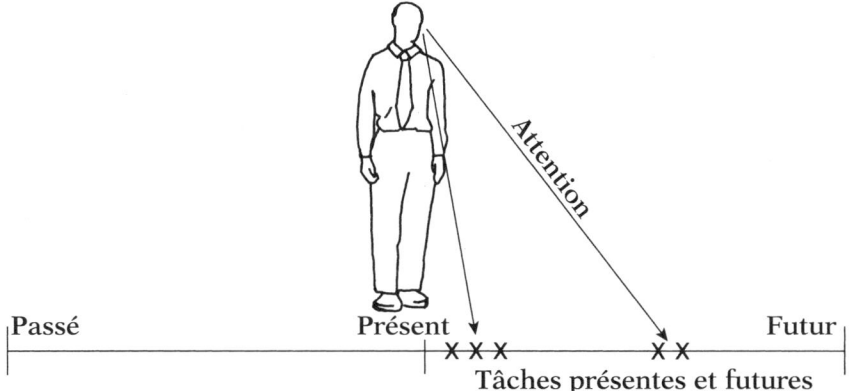

Figure 1.2. *Lorsque l'on s'est débarrassé du travail en retard, il est beaucoup plus facile de se concentrer sur les tâches présentes et futures.*

Tout le monde a tendance à remettre à plus tard les tâches déplaisantes, sans penser aux conséquences encore plus déplaisantes que cela entraîne. Les gens qui remettent à plus tard sont souvent obsédés par le travail laissé de côté ou inachevé : cette culpabilité leur fait perdre du temps et freine d'autant plus leur action.

Réfléchissez aux problèmes que vous avez rencontrés précédemment. Le fait de les ressasser vous a-t-il mené quelque part ? La solution n'a commencé à apparaître que lorsque vous vous êtes mis au travail. Si vous affrontez les problèmes graves ou déplaisants, et si vous prenez les mesures nécessaires, ils disparaissent en général avec une rapidité surprenante.

Ainsi, il est inutile d'anticiper le temps que l'on va devoir consacrer pour résoudre un problème. Bien souvent, c'est encore une excuse pour remettre à plus tard ce qui peut se faire instantanément. En outre, vous serez dans bien des cas surpris car lorsque nous nous attelons enfin à une tâche longtemps différée, la réalité est souvent moins sombre que prévu.

Nous avons souvent tendance à exagérer le temps que nous devrons consacrer à une tâche déplaisante et le désagrément qu'elle représentera. Certaines tâches que l'on appréhende pèsent lourdement sur notre conscience et génèrent un stress qu'il est pourtant facile d'éviter, pour soi comme pour ceux qui nous entourent.

Scott Peck[1] oppose la satisfaction immédiate qu'exigent certains individus à la « satisfaction différée » : « Le principe de la satisfaction différée permet de programmer les plaisirs et les difficultés de manière à accroître les plaisirs en surmontant d'abord les difficultés. Seule cette règle de vie est acceptable. »

Selon ce principe, à quelles tâches doit-on d'abord s'atteler ? Le principe de *l'action immédiate* aidera à surmonter les résistances et à faire preuve de la détermination nécessaire. Certaines personnes tirent une vanité presque perverse de la priorité qu'elles accordent à tout ce qui est désagréable, déplaisant ou difficile. Sans aller jusque-là, vous pourrez facilement vous améliorer dans ce domaine.

---

1. Auteur de *The Road Less Travelled* (Simon & Schuster, 1978).

Comme le disait Mark Twain : « Si vous avez deux grenouilles à avaler, dépêchez-vous d'avaler la plus grosse. »

Suivez cet exemple et, si vous avez le choix, commencez chaque jour par vous acquitter de la tâche la plus déplaisante. Non seulement vous trouverez la suivante beaucoup moins pénible, mais vous prendrez de l'assurance grâce à cette démarche !

8. *Avoir une meilleure image de soi-même.* Dans son livre *It's about Time* (Penguin Books, 1997), le Dr. Linda Sapadin écrit : « Remettre à plus tard dégrade inévitablement l'image que l'on a de soi, entraînant ainsi une perte d'optimisme, de joie de vivre et d'énergie créative. Les gens qui remettent toujours à plus tard ont de plus en plus de mal à atteindre leurs objectifs personnels et même à en formuler. » L'habitude de différer – et les mauvais prétextes qu'elle entraîne – pèse sur votre équilibre émotionnel et sur l'image que vous avez de vous-même. Une jeune femme qui participait à un Programme d'Efficacité Personnalisé ayant éclaté de rire lorsque j'ai abordé ce problème, je lui ai demandé la cause de son hilarité.

Mon interlocutrice, gênée, m'a répondu : « Je pensais à la chemise de smoking de mon mari. Vous comprenez, cette chemise est particulièrement délicate à repasser ! Comme j'ai horreur du repassage, je la garde toujours pour la fin. »

– Quand il ne reste plus que cette chemise, que se passe-t-il ?, lui demandais-je.

– Je la remets dans la machine à laver et mon mari se demande toujours où est passée sa chemise. »

En vous acquittant en priorité des tâches difficiles et en réalisant par étapes les tâches de plus grande ampleur, vous vous libérez, grâce à l'*action immédiate*, d'une lourde charge d'angoisse et d'anxiété. Vous acquerrez aussi une plus grande confiance en vous. Il suffit d'une journée de Programme d'Efficacité Personnalisé pour que les participants traitent tous les papiers accumulés sur leur bureau ou dans leurs tiroirs. Ils découvrent qu'ils avaient sous-estimé leurs capacités et ils perdent leur sentiment de culpabilité. Presque instantanément, ils se sentent mieux dans leur peau.

Mais, comme le souligne Harvey Mackay : « Il importe autant de savoir quand ne pas travailler dur que de savoir quand cela est nécessaire. »

L'action immédiate n'est pas toujours possible ou souhaitable

Après avoir insisté sur la nécessité d'agir *ici* et *maintenant*, je tiens à signaler qu'il n'est pas toujours possible ou même souhaitable d'appliquer ce principe. Vous appelez Marie, mais elle ne rentre que lundi... Vous êtes sur le point de vous verser un café quand un client vous téléphone... Il est clair que les priorités sont à prendre en compte pour qui veut réaliser un travail productif et obtenir des résultats. Néanmoins, il faut agir pour arriver à ses fins, et trop de gens n'ont pas ce réflexe. Ils ignorent le principe de l'*action immédiate* !

Bien que les priorités offrent une excellente excuse pour se dérober, il y a cependant des moments où l'*action immédiate* est à proscrire. Écoutez votre bon sens : vous n'augmenterez pas votre efficacité personnelle en faisant n'importe quoi ! Mais si vous passez votre temps à peser vos choix, à établir des priorités, à laisser mûrir vos projets, à fourrager dans vos papiers et à trouver des excuses pour remettre certaines tâches à plus tard, vous reculez devant l'action. À vrai dire, vous devenez l'esclave de vos mauvaises habitudes.

Par l'action immédiate apprenez à développer un comportement plus combatif.

S'habituer à trancher

Habituellement, les gens qui réussissent se décident vite, mais ils sont lents à revenir sur leurs décisions une fois qu'ils les ont prises.

On a parfois du mal à prendre une décision, car l'idée qu'il faudra en supporter les conséquences n'est guère rassurante. Si tel est votre point faible, voici un moyen simple de vous tirer d'embarras. Contentez-vous d'imaginer les pires conséquences de votre future décision et demandez-vous si vous pourrez les supporter. Si la réponse est oui, allez-y !

On ne peut pas avoir chaque fois 100 % de certitude. Le général américain George Patton, célèbre par ses victoires au cours de la Seconde Guerre mondiale, avait coutume de dire que si l'on a 80 % de certitude, il ne faut pas hésiter une seconde.

Vous pouvez aussi vous inspirer de la méthode de Benjamin Franklin, éminent inventeur, politicien et philosophe du XVIIIe siècle. Pliez une feuille de papier en deux. D'un côté, notez toutes vos raisons de prendre une décision, et, de l'autre, toutes les raisons qui s'y opposent. Comparez ensuite les deux colonnes ; en principe, le choix à faire vous apparaîtra clairement.

J'ai vu des gens d'un caractère résolu faire de mauvais choix. Et pourtant, ils sont presque toujours arrivés à leurs fins. Je pense que ce phénomène résulte d'une loi naturelle : le fait de décider pèse peut-être d'un plus grand poids que la valeur intrinsèque de la décision. Apprenez à trancher, lancez-vous et prenez votre vie et votre travail en mains !

S'habituer à l'action immédiate

Nous sommes tous plus ou moins esclaves de nos habitudes. Nous avons tendance à vivre selon une routine préétablie – qu'il s'agisse du chemin que nous prenons pour aller au travail, du restaurant où nous déjeunons, ou bien de la manière de commencer notre journée. Cette routine a des côtés positifs ou négatifs selon les cas ; elle peut devenir tout à fait destructrice si nous nous y plions totalement.

Quelles bonnes habitudes faut-il cultiver ? Certes, l'habitude de conduire prudemment ou de se montrer courtois avec ses amis et ses collègues ne peut être que bénéfique. L'habitude de pratiquer l'*action immédiate* vous permettra de développer votre sens de l'action et votre esprit de décision : une fois lancé, vous resterez en mouvement. De nombreuses tâches, parmi celles qui vous incombent, n'exigent pas une grande considération. Et pourtant, vous avez tendance à leur accorder la même importance qu'à des tâches de grande ampleur, entraînant des conséquences graves. Un réflexe de routine ! Ce livre vous permettra de rompre avec vos anciennes mauvaises habitudes et de devenir plus efficace, donc plus productif. Vous vous forgerez une conception dynamique de votre travail, qui vous aidera à atteindre cet objectif.

Le fait de remettre à plus tard est une mauvaise habitude en soi. Dans son livre[1], Edwin Bliss décrit ce phénomène de la manière suivante : « Lorsque nous ne parvenons pas à agir aussi vite qu'il le faudrait, ce n'est pas généralement en raison de l'extrême difficulté de la

---

1. *Getting Things Done, The ABC of Time Management* (Scribner, 1976).

tâche en question, mais parce que nous avons pris l'habitude de différer. Cette habitude est profondément ancrée en nous ! » Bliss n'a que trop raison. Initiez-vous au principe de l'*action immédiate* pour perdre l'habitude de remettre à plus tard. L'*action immédiate* substitue au « laisser aller » une conduite orientée vers l'action ; elle permet d'agir avant d'être victime d'un blocage mental. On n'a plus le temps de se dire : « C'est trop difficile ; ça ne va peut-être pas s'arranger ; je ne suis pas d'humeur à le faire ; peut-être que quelqu'un d'autre s'en occupera à ma place ; je n'en ai pas envie... »

La perfection

Certains pensent qu'il est impossible de faire les choses bien quand on les fait immédiatement. Nous avons tous eu à faire à des gens qui prenaient leur travail à la légère. Par exemple, je me bats avec mes enfants sur ce point en suggérant qu'un devoir à la maison pourrait être tapé à l'ordinateur plutôt qu'écrit à la main ou bien qu'ils pourraient rechercher sur Internet la photo qui leur permettra d'obtenir une meilleure note à leur exposé. Pourtant, s'il est sain de vouloir bien faire les choses, la quête de perfection conduit certaines personnes à en oublier le concept de temps.

Les perfectionnistes remettent souvent les choses à plus tard. Après tout, si vous pensez ne pas pouvoir réaliser un travail parfaitement, pourquoi le faire ? Et agir immédiatement peut vouloir dire que vous ne pourrez pas le faire aussi bien que vous le voudriez.

Le Dr. Sapadin affirme : « Les perfectionnistes sont extrêmes dans leur raisonnement : s'ils font quelque chose, pensent-ils, ils doivent le faire de leur mieux. Il n'y a pas d'intermédiaire acceptable... Confrontés à une tâche difficile, les perfectionnistes se retrouvent inévitablement face à un dilemme : donner tout ce qu'ils ont ou abandonner. »

Comment pouvons-nous définir de manière réaliste ce concept « intermédiaire » ?

Devons-nous produire une Rolls-Royce, symbole de la voiture parfaite, une Mercedes ou une Ford ? La Rolls coûte 250 000 euros, la Mercedes, 80 000 et la Ford 25 000 et toutes vous conduisent là où vous voulez aller. Chaque fabricant produit une voiture qui répond aux attentes de ses clients et sert un marché différent dont le seuil est ce que les consommateurs sont prêts à payer.

En vous mettant au travail, ne vous posez plus la question : « Comment puis-je le faire le mieux possible ? mais plutôt : « Quel degré de qualité mes clients attendent-ils de moi ? » Si vous êtes perfection-niste, vous aurez tendance à remettre les choses à plus tard mais ce que veulent vos clients c'est souvent que vous réagissiez vite.

Il est certain qu'il faut faire les choses bien mais il faut définir ce que bien veut dire et surtout les faire maintenant !

La discipline

Lorsqu'il s'agit de changer un comportement, on invoque toujours le terme de discipline. À mon avis, la discipline a certainement un rôle à jouer, mais c'est une mauvaise manière de poser le problème. Si on s'impose une discipline suffisante pour établir une routine, on crée une nouvelle habitude – laquelle nous aide à maintenir cette discipline, qui devient superflue à mesure que s'installe l'habitude. William James, un spécialiste bien connu de l'étude du comportement humain, estime qu'une action accomplie régulièrement pendant trente jours devient une habitude. Tentez l'expérience avec *l'action immédiate* !

À vrai dire, il s'agit là d'une véritable philosophie de la vie partant du principe que nous sommes tournés vers l'action et que nous dominons les problèmes auxquels nous devons faire face. Ces principes s'appliquent à la manière dont nous traitons habituellement les moindres détails de notre vie personnelle et professionnelle.

Mais par où commencer ? En prenant un papier et en notant ce qui vous paraît important ! Concentrez-vous sur le début de votre liste et pratiquez *l'action immédiate*, qui sera synonyme d'action de meilleure qualité !

Grâce à une pratique rigoureuse de *l'action immédiate*, vous cesserez de remettre à plus tard ce que vous devez faire et vous ne vous sentirez plus submergé par quoi que ce soit. Vous vous sentirez beaucoup plus libre et plus léger.

En résumé

1. Commencez par vous installer à votre bureau, éventuellement avec ce livre en mains, et parcourez tous les papiers posés devant vous ou dans votre espace de travail. Prenez le premier document, analysez le problème qu'il vous pose et efforcez-vous de le résoudre dans sa totalité. Faites ensuite disparaître ce papier de votre bureau, afin de ne plus jamais poser les yeux sur lui. Si une tâche exige plusieurs heures, prévoyez le moment où vous pourrez vous en occuper.

2. Prenez un à un les messages électroniques et téléphoniques que vous avez enregistrés, les télécopies que vous avez conservées et traitez-les dans leur totalité. Si l'un d'eux demande des heures de travail, notez un moment dans votre agenda pour le traiter à un moment plus approprié.

3. Déterminez les tâches devant être menées à bien et ce qu'il faut faire pour cela. Allez aussi loin que possible dans l'accomplissement de chacune d'elles. Si vous vous trouvez dans une impasse, soyez astucieux, demandez-vous s'il existe une autre façon de faire et si vous décidez de déléguer une tâche, pensez à en assurer le suivi.

4. Donnez un nouveau sens à l'expression « en attente » : elle ne signifie pas remettre à plus tard ! L'*action immédiate* se pratique de façon constante et rigoureuse. Votre corbeille « en attente » est destinée à ce que vous ne pouvez pas – et non à ce que vous ne voulez pas – faire tout de suite. Prenons l'exemple d'un rapport que vous mettrez trois heures à rédiger. Si vous ne pouvez pas vous y atteler immédiatement, prévoyez le moment où cela sera possible, classez-le pour ne pas l'égarer et passez sans perdre de temps à la question suivante.

5. Cessez de remettre à plus tard ! La pratique de l'*action immédiate* est un facteur clé qui vous aidera à perdre cette habitude incompatible avec un travail efficace. L'astuce consiste à être aussi prompt à exécuter vos diverses tâches que vous l'avez été à les éviter. Libérez votre esprit de ce qui l'encombre ; trouvez une solution à vos problèmes quand ils sont encore à leur stade initial ; limitez les interruptions ; débarrassez-vous du travail en retard qui vous culpabilise, prenez confiance, commencez par le plus déplaisant et ne reculez plus devant les décisions à prendre.

CHAPITRE 2

L'ORGANISATION IMMÉDIATE

Objectifs
• **Mettre de l'ordre et gagner du temps.**
• **Ne plus perdre votre temps à chercher vos affaires.**
• **Créer différents systèmes de classement pour vos papiers courants, vos documents de référence et vos archives.**
• **Établir et organiser des répertoires concrets et pratiques pour vos fichiers informatiques et votre messagerie électronique.**
• **Accorder autant d'importance aux détails de votre installation qu'au travail lui-même.**

Seule une bonne organisation vous permettra d'adopter les automatismes nécessaires à l'*action immédiate*… Vous serez surpris par le temps que vous gagnerez en organisant votre espace de travail en vue d'un maximum d'efficacité.

L'attention aux détails est la clé du succès militaire. L'endroit où le soldat porte ses armes sur lui est l'objet d'une recherche approfondie ; il connaît de plus la nécessité de les conserver en parfait état de fonctionnement. Un soldat indiscipliné et désorganisé, qui ne trouve pas ses armes ou qui ne les a pas entretenues, est un soldat en danger de mort. Lorsque l'ennemi approche, il ne peut pas se permettre d'avoir un fusil qui s'enraye, faute d'avoir été correctement entretenu.

Durant la Guerre du Golfe, le commandant en chef des forces terrestres, interrogé sur le succès de son intervention, a répondu que tout le matériel était arrivé à temps et avait été déployé aux endroits prévus.

Une bonne préparation ou organisation de votre travail a une importance que beaucoup de gens ne soupçonnent pas. Le désordre peut être fatal.

Mettre de l'ordre dans son bureau

Le désordre que vous trouvez le matin en entrant dans votre bureau a de multiples facettes. C'est votre manteau jeté négligemment sur un fauteuil parce que vous n'avez pas eu le courage de l'accrocher au porte-manteaux, ou la demi-douzaine de rapports posés sur le coin de votre meuble de classement. C'est le tas de revues que vous n'avez pas encore lues. C'est la montagne de courrier (reçu ou à expédier) accumulée sur votre bureau. C'est enfin les lettres non terminées auxquelles vous voulez donner une touche plus personnelle par quelques mots écrits à la main, ou encore les cassettes que vous vouliez écouter chez vous pendant le week-end mais qui sont maintenant enfouies sous le budget trimestriel.

Ce fouillis n'a pas sa place dans votre lieu de travail ! Vous répétez chaque jour à vos enfants de ranger leur chambre, mais vous allez travailler dans un bureau dont le désordre ne vous choque même plus. Et pourtant ce désordre nuit à l'efficacité de votre travail !

L'origine du désordre

Le premier coupable est le papier. Qu'est-il advenu de l'idée du bureau sans papiers ? Il fut un temps où l'on rêvait que la technologie puisse permettre de traiter toute l'information électroniquement et que la paperasse puisse disparaître.

Mais ce rêve ne s'est toujours pas réalisé ! L'imprimante et la photocopieuse déversent sur nous des tonnes de documents : nous n'avons sans doute jamais été submergés à ce point !

La messagerie électronique (e-mail) peut devenir pire encore que le papier. Cette invention, merveilleuse par ailleurs, a créé un gigantesque désordre électronique : elle permet d'envoyer une note à cent cinquante destinataires différents avec une seule frappe. Certaines personnes reçoivent jusqu'à deux cents messages électroniques par jour. C'est à peine concevable et pourtant, si vous avez un bureau « entièrement informatisé », vous connaissez déjà ce problème.

Le déluge d'informations qui s'abat chaque jour sur votre bureau est une autre source de désordre. Nos bureaux sont des fourre-tout, comme nos placards.

La plupart des gens ont l'habitude de tout conserver parce qu'ils croient qu'un jour où l'autre ils auront besoin de ce qu'ils gardent.

Cependant, à quoi bon conserver et classer d'anciennes revues que vous ne regarderez plus jamais ?

À un moment ou à un autre, considérez objectivement ce que vous avez gardé et assurez-vous que cela peut vous être utile. Sinon, n'hésitez pas à vous en débarrasser !

Le désordre est-il une nécessité ?

Le désordre est révélateur de la manière dont les gens appréhendent leur travail et leur vie. Il reflète souvent le désordre de leur esprit. Certains prétendent qu'il nourrit leur pensée et qu'il éveille leur processus créatif ; d'autres se figurent que les créateurs et les artistes sont nés ainsi.

Voici une anecdote significative, racontée par l'une de mes collègues. Avant de rendre visite à un célèbre artiste new-yorkais, elle s'était imaginé précisément ce qu'elle allait trouver chez lui : un intérieur d'avant-garde avec des toiles dans tous les coins, encombré de toutes sortes d'objets destinés à stimuler l'inspiration du maître...

Dès qu'elle eût franchi la porte, elle eut la surprise de constater que tout était net et ordonné. Son hôte avait-il procédé à quelques rangements en l'honneur de ses invités ? Cette hypothèse se révéla inexacte : le même ordre régnait dans l'atelier qu'elle eut l'occasion de visiter ensuite. Pinceaux et pots de peinture, soigneusement étiquetés, étaient classés selon un ordre rigoureux. Ce qu'elle avait sous les yeux était aux anti-podes de l'idée qu'elle se faisait du travail d'un artiste ! Comme elle s'en étonnait, l'artiste lui répondit que cette habitude de prendre grand soin de ses outils de travail datait de ses années d'étude aux Beaux-Arts. Il avait appris que les pinceaux s'abîment si on ne les nettoie pas après usage, et qu'on oublie la composition des mélanges si les pots de peinture ne sont pas étiquetés !

Pour avoir l'efficacité de cet artiste, soyez opérationnel et organisé : on fonctionne plus aisément dans un environnement clair et net.

Ni vu… ni connu

Beaucoup de gens s'imaginent que ce qui n'est pas sous leurs yeux risque de tomber dans l'oubli. Ils craignent de ne plus se souvenir de leurs obligations s'il n'ont pas un pense-bête sur leur bureau ou au moins un Post-it collé devant eux. Leur principe est de tout garder dans leur champ visuel.

Mais tout ce qui est loin des yeux ne s'oublie pas fatalement. S'ils ont des problèmes de mémoire, je leur donne les moyens d'y remédier. En outre, pourquoi s'imposent-ils un rappel constant de tout ce qu'ils ne peuvent pas faire dans l'immédiat ? Ce rappel ne peut que renforcer leur mauvaise habitude de remettre à plus tard.

La plupart des gens pensent que les Post-it sont utiles et en collent partout à leur poste de travail ou dans leur bureau alors qu'en fait ils ne font que distraire l'attention et augmenter le stress.

Je leur conseille donc de trouver une place pour chaque chose. N'ayez sur votre bureau que ce sur quoi vous travaillez et utilisez un bon agenda pour vous rappeler de faire les choses quand vous aurez vraiment le temps de vous y consacrer.

Ne pas négliger l'évidence

Vous perdez souvent de vue l'évidence lorsque vous cherchez à améliorer vos méthodes de travail : en essayant de résoudre des problèmes complexes, vous passez à côté de l'essentiel. Chaque jour, en effet, vous utilisez agrafes, stylos billes, ruban adhésif, trombones, ordinateur, classeurs, disquettes, sans oublier les sièges, les lampes, etc. Un désordre absolu règne parfois sur tout cela : les ciseaux ne sont pas à leur place, l'agrafeuse est cassée, le distributeur de ruban adhésif vide et des papiers traînent partout. Comment travailler efficacement dans de telles conditions ?

Si les éléments de base de votre espace de travail ne sont pas en ordre, vous vous créez un sérieux handicap qui nuira à votre efficacité quotidienne.

Un détail, me direz-vous. Sachez pourtant que, selon un article du *Wall Street Journal*, les employés et cadres passeraient en moyenne six semaines par an à chercher objets et documents dans leur bureau.

L'accès à votre matériel n'est pas le seul élément déterminant. Prenez un peu de recul et observez attentivement votre espace de travail. Avez-vous choisi un bon emplacement pour votre bureau ? Travaillez-vous dans une pièce assez chaude en hiver et assez fraîche en été ? Votre fauteuil est-il confortable ?

Au cours d'un Programme d'Efficacité Personnalisé pour Philips Electronics, j'ai remarqué que l'un des participants, à qui j'avais rendu visite dans son bureau, se contorsionnait sur son siège. Intrigué, je lui ai demandé des explications. Il avait mal au dos. J'ai examiné son siège : il était cassé. Sur mon conseil, il l'a fait remplacer. À ma visite suivante, il m'a confié que son mal de dos avait disparu depuis, et qu'il travaillait beaucoup mieux ainsi.

On peut accroître considérablement sa productivité en déplaçant un bureau. Un employé qui travaillait face à une porte toujours ouverte était continuellement distrait par les allées et venues et par les gens qui s'arrêtaient pour lui dire un mot. Il lui a suffi de tourner son bureau et son siège vers le mur opposé pour remédier à ce problème.

De nombreux chercheurs s'intéressent aujourd'hui à l'influence de l'environnement et à la manière de l'améliorer. Digital Equipment Corporation (DEC) a promu en Suède un concept qu'elle définit comme « le bureau du futur ». Le moindre détail est pris en compte, depuis le *hardware* et le *software* utilisés jusqu'à la couleur des murs. L'étude porte aussi sur les types de sièges les plus fonctionnels et les rapports subtils entre environnement et productivité.

Digital Equipment Corporation s'intéresse même à l'influence des différences culturelles sur la définition d'un environnement confortable. En Suède, par exemple, le bureau du futur ressemble à une maison campagnarde suédoise, parce que les personnes interrogées pensent que ce type d'environnement peut les rendre plus productives qu'un bureau classique. Des fabricants de mobilier de premier plan comme Steelcase Inc., de grands cabinets d'architecture d'intérieur comme Gensler et de grosses sociétés de conseil en informatique comme Cap Gemini ont élargi leur gamme de produits et de services traditionnels en offrant des services et du conseil aux entreprises qui souhaitent constituer des environnements de travail adaptés à un personnel plus mobile. Nous aussi chez IBT (Institute for Business Technology) avons suivi cette tendance : alors qu'auparavant nous nous limitions à aider les employés à être plus productifs et à mieux s'organiser, nous les aidons aujourd'hui à faire la transition entre l'espace et les outils traditionnels de bureau et le bureau de nouvelle génération qui encourage des employés beaucoup plus mobiles à fonctionner en équipes pour réaliser un travail.

Commencer par le commencement

Si vous voulez devenir plus productif, commencez par envisager certains points fondamentaux, habituellement négligés. Votre matériel est-il en bon état de fonctionnement ? Travaillez-vous dans de bonnes conditions ? Ces deux questions ont une importance indiscutable pour les employés de bureau, mais ils se la posent rarement.

Si un ouvrier d'une chaîne de montage doit se baisser pour soulever un outil lourd chaque fois qu'il monte une roue sur une voiture, ce processus de production est à reconsidérer. Peut-être aura-t-il besoin d'un levier ou d'un élévateur pour rendre cette tâche plus rapide et moins pénible. De même, si vous devez vous plonger dans toutes sortes de papiers et d'annuaires chaque fois que vous avez un coup de téléphone à donner, le processus devra être remis en question. Le principe est de rendre facile l'action immédiate.

Des outils de travail appropriés

Passons en revue vos outils de travail. Si vous n'êtes pas en ce moment dans votre bureau, transportez-vous-y par la pensée et réfléchissez à la disposition matérielle de votre espace de travail. Que contient-il ?

Trois corbeilles. Vous devriez avoir trois corbeilles pour le flux des papiers quotidiens (et non pour leur stockage !) : arrivée, en attente, départ. Votre système de corbeilles devrait correspondre au modèle de la Figure 2.1 (page 71).

Un matériel de bureau standard. Il comprend tout ce que l'on utilise régulièrement : agrafeuse, stylos,

LES CORBEILLES «ARRIVÉE», «EN ATTENTE», «SORTIE» DOIVENT ÊTRE À PORTÉE DE MAIN POUR ÊTRE EFFICACES

ARRIVÉE. Courrier et notes arrivant. Tout ce qui arrive et que vous n'avez pas encore vu est là. Quand vous attrapez un document, agissez de suite ! Si vous avez un assistant, le courrier devrait avoir été filtré et trié en dossiers qui vous indiquent vos priorités quand vous êtes pressé (par exemple : à signer, urgent, mémos, à lire, etc.).

EN ATTENTE 24-48 HEURES. Pour les documents que vous avez essayé de traiter et que vous ne pouvez pas finir de traiter immédiatement (par exemple : en attente d'information complémentaire, en attente d'être rappelé après avoir laissé un message, interruption par un sujet plus urgent, etc.).
Mais attention, ce n'est pas une corbeille pour remettre à plus tard, ni pour les projets non finis, ni pour les dossiers à traiter, ni pour les sujets embarrassants !

SORTIE. Vous y mettez les documents que vous avez terminé de traiter. Soit vous la videz plusieurs fois par jour quand vous quittez votre bureau, soit vous avez une personne qui s'en occupe (classement, envoi courrier, distribution interne, etc.).

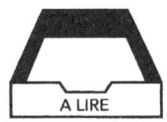

A LIRE. Corbeille en option, utile si vous avez beaucoup à lire. Évitez d'en mettre trop. Tout ce qui est bref, lisez-le tout de suite quand vous traitez votre corbeille «arrivée», parcourez la table des matières, découpez les articles qui vous intéressent… et classez tout de suite.
Si vous avez beaucoup à lire et étudier, prévoyez dans votre planning des moments réguliers pour vos lectures. Pensez aussi à la possibilité de partager les lectures au sein de votre équipe avec un système d'indication ou de résumé des éléments pertinents.

Certains postes nécessitent des corbeilles complémentaires et spécialisées pour faciliter le flux des documents.

De quelles autres corbeilles auriez-vous l'utilité ? _____

Figure 2.1. *Le système des corbeilles.*

crayons, ruban adhésif, présentoir pour cartes de visite, taille-crayons, calculatrice, trombones, disquettes formatées, etc.

Je rencontre souvent des gens qui ont plusieurs agrafeuses « qui ne fonctionnent plus » dans leur bureau. La plupart du temps, elles ne sont pas réellement cassées : leur mécanisme est bloqué par des agrafes que personne ne se donne la peine de retirer. Leur propriétaire emprunte l'agrafeuse d'un collègue chaque fois qu'il a besoin de cet instrument ! Aussi insignifiante que puisse paraître une agrafeuse, elle est indispensable à un employé de bureau. Si elle fonctionne correctement – ainsi que tout son matériel de base – il travaillera avec plus d'efficacité et de productivité.

Assurez-vous que vous disposez de tous les « outils » dont vous avez besoin et qu'ils sont en état de marche. Plus question d'emprunter une paire de ciseaux ou une agrafeuse à chaque instant. Prenez le temps de faire l'inventaire de tout ce qui est en votre possession, ou devrait l'être. À la fin de ce petit exercice, vous aurez recensé tous les instruments que vous utilisez chaque jour. Ce matériel doit être absolument fonctionnel et rangé dans un tiroir de votre bureau ou à proximité immédiate. Jamais sur votre plan de travail…

Simultanément, méfiez-vous du gaspillage ! Les services de comptabilité et de gestion s'aperçoivent régulièrement qu'il atteint un niveau phénoménal.

Lors d'un Programme d'Efficacité Personnalisé pour une société de courtage de moyenne importance, j'ai commencé par faire le tour des bureaux en demandant à chacun de rassembler tous les articles inutiles en sa possession et de les rapporter au service des fournitures. Les gens se plaignent en effet souvent de ne pas avoir ce dont ils ont besoin et, dans les petites entreprises, on peut rarement faire des achats supplémentaires quand le budget annuel ou trimestriel a déjà été bouclé. À cette occasion, nous avons rassemblé, avec les cent vingt employés de cette société, toutes les fournitures inutiles conservées dans les bureaux. La collecte leur a permis de tenir plusieurs mois sans faire le moindre achat : il a suffi de redistribuer ce que nous avions récupéré chez les uns et les autres !

Il ne tient qu'à vous d'en faire autant. Pour cela regardez attentivement ce que vous avez sur votre bureau ! Je parie que vous trouverez une demi-douzaine de stylos à bille et d'autres articles dont vous ne soupçonniez même pas l'existence.

Le principe qui s'applique à vos outils de travail est également valable pour les informations contenues dans vos dossiers : *vous n'utilisez pas ce dont vous ignorez la présence.* Or, sans organisation et sans maintenance, vous ignorez ce dont vous disposez. Vous gaspillez vos ressources… Pensez aux survivants d'un naufrage, sur un radeau gonflable au milieu de l'océan. Leur première initiative consiste à faire un inventaire détaillé de leurs ressources, afin de ne rien gâcher. Dans une telle situation, le gaspillage peut leur coûter la vie.

Les photocopieuses. Ne pas savoir s'en servir peut avoir de graves conséquences ! Un de mes amis m'a raconté l'anecdote suivante. Pendant une réunion de travail en présence du P-DG de l'entreprise, il lui avait présenté son projet ; ce dernier ayant demandé une photocopie, le collaborateur chargé de cette mission ne réapparut avec le document qu'au bout d'une bonne vingtaine de minutes ! Surpris par cette attente, mon ami interrogea un assistant du P-DG qui l'emmena au bout d'un couloir, dans la salle de reprographie. Une énorme photocopieuse trônait au milieu de la pièce : un monstre doté de dizaines de boutons et d'écrans de contrôle dignes d'un cockpit de supersonique. Évidemment, 90 % du personnel ne savait pas l'utiliser !

Les télécopieurs. Il faut apprendre aussi à se servir d'un télécopieur, d'une imprimante et de tous les autres instruments communément utilisés dans un bureau. Ceux-ci doivent être opérationnels et accompagnés des fournitures et des pièces de rechange nécessaires. Il est recommandé d'afficher une notice simple expliquant leur fonctionnement. Prenez le temps de vous familiariser avec eux !

Les ordinateurs. Beaucoup de gens utilisent un ordinateur sans profiter de tout ce qu'il peut leur apporter. Ils l'emploient, par exemple, pour organiser des données sous forme de tableaux, mais ils ignorent ses autres fonctions telles que le traitement de texte, la facturation, la prospection et la gestion du temps de travail. Les ordinateurs ont de multiples usages ! Certains d'entre eux permettent d'envoyer et de recevoir des fax. On peut aussi effectuer des opérations bancaires, régler des factures et retenir des places de théâtre, sans quitter son bureau ni envoyer une seule lettre.

Lorsque je travaille avec de grandes sociétés, je m'aperçois souvent que la moitié du personnel utilise imparfaitement le système de messagerie électronique installé pour accroître sa productivité. Il est fondamental de savoir utiliser toutes les capacités des outils dont vous disposez, mais il me semble tout aussi important de chercher constamment de nouvelles manières d'en faire usage.

Se tenir au courant des nouveaux outils de travail qui apparaissent sur le marché

Familiarisez-vous avec les meilleurs systèmes de gestion du temps de travail. Prenez l'habitude de parcourir de temps en temps les catalogues ou d'aller dans les magasins de fournitures de bureau pour faire des découvertes intéressantes.

Je me souviens d'une femme qui travaillait dans une compagnie d'assurance – une personne très mal organisée, qui ne voulait pas suivre mes conseils. À vrai dire, je n'étais pas loin de la considérer comme un cas désespéré. Mais, un beau jour, une de ses collègues lui a montré un gadget qu'elle trouvait inutile et dont elle voulait se débarrasser. Il s'agissait d'un ensemble de cartes dans une reliure de cuir, avec des pochettes pouvant les contenir. L'utilisateur est censé noter une tâche par carte ; s'il ne s'est pas acquitté de l'une d'elles, il glisse la carte correspondante dans une pochette pour le lendemain. Elle a été séduite de manière imprévue par ce système et l'a immédiatement adopté ce qui lui a permis de résoudre maints problèmes.

Il existe d'excellents accessoires de bureau grâce auxquels vous pourrez accroître votre efficacité et votre productivité. Chacun d'entre vous aura ses préférences en la matière ! Profitez de tous les accessoires dont vous pouvez disposer et trouvez ceux qui correspondent le mieux à votre style et à votre personnalité.

Les systèmes de classement et les points de contrôle des papiers

Pour mieux gérer vos papiers, organisez vos dossiers en fonction de leur fréquence d'utilisation. Vous devez avoir à portée de la main ce dont vous avez le plus souvent besoin. Votre bureau est un espace de travail : seuls les papiers d'usage courant y ont leur place.

La figure 2.2 montre les points de contrôle des papiers et donne un aperçu d'une bonne organisation de bureau.

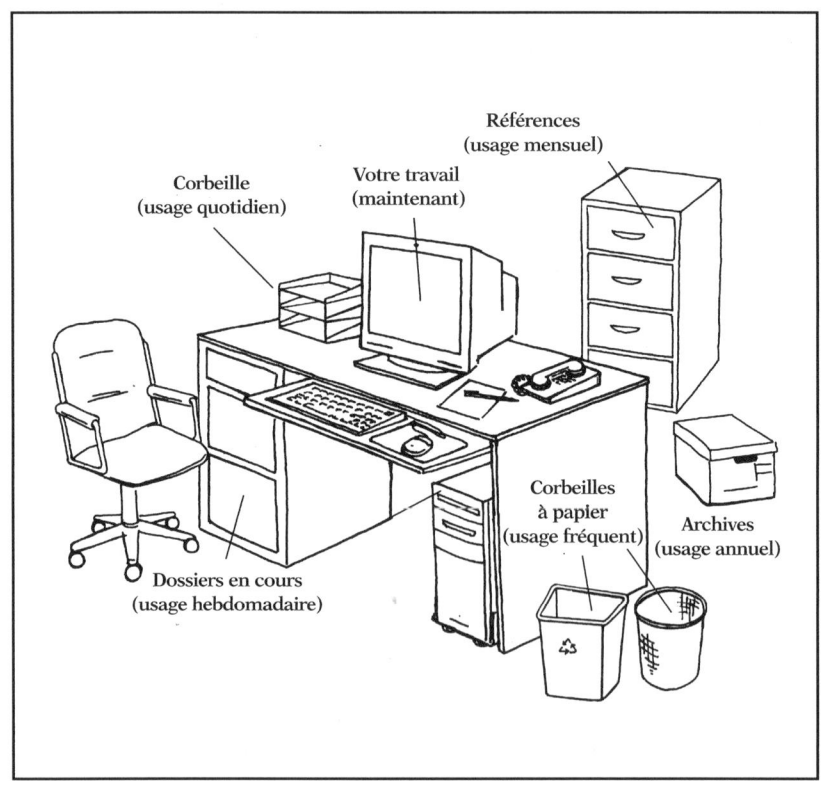

Figure 2.2. *Points de contrôle des papiers.*

Ayez un système à trois corbeilles pour gérer le flux des papiers. Vos corbeilles – arrivée, en attente, départ – concernent les tâches à exécuter dans un laps de temps de quelques jours au maximum. À côté, établissez trois types de dossiers – travail en cours, référence et archives – qui sont des points de contrôle vitaux, vous permettant de gérer votre flux de papiers.

Les dossiers de travail en cours concernent les projets et les fonctions de routine. Habituellement, 20 % de vos dossiers concernent 80 % de votre travail ; vous devriez donc les garder à portée de la main, de préférence dans les tiroirs de votre bureau, sous la forme de dossiers suspendus. Ils sont réservés aux sujets que vous devrez traiter régulièrement pendant plusieurs semaines ou plusieurs mois, ou aux projets en cours dont vous êtes responsable.

Les dossiers de référence représentent la majeure partie de vos dossiers. Puisque vous les consultez à intervalles réguliers, gardez-les auprès de vous, mais pas nécessairement à portée de main.

Les dossiers d'archives, conservés pour des raisons légales, sont utilisés plus rarement. Ils représentent le travail réalisé pendant les années précédentes ; vous pouvez les stocker en dehors de votre bureau.

Les dossiers de travail

Un client qui avait cinq imposantes piles de papiers posées sur son bureau, me dit un jour avec le plus grand sérieux qu'il savait exactement où était chaque chose. « Considérez-vous qu'un système de classement ne présente aucun intérêt ? » lui demandai-je. « J'ai mon système ! », me répondit-il, en me désignant d'un grand geste son amoncellement de papiers.

À cet instant, le téléphone sonna. Son interlocuteur le priait de se référer à une note envoyée quelques jours plus tôt. Il lui demanda de patienter et il se mit à feuilleter une première pile, puis une deuxième. Rouge de confusion, il s'attaqua à la troisième, puis il déclara qu'il rappellerait plus tard.

« D'accord, me lança-t-il enfin tandis que je le regardais en silence, un Programme d'Efficacité Personnalisé a peut-être du bon, mais honnêtement, cette note était juste à côté d'une feuille bleue, dans ce dossier. »

Croyant savoir où sont les choses, les gens perdent un temps précieux à les chercher, car ils se font des illusions. Comment pourrions-nous garder en mémoire l'emplacement de la moindre feuille de papier ?

Si votre patron vous imposait cette obligation, vous seriez scandalisé. Vos dossiers sont là pour ça !

Comme vous le verrez sur la figure 2.3, vos dossiers de travail contiennent habituellement cinq types d'informations.

1. *Informations « à portée de main »*. Il s'agit des répertoires de numéros de téléphone et d'adresses, des codes informatiques, des polices d'assurance et d'autres informations souvent utiles, que vous souhaitez avoir à « portée de main » en cas de besoin.

2. *Sujets « à discuter »*. Créez un dossier pour chaque catégorie de réunions périodiques et pour chacun des collègues avec qui vous êtes en relation directe et fréquente.

3. *Fonctions de routine*. Ces dossiers contiennent les informations nécessaires pour les tâches de routine que vous exécutez chaque jour, chaque semaine ou chaque mois.

4. *Projets en cours*. Il s'agit des projets sur lesquels vous travaillez actuellement. Créez un dossier suspendu pour chacun d'eux et placez-y tout ce qui vous paraît nécessaire pour votre travail en cours. Une fois de temps en temps, effectuez un tri, et transférez ce qui n'est plus actuel dans vos dossiers de référence.

5. *Échéancier*. Ces dossiers comprennent habituellement deux parties : l'une, numérotée de 1 à 12, pour les mois de l'année ; l'autre, numérotée de 1 à 31, pour les jours du mois. Ils sont destinés aux questions en suspens à long terme et aux affaires à suivre.

Si vous créez un échéancier et si vous le consultez chaque jour, vous disposerez d'un système de rappel

LES DOSSIERS EN COURS

80% du travail est fait avec 20% de vos dossiers. Ce sont vos dossiers actifs que vous allez utiliser au cours de ces prochaines semaines. Gardez-les séparés des autres dossiers et à portée de main. C'est la partie la plus importante de votre système de contrôle du papier.

■ **L'échéancier** est un système de rappel pour informations écrites. Il est organisé de 1 à 31 pour les jours et de janvier à décembre pour les mois. Normalement c'est le secrétariat qui a la responsabilité de gérer cet échéancier pour tout document qui doit réapparaître un jour donné (par exemple fiche d'échéance de délégation, convocation à une séance pour laquelle aucun dossier n'existe, etc.).

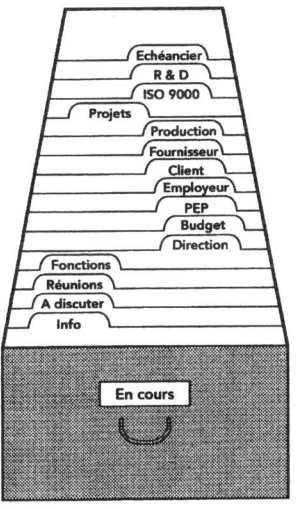

■ **Vos projets** réunissent des documents sur lesquels vous travaillez d'une manière limitée dans le temps. Vous ouvrirez tel dossier projet pour la durée du projet (une semaine, un trimestre, un semestre…). Ensuite le dossier sera détruit ou classé en référence ou encore en archive. Ayez un dossier pour chaque projet et activité en cours impliquant du papier. Partagez les dossiers volumineux en plusieurs sous-dossiers plus maniables.

■ **Vos fonctions** correspondent à l'ensemble des objectifs et tâches qui vous accompagnent tout au long de l'année (budget, évaluation du personnel, efficacité, etc.).

■ **Réunions périodiques**. Pour vous aider à être un facilitateur ou participant efficace, créez un dossier pour chaque type de réunion périodique.

■ **A transmettre et discuter.** Ouvrez un dossier pour chacune des personnes avec qui vous avez beaucoup d'échanges d'informations et documents, vous pourrez ainsi regrouper.

■ **Informations immédiates :** listes téléphoniques, codes informatiques, codes produits, etc. Un dossier par genre.

Conseils supplémentaires pour vos dossiers en cours.
Utilisez votre carte de responsabilité pour créer votre propre structure de classement. Il peut y avoir plusieurs sous-dossiers derrière chaque dossier principal.
Quand vous avez terminé d'utiliser un dossier ou quand vous devez vous interrompre pour une autre tâche, rangez-le à sa place. Vous le retrouverez facilement.
Tenez rigoureusement à jour vos dossiers en cours. Jetez au fur et à mesure tout document qui devient inutile. Classez en référence ou en archive les dossiers (ou parties de dossiers) qui ont terminé leur phase active.

Figure 2.3. *Dossiers de travail.*

imparable. Supposons, par exemple, que je sois votre client et que nous ayons prévu de nous rencontrer le 15 décembre. Votre échéancier contient une note, au 13 de ce mois, vous rappelant de me téléphoner pour vérifier que tout est prêt. Dans la chemise réservée au 13 décembre, vous avez noté aussi de confirmer tous vos rendez-vous.

À certaines dates précises du mois de décembre, vous devrez vérifier l'horaire des vols et les correspondances avec Chicago, ou mettre au courant votre assistant pour qu'il puisse vous remplacer au rendez-vous prévu le 15. Tout cela figure dans votre échéancier !

Grâce à ce mode de stockage vous évitez d'encombrer votre corbeille « en attente ». Supposons que vous devez établir un contrat ou rédiger un rapport final d'après un projet. Ce genre de tâche peut vous prendre deux bonnes heures et vous souhaitez la planifier au jeudi suivant pour lui consacrer le temps nécessaire. Bloquez deux heures sur votre agenda, le jeudi 11 décembre, et placez votre projet dans la chemise de l'échéancier correspondant au 11. Le 11 au matin, vous consultez celui-ci selon votre habitude, vous en retirez ledit projet, et vous vous mettez à la tâche de 9 à 11 heures, comme vous l'aviez noté sur votre agenda. Une fois déposé dans la corbeille « départ », votre rapport sera adressé à la personne concernée.

Tout ce que je viens de décrire au sujet du traitement du papier peut s'appliquer également à un système électronique, qu'il s'agisse d'un logiciel de gestion de l'information personnelle (PIM) ou d'un « organiseur » électronique. La messagerie électronique inclut souvent de tels systèmes, qui peuvent se révéler particulièrement efficaces pour ceux d'entre vous à qui manque un support administratif.

Vous comprenez maintenant la nécessité de vérifier quotidiennement votre échéancier : c'est l'essence même de la philosophie de l'*action immédiate*. Quand vous effectuez votre vérification quotidienne, vous savez exactement ce que vous devez faire pour rester à jour et vous acquittez des tâches qui vous permettront de progresser dans votre travail.

Organisez vos dossiers de travail

Il est essentiel de mettre au point une structure de dossiers qui fonctionne pour tout votre travail, est facile à conceptualiser et surtout facilite la recherche de l'information dont vous avez besoin. Une fois ce problème réglé, il est facile de décider où classer un document et où le chercher quand vous en avez besoin, que cela soit un dossier en cours, un dossier de référence ou un dossier archivé. Les cinq types d'informations indiquées à la figure 2.3 vous donnent une idée générale du contenu de vos dossiers de travail. Pour que votre système soit utilisable, vous devez créer des dossiers spécifiques en définissant par exemple les principales responsabilités et les activités qui vous incombent ainsi que les informations dont vous avez besoin pour mener ces tâches à bien. Reportez-vous à la figure 2.4 pour avoir une idée des responsabilités qu'un directeur d'usine pourrait répertorier.

Voici l'exemple d'une analyse de poste simplifiée. Répertoriez les grandes catégories de responsabilités qui vous incombent comme mots clés (un poste en couvre en général 6 à 8), répertoriez ensuite des sous catégories pour chaque catégorie. Vous pouvez utiliser le formulaire de la figure 2.5 pour vous aider à

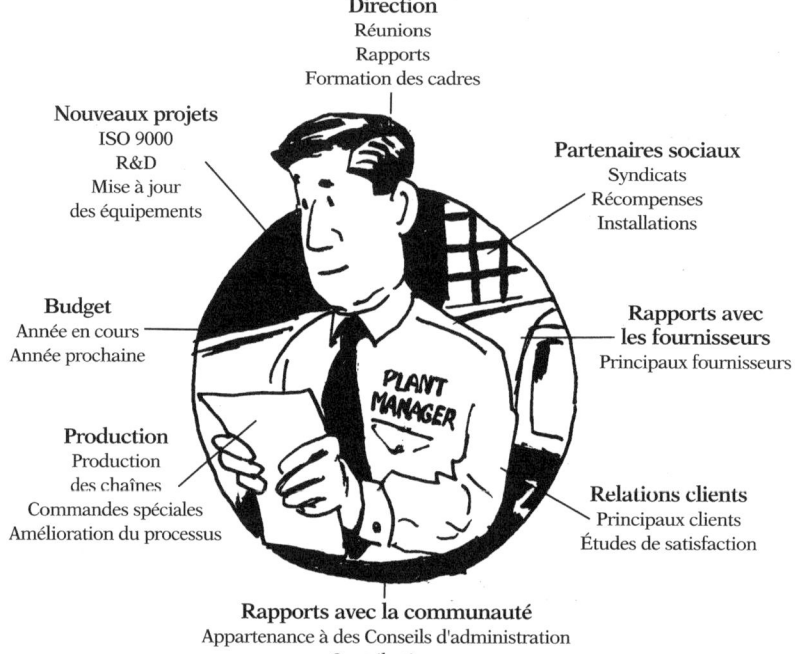

Figure 2.4. *Exemple de la carte des responsabilités pour une structure de dossiers.*

identifier et nommer les dossiers représentant les aspects importants de votre travail.

1. Sélectionnez le tiroir consacré à vos dossiers de travail en cours ; de préférence l'un des plus grands de votre bureau. Souvenez-vous qu'il s'agit d'informations que vous souhaitez avoir à portée de main. Étiquetez correctement et clairement ce tiroir en caractères gras.

2. Enlevez tous les dossiers qui ne sont pas en cours et placez-les soit avec les dossiers de référence, soit avec les dossiers d'archives.

3. Prévoyez une chemise différente pour chaque projet et chaque activité. Étiquetez correctement et claire-ment chacune d'elles.

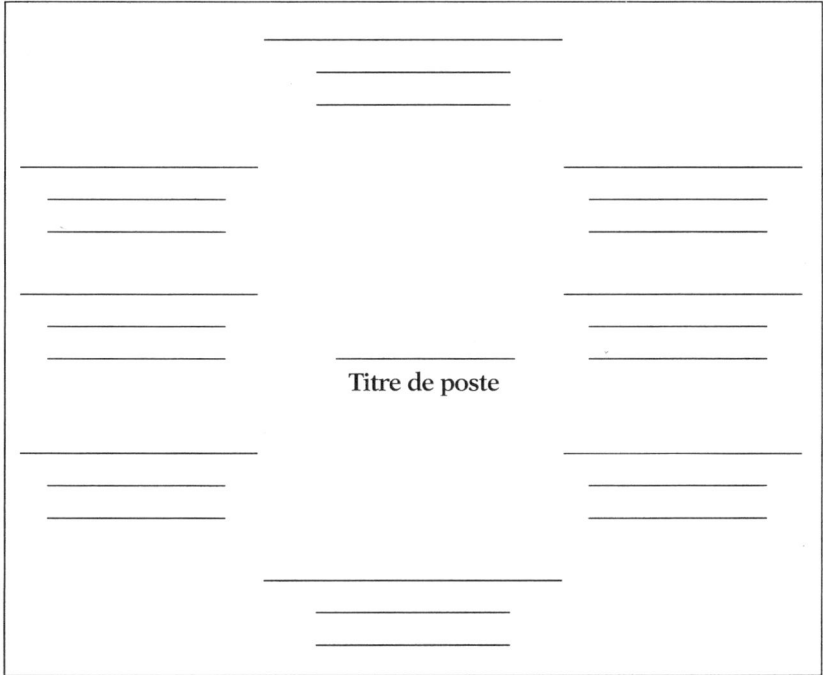

Figure 2.5. *Exemple de formulaire de carte de vos responsabilités.*

4. *Ayez un échéancier*, dont une partie est numérotée de 1 à 12 pour les mois de l'année, et l'autre de 1 à 31 pour les jours du mois.

Les dossiers de référence

Vous allez maintenant créer vos dossiers de référence, dont voici le contenu :

- Éléments de recherche pour vos projets.
- Projets passés auxquels vous vous référez.

- Informations sur vos ressources.
- Informations sur votre personnel.
- Renseignements administratifs.
- Informations budgétaires.
- Relevés de comptes clients.

Au moment de créer vos dossiers de référence, réfléchissez aux deux points suivants :

- Quelles informations souhaitez-vous garder ?
- Quelle organisation vous donnera la plus grande facilité d'accès ?

On a souvent du mal à se débarrasser de documents inutiles. Demandez-vous quelle quantité d'informations vous souhaitez garder et posez-vous certaines questions :

- Avez-vous tendance à conserver certains documents « au cas où » ?
- Vos dossiers de référence sont-ils surchargés ?
- En cas de besoin, où pouvez-vous vous procurer le document concerné ? Interrogez-vous sur ce point chaque fois que vous réfléchissez à la nécessité de garder un papier.
- Quelqu'un d'autre, dans votre entreprise, peut-il vous procurer cette information ? Si oui, il est inutile d'avoir ce document en double, à moins que vous ne le consultiez fréquemment.
- Faut-il coordonner votre action avec un collègue pour savoir lequel de vous deux devra conserver certains documents ?
- Si vous partagez vos dossiers de référence avec un ou une autre, faut-il vous entendre avec cette personne sur la méthode de classement ?

Les suggestions suivantes pourront vous aider à structurer vos dossiers de référence (cf. figure 2.6) :

1. Faites la liste des principaux éléments de votre activité (contrats, salons professionnels, développement de produits, budget, personnel, etc.) ; et vous aurez ainsi la liste des différentes catégories de dossiers de référence.
2. Étiquetez vos dossiers clairement et correctement, en fonction des catégories que vous avez identifiées.
3. Débarrassez-vous des papiers inutiles figurant actuellement dans vos dossiers.
4. Utilisez des dossiers suspendus et placez une ou plusieurs catégories dans chaque tiroir.
5. Adoptez un classement alphabétique à l'intérieur des différentes catégories ou sous-catégories.
6. Étiquetez vos tiroirs, vos classeurs et vos dossiers en grands caractères bien lisibles, pour avoir accès plus facilement aux documents et pour les reclasser plus vite.

Les dossiers d'archives

Le plus souvent, les dossiers d'archives sont utilisés par plusieurs personnes, leur classement et leur catégorisation peuvent donc différer de votre système personnel. Vous devrez sans doute recourir à deux systèmes de classement : un système qui vous est personnel dans votre bureau pour les documents d'archives qui ne sont liés qu'à votre travail et un autre en dehors de votre bureau qui peut être utilisé par plusieurs personnes.

Dans une entreprise, j'ai le souvenir d'avoir retrouvé une note datant de 1906 ; elle concernait le nettoyage

STRUCTURE DES DOSSIERS DE RÉFÉRENCE

Pour localiser rapidement le document que vous recherchez dans les dossiers de référence (qui peuvent être volumineux et organisés en plusieurs meubles ou tiroirs), un simple classement alphabétique est habituellement inadéquat; il est plus facile d'avoir un rangement selon des catégories de sujets. Utilisez les catégories importantes que vous avez mises à jour dans votre exercice «carte de vos responsabilités», puis détaillez-les autant que nécessaire.

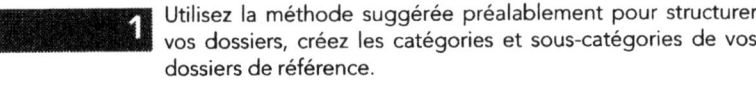 Utilisez la méthode suggérée préalablement pour structurer vos dossiers, créez les catégories et sous-catégories de vos dossiers de référence.

 Prenez les dossiers déjà existants et jetez tout papier inutile.

 Organisez vos tiroirs avec une ou plusieurs catégories.

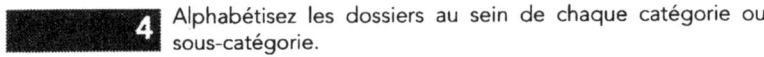 Alphabétisez les dossiers au sein de chaque catégorie ou sous-catégorie.

 Mettez des étiquettes sur vos dossiers et tiroirs.

ARMOIRE POUR
DOSSIERS DE RÉFÉRENCE

TIROIR DE
DOSSIERS DE RÉFÉRENCE

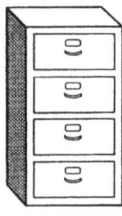

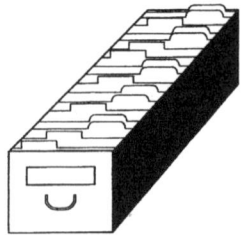

Figure 2.6. *Classement des dossiers de référence.*

des bureaux. Depuis 1906, personne n'avait mis le nez dans ce dossier ! Je peux aussi citer le cas d'un des participants à notre Programme d'Efficacité Personnalisé qui ne se séparait jamais d'une trousse – contenant tournevis et marteau – car, dans de nombreux bureaux, les tiroirs étaient impossibles à ouvrir.

Les membres du personnel hésitent généralement à utiliser le système d'archivage ; ils doutent en effet de sa fiabilité. Les dirigeants d'une entreprise se doivent de fournir un système d'archivage fonctionnel, et le personnel se doit de l'utiliser correctement.

Les questions suivantes vous aideront à évaluer l'état de votre système d'archivage.

- Avez-vous des archives pour chaque service ? Pour l'ensemble de la société ?
- Quelle est la politique de conservation des documents ?
- Qui a la responsabilité des archives ?
- Existe-t-il un index ?
- Quelles procédures permettent d'accéder aux archives ?
- Avez-vous la certitude de retrouver les documents dont vous avez besoin ?
- Avez-vous testé récemment ce système ?
- Est-ce qu'un programme d'archivage aurait besoin d'être étudié et mis place ? Si oui, qui se charge de cette tâche ?

Avoir accès à un système très complet d'archives collectives ne dispense presque jamais d'avoir son propre système dans son bureau. Les documents des archives personnelles peuvent être rangés dans les meubles les plus éloignés du bureau puisqu'on aura rarement besoin de les consulter.

Quelques bons conseils pour améliorer son système de classement

Les suggestions suivantes (ainsi que la figure 2.7) rendront votre système de classement plus efficace :

• Les dossiers suspendus soutiennent mieux les documents et permettent de les remettre en place plus facilement, en outre, grâce à leur large base cartonnée, ils peuvent contenir plusieurs dossiers en papier kraft sur le même sujet.

• Alignez l'étiquetage (qui doit être très visible) des catégories et des sous-catégories. L'alignement des onglets permet de poser tout de suite son regard sur le dossier recherché. On peut colorier les étiquettes pour se faciliter la tâche. (Assurez-vous toutefois d'éviter tout zèle inutile : j'ai vu une secrétaire passer une journée entière à créer un code-couleurs pour les dossiers de son supérieur hiérarchique, qui était daltonien !)

• Constituez un index pour les grands dossiers de référence. Un index permet à tout le monde d'avoir accès aux dossiers, même en l'absence de la secrétaire. Il permet aussi de limiter le nombre de dossiers en double et de coordonner l'usage des dossiers partagés.

1 UTILISEZ DES DOSSIERS SUSPENDUS

- Les dossiers sont faciles à identifier.
- Ils sont faciles à replacer à la bonne place.

2 FAITES DES ÉTIQUETTES AVEC DES LETTRES LARGES ET BIEN VISIBLES

- Ce sera plus facile d'identifier immédiatement le bon dossier.
- Si cela peut vous aider, mettez deux étiquettes côte à côte pour une meilleure visibilité.

3 ALIGNEZ LES ÉTIQUETTES DES CATÉGORIES ET CELLES DES SOUS-CATÉGORIES

- L'œil peut retrouver plus facilement le bon dossier.
- Vous pouvez aussi utiliser des couleurs différentes pour faciliter la recherche, ou encore dessiner des pictogrammes.

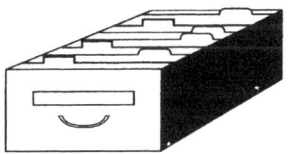

4 CRÉEZ UN INDEX PAPIER ET/OU INFORMATIQUE À L'USAGE DU RESPONSABLE QUAND LES DOSSIERS DE RÉFÉRENCE SONT NOMBREUX

- Cela lui facilitera la recherche en l'absence de sa/son secrétaire.
- C'est plus facile d'identifier le dossier dans lequel le document cherché peut avoir été classé.
- C'est une aide pour diminuer le nombre de copies d'un même document.
- C'est une manière de mieux coordonner la bonne utilisation de dossiers partagés.
- Pensez à utiliser les multiples possibilités technologiques comme la GED (Gestion Electronique des Documents avec ou sans OCR).

Figure 2.7. *Quelques astuces de classement.*

Classer et étiqueter

Classer un document c'est avant tout avoir la capacité de le retrouver. Pour atteindre cet objectif, créez de vastes catégories, pratiques et aisément compréhensibles par d'autres utilisateurs. Il est souhaitable d'avoir un système de classement qui permette à d'autres qu'à vous-même de retrouver les documents. Je vois deux raisons à cela : (1) il se peut que vous ne soyez pas le seul à chercher un renseignement dans vos dossiers, (2) si vos dossiers sont facilement utilisables par de tierces personnes, ils le seront d'autant plus par vous. On peut toujours subdiviser une catégorie en sous-catégories, mais il est essentiel d'avoir des catégories assez générales. Étiquetez vos tiroirs, vos classeurs et vos dossiers en caractères gras et parfaitement lisibles.

Les dossiers électroniques

Il n'y a pas si longtemps, nous n'avions qu'à nous préoccuper du papier (et c'était déjà suffisant !) mais aujourd'hui nous dépendons autant de notre ordinateur que des papiers qui couvrent notre bureau. Les documents se trouvent souvent sous format électronique : lettres, messages électroniques, pages Internet que vous pouvez télécharger et sauvegarder, tableurs, etc.

Les documents électroniques étant plus faciles à créer et souvent invisibles, ils ont tendance à proliférer plus que le papier.

Le problème n'est pas d'archiver ces documents (cet archivage est peu onéreux) ou de les sauvegarder (la sauvegarde est facile) mais de les retrouver.

Heureusement, les progrès technologiques nous permettent de retrouver des dossiers plus facilement, ce qui n'a pas toujours été le cas. Ceux d'entre nous qui ont connu les ordinateurs fonctionnant sous MS-DOS (Microsoft Disk Operating System) se rappellent comme il était difficile de classer les documents sur le disque dur car il fallait limiter le nom des fichiers à 8 caractères. Ainsi on pouvait trouver des dossiers appelés 4T99fts3 pour : tableau de flux de trésorerie pour le quatrième trimestre 1999, ce qui était non seulement difficile à déchiffrer mais plus encore à retenir.

La technologie a facilité la recherche de documents en permettant de classer (ou copier) le même document à plusieurs endroits et de localiser un document de plusieurs façons.

Si vous classez vos documents électroniques en gardant les points suivants à l'esprit, vous ne perdrez plus de temps à retrouver ce dont vous avez besoin pour travailler.

Je vous recommande d'appliquer le processus suivant pour organiser votre ordinateur et classer vos fichiers électroniques :

1. Créer un système de classement pour les documents dans votre ordinateur.

2. Créer un système de classement pour les messages électroniques et les télécopies sauvegardés.

3. Utiliser un système reflétant l'organisation du reste de vos informations (papier et électroniques).

4. Transférer les documents que vous souhaitez conserver dans les dossiers électroniques appropriés.

5. Créer un bureau qui permet d'accéder facilement aux dossiers et applications.

Par où commencer :
le système d'exploitation de l'ordinateur

C'est par le système d'exploitation de l'ordinateur (qu'il s'agisse de **DOS**, de n'importe quelle version de Windows, Mac ou d'un autre système d'exploitation) qu'on peut trouver les dossiers d'applications (figure 2.8). Chaque système d'exploitation a son propre jeu de commandes ou d'icônes qui permettent de manipuler les fichiers et de les organiser de façon à pouvoir les utiliser facilement. La première à chose à faire pour organiser les informations de votre ordinateur est de connaître le protocole de gestion des fichiers de votre système d'exploitation. Visionnez la présentation. Recherchez « gestion des fichiers » dans la section « Aide » et prenez-en connaissance. Si vous êtes comme moi, c'est-à-dire perdu, apprenant lentement et possédant des compétences très modestes dans une seule langue, il peut être intéressant de trouver un coach en informatique (c'est-à-dire quelqu'un qui a des compétences techniques et une bonne connaissance de votre système d'exploitation) pour vous conseiller tout au long du processus d'apprentissage. Dans les grandes entreprises, demandez l'aide du service informatique ou d'un bon technicien. La règle est : avant de faire n'importe quoi avec vos fichiers électroniques, sachez ce que vous faites ou bien trouvez quelqu'un qui le sait.

Sauvegardez votre disque dur

Aussi compétent que vous soyez pour gérer vos fichiers, il est sage de réaliser une sauvegarde complète de votre disque dur avant de commencer à effacer et

Figure 2.8. *Connaissez votre système d'exploitation !*

réorganiser vos dossiers. Dans les dernières versions de Windows, il suffit d'aller dans « Outils Microsoft » dans le menu « Démarrer » puis « Programmes », de sélectionner « Sauvegarder » et de suivre les instructions. Vous avez sans doute votre propre méthode pour sauvegarder vos fichiers électroniques mais il faut vous demander si vous le faites assez souvent. Et si vous ne le faites pas du tout, vous courez le risque de rencontrer de gros problèmes à l'avenir. Quoi qu'il en soit, assurez-vous de sauvegarder vos dossiers avant d'entreprendre les actions suivantes.

Nommer les fichiers électroniques

La conception de votre système de classement de fichiers électroniques doit refléter votre système de classement papier.

Un utilisateur d'ordinateur classique dispose en général des applications logicielles suivantes dont il doit classer les documents :

1. Une application de traitement de texte et les documents créés et enregistrés.
2. Une application de tableurs et les documents créés et enregistrés.
3. Un logiciel de navigation Web, des messages électroniques enregistrés et des documents téléchargés sur Internet.
4. Une application de télécopie et des messages de télécopie enregistrés.
5. Une application d'agenda et une liste des tâches à accomplir avec des pense-bêtes.
6. Une application de travail de groupe et ses bases de données.
7. Une application de finances personnelles et ses fichiers.
8. Une application de planification de projets et ses projets.
9. Des photos électroniques.
10. Une application graphique avec des images enregistrées, des en-têtes, etc.

Chacune de ces applications produit des documents électroniques qui doivent correspondre aux catégories de votre classement papier. Utilisez les noms des dossiers de classement papier pour définir les catégories de classement de vos fichiers électroniques. Le plus simple est de répertorier les noms de vos dossiers papier dans vos meubles/tiroirs de documents de travail, de référence et d'archives. Votre système d'exploitation conditionne comment créer des noms de fichiers et comment les manipuler (les transférer d'un endroit à un autre) sur votre ordinateur.

En utilisant les commandes du système d'exploitation appropriées, procédez ainsi :

1. Créez un dossier « Mes documents » (s'il n'est pas déjà sur votre disque dur). Créez trois sous-dossiers (répertoires) sous « Mes Documents ». Nommez-les « 1En cours », « 2Référence », « 3Archives ». Ces catégories vous permettent de classer vos fichiers dans un système identique à votre système papier. Le chiffre « 1 » placé devant le nom de votre répertoire de fichiers le plus important (en cours) permettra de le positionner en haut de l'arborescence de « Mes Documents », suivront les fichiers de référence dont le nom est précédé du chiffre « 2 » et enfin les fichiers d'archives précédés du chiffre « 3 ».

2. En utilisant la liste des fichiers papier que vous avez préparée, créez un jeu correspondant de sous-dossiers (sous-répertoires) dans les répertoires électroniques 1En cours, 2Référence et 3Archives. Se reporter à la figure 2.9. Le résultat devrait ressembler à la figure 2.10.

3. Une fois que vous avez nommé vos répertoires de fichiers électroniques, vous pouvez passer en revue tous les fichiers électroniques de vos applications logicielles et transférer vos documents dans les dossiers (répertoires) appropriés. Vous devez avoir trois objectifs en tête en passant en revue les documents de votre ordinateur :

- purger les fichiers superflus (si vous n'êtes pas sûr qu'il faille éliminer un document, copiez-le sur une disquette pour l'archiver) ;
- renommer autant que nécessaire tous les fichiers que vous conservez ;
- placer les fichiers dans les répertoires 1En cours, 2Référence, 3Archives appropriés.

1er niveau	2e niveau	3e niveau	4e niveau
Structure du principal dossier de fichiers/ répertoires Les noms de ces dossiers/répertoires commencent par un chiffre pour qu'ils soient en haut de l'arborescence du disque dur	**Responsabilités** À ce niveau, les dossiers/répertoires sont des titres généraux définis dans la carte des responsabilités et ne doivent pas contenir de fichiers spécifiques	**Noms spécifiques des sous-répertoires** Les noms choisis pour les sous-répertoires doivent être de nature générale et chaque niveau donne plus d'informations sur les fichiers dans le groupe. Quand le nombre de fichiers dans un groupe devient excessif, commencez à penser à créer d'autres sous-répertoires du groupe existant	Fichiers Vous devez choisir les noms des fichiers avec soin. N'utilisez que des abréviations ayant un sens et reconnaissables immédiatement. Soyez cohérents dans vos choix et nommez les fichiers de façon à savoir ce qu'ils contiennent même quand ils ne sont pas dans leur dossier/répertoire
Fichiers en cours (dossier ou dossier/ répertoire) **1En cours**	**Clients Finances Formulaires Personnes (Personnel) En cours Projets (etc.)**	Noms des clients Tableaux des frais Budgets Noms ou numéros des formulaires Noms des gens et des dossiers personnels Choses à finir Projets en cours	
Fichiers de référence (dossier ou répertoire) **2Référence**	**Graphiques Tableurs Projets terminés Notes de frais Rapports Évaluations (etc.)**		
Fichiers d'archives (dossier ou répertoire) **3Archives**	**Déclarations fiscales des exercices précédents Documents à conserver**		

Figure 2.9. *Organisation du disque dur dans Windows Explorer (Win 98).*

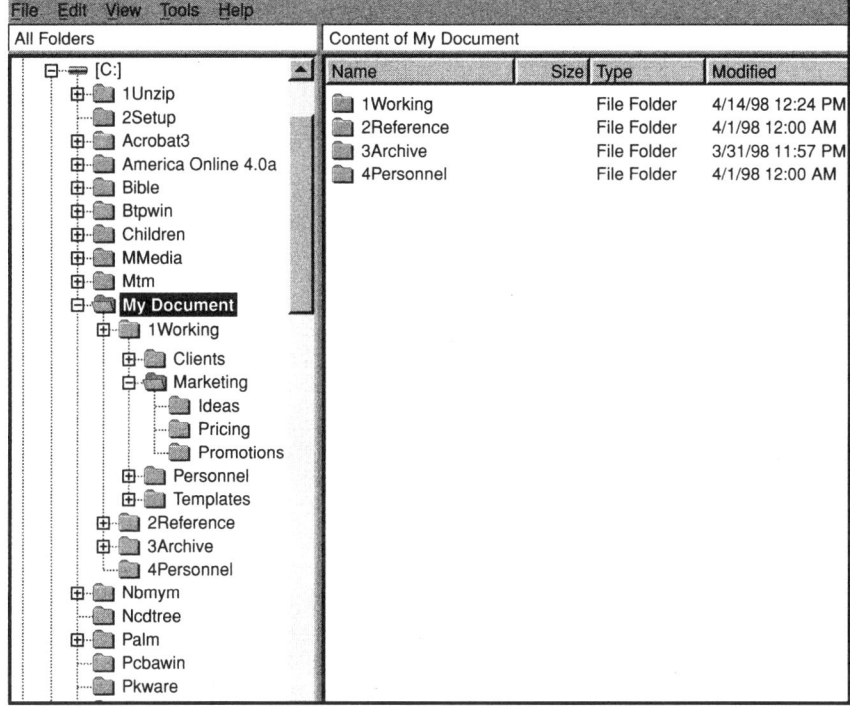

Figure 2.10. *Ce à quoi vos répertoires de fichiers doivent ressembler sur le disque dur de votre ordinateur.*

Laissez l'ordinateur retrouver vos documents à votre place

Je vous ai indiqué une manière assez longue de classer vos documents électroniques pour les retrouver facilement. Je pense qu'il est utile de consacrer du temps à ce processus car cela vous donne la discipline nécessaire pour respecter les protocoles de nom, purger les fichiers anciens et inutiles et vous permet d'identifier des ressources que vous pourrez avoir complètement oubliées. Vous pouvez vous épargner tout ce processus en achetant un logiciel de recherche de documents disponible dans le commerce. Enfish Tracker, que nous utilisons dans notre bureau, est l'une de ces applications *(www.enfish.com)*. Comme l'indique le prospectus, Enfish Tracker fonctionne comme un assistant intelligent qui classe tout sur votre ordinateur et vous aide à retrouver exactement ce que vous cherchez quand vous en avez besoin. Vous saisissez le nom d'un sujet, une expression, une personne, une société spécifique ou quoi que ce soit et le logiciel regroupe et répertorie tous les dossiers, messages électroniques ou documents contenant le sujet. Vous pouvez visionner le contenu des fichiers présents sur la liste sans même lancer l'application. C'est une manière formidable d'avoir accès à vos informations !

Classer les télécopies
envoyées directement de votre ordinateur

Une manière efficace d'envoyer et de recevoir des télécopies est de le faire directement depuis son ordinateur. Si vous avez un modem, grâce à une application de télécopie, vous pouvez gagner du temps (et éliminer du papier) en recevant et envoyant des télécopies, que vous devrez quelquefois archiver et récupérer, directement sur votre ordinateur.

Malheureusement, de nombreuses applications logicielles d'envoi et de réception de télécopies ne vous permettent pas de les enregistrer comme des fichiers ni de les archiver dans le dossier approprié des répertoires 1En cours, 2Référence, 3Archives. Elles ne vous permettent souvent pas non plus de procéder à des copier coller dans le document (si vous étiez tenté de vous donner tout ce mal) car les télécopies sont des photos de documents qui ne sont pas sous format numérique. Cependant, presque toutes les applications de télécopie vous permettent de sauvegarder et de classer les télécopies dans leur propre jeu de dossiers (très similaires aux applications de messages électroniques) que vous pouvez baptiser 1En cours, 2Référence, 3Archives comme sur votre disque dur.

Étapes pour classer les messages électroniques et les télécopies

1. Commencez par identifier les fonctionnalités de fichiers de vos applications.

2. Si vos applications vous permettent de transférer vos messages électroniques et vos télécopies vers vos répertoires 1En cours, 2Référence, 3Archives, identifiez les messages électroniques et les télécopies à enregistrer (renommez, transférez dans les sous-dossiers appropriés) ou à effacer (effacez-les).

3. Si vos applications ne vous permettent pas de les transférer, créez au sein de l'application un système de classement parallèle pour tous les messages électroniques et télécopies que vous souhaitez conserver. Nommez les dossiers en vous fondant sur les catégories de votre système papier et des répertoires de votre disque dur. Transférez les documents sauvegardés dans les dossiers appropriés (voir figure 2.11).

4. Si vous avez un grand nombre de messages électroniques et de télécopies non classés, vous pouvez simplement configurer le classement, choisir une date limite pour les documents antérieurs (par exemple le début de l'année), créer un dossier d'archives (ou une disquette ou un zip séparé), transférer ces documents en masse et les oublier. Si vous devez rechercher un

message plus ancien, vous pouvez le faire en accédant à ce dossier d'archives, cette disquette ou ce zip, puis en le reclassant dans la nouvelle structure de dossiers.

Créer et classer le répertoire
de votre messagerie électronique

Votre application de messagerie mémorise les adresses électroniques qui peuvent ensuite être conservées dans un répertoire électronique. La plupart des messageries classent les adresses par ordre alpha-bétique mais il est possible de créer des catégories générales (regroupements) au sein du répertoire et de classer les adresses sous ces regroupements généraux.

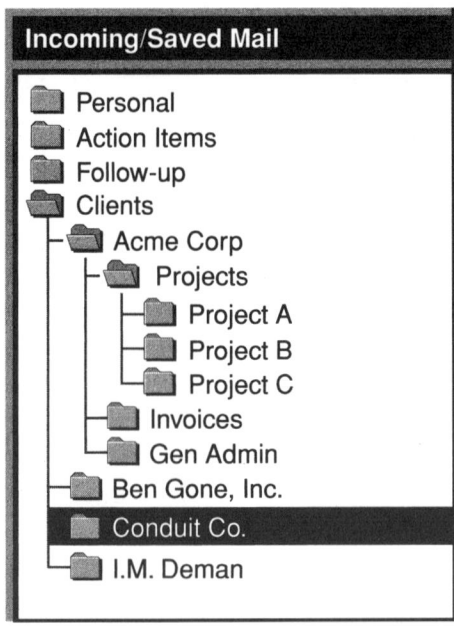

Figure 2.11. Classement des fichiers de messages électroniques.

Pour ma part, j'organise mon répertoire par groupes : ceux qui travaillent avec moi, mes clients et dans la catégorie « adresses personnelles », la famille et les amis. Le nombre des adresses électroniques que j'ai détermine le niveau de spécificité de classement et de regroupement des adresses. Nul besoin de recourir à une multitude de regroupements si on n'a que quelques adresses électroniques.

Ce classement me permet non seulement de trouver une adresse plus facilement mais également d'envoyer des messages électroniques spécifiques aux membres du groupe.

Organiser le bureau pour accéder facilement à ses applications et fichiers

Le bureau est l'écran que vous voyez quand vous allumez votre ordinateur, c'est l'équivalent électronique de votre bureau physique et il peut être organisé à peu près de la même façon. Les documents, fichiers électroniques et projets en cours que vous utilisez le plus souvent peuvent être placés et organisés sur le bureau.

La plupart des programmes Windows vous permettent de créer des catégories et de regrouper des applications logicielles sur le bureau de votre ordinateur pour y avoir facilement accès. Un groupe pour « Programmes financiers » peut par exemple comprendre Quicken pour les finances personnelles, Lotus 1-2-3 pour les tableurs et QuickBooks pour la comptabilité de l'entreprise.

Les documents auxquels on doit accéder souvent peuvent être regroupés et nommés et une icône peut être placée sur le bureau. Vous n'avez ensuite qu'à

cliquer sur l'icône pour lancer le programme et faire
apparaître le document.

L'organisation d'autres supports

Les autres articles pouvant être classés sont notamment les livres, les étagères, votre mallette, le répertoire, les cartes de visite et les disquettes. Se reporter à
la figure 2.12.

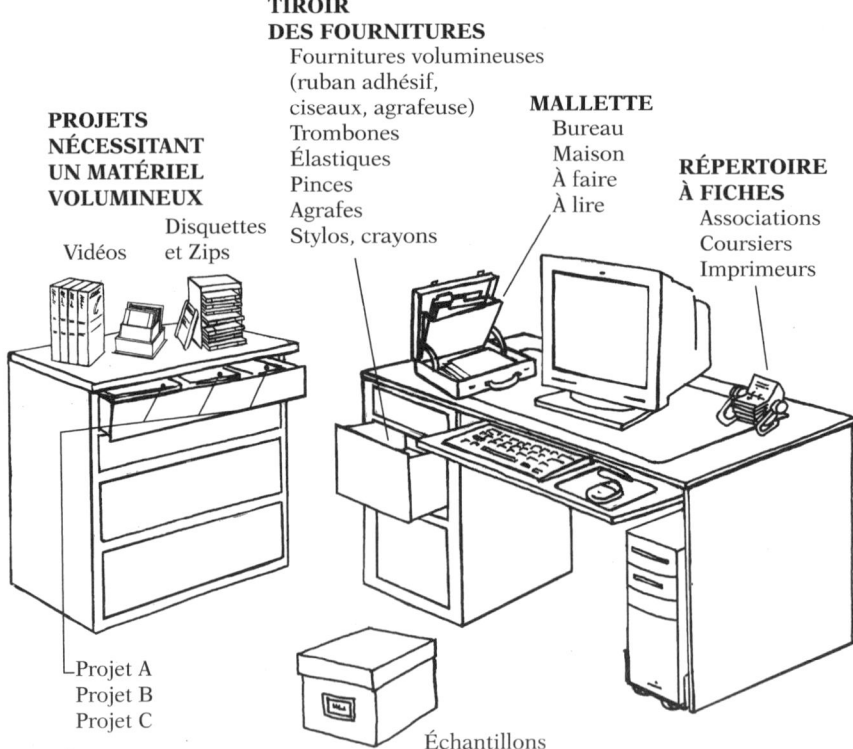

Figure 2.12. *Adapter les principes d'organisation*
aux autres supports.

Les astuces pour classer ce genre de choses sont :
* Regrouper les choses similaires.
* Leur allouer un emplacement ou des boîtes de rangement en particulier.
* Les étiqueter clairement.

Les fournitures (trombones, stylos, Post-it, punaises et timbres) peuvent être rangées dans les tiroirs du bureau grâce à des plateaux en plastique conçus spécialement pour séparer les fournitures.

Si vous passez beaucoup de temps sur la route pour aller voir vos clients, il se peut que vous ayez même à organiser votre voiture !

En bref

S'organiser n'est pas chose facile ; c'est un travail laborieux et ennuyeux. Comme toutes les tâches ennuyeuses, on peut avoir tendance à la remettre à plus tard.

Lors de sessions de PEP, nos formateurs agissent souvent comme des catalyseurs qui encouragent les participants à se mettre à l'action. Pourtant, nous ne serons pas là quand vous vous attellerez à la tâche et ce sera donc à vous de jouer. Essayez de vous motiver en vous disant que ce que vous faites facilitera votre travail par la suite.

Plus vous appliquerez le programme à la lettre plus vous en tirerez d'avantages. Je suggère souvent aux participants aux sessions de PEP d'accorder la même importance à ce classement qu'à la préparation d'une importante présentation commerciale. Faites-en de même ! Vous ne serez pas déçus !

En résumé
1. Débarrassez-vous de votre travail en retard et organisez votre espace de travail. Vraisemblablement, cela vous prendra au moins une journée. Si possible, prévoyez un moment où vous ne serez pas dérangé.
2. Utilisez trois corbeilles au minimum : « arrivée » recevra tous les documents nouveaux ; « en attente » concernera ce que vous ne pouvez pas faire tout de suite, et « départ » tous les papiers déjà traités.
3. Videz sur votre bureau tous les papiers ou documents provenant de vos tiroirs, de vos corbeilles, de vos murs et de votre mallette. Fouillez partout – sous votre sous-main, derrière le rideau, sous le bureau…
4. Prenez le papier du dessus et passez à l'*action immédiate*. Vous aurez le choix entre les démarches suivantes : (a) Le traiter dans sa totalité. (b) Le traiter le plus complètement possible, puis le placer dans la corbeille « en attente » pour un moment bref ou dans l'échéancier (à la date convenable) si vous attendez une réponse. (c) Déléguer la tâche. (d) Créer, à même le sol, une pile de papiers concernant un travail ou des projets en cours, que vous classerez dans vos dossiers de travail. (e) Créer une autre pile, à même le sol, pour les papiers à classer dans vos dossiers de référence, s'il s'agit d'une information utile mais ne supposant pas une intervention immédiate. (f) Créer, à même le sol, une pile de papiers à classer dans vos dossiers d'archives. (g) Le jeter, à condition qu'il soit sans intérêt, inutile, déjà traité, ou qu'il figure ailleurs.
5. Constituez ensuite vos dossiers de travail. Utilisez des dossiers suspendus et étiquetez chaque projet et chaque catégorie générale. Créez et étiquetez des dossiers de référence et des dossiers d'archives.
6. Constituez des dossiers de suivi individuel pour chacun de vos subordonnés, pour votre patron et pour tous les collègues avec qui vous êtes en contact régulier.

Chaque dossier, étiqueté au nom de la personne concernée, inclura des notes sur les projets en cours dont vous devez discuter ensemble.

7. Établissez un échéancier, qui fera partie de vos dossiers de travail. Si vous avez une secrétaire, cet échéancier aura sa place sur le bureau de celle-ci.

8. Traitez le travail en retard sur votre ordinateur (vos messages électroniques par exemple) de la même manière.

9. Prenez le temps de bien comprendre les facilités que le système d'exploitation de votre ordinateur apporte à l'organisation de vos fichiers informatiques. Le disque dur (catégories générales comme les bases de données et le tableur), le « desktop » (objets ou icônes groupés de la même façon que les catégories de votre disque dur), les fichiers inclus dans vos applications individuelles, devraient être organisés en répertoires, sous-répertoires, etc. Classez vos données informatiques comme vos dossiers-papier, dans la mesure où vos logiciels vous le permettent.

10. Lorsque vous établissez vos fichiers de traitement de texte, évitez toute confusion : prenez le temps de classer votre espace de stockage électronique en répertoires et sous-répertoires qui segmentent efficacement vos fichiers en groupes similaires, et utilisez des noms qui s'adaptent aux limitations de votre système d'exploitation.

11. Faites la liste des fournitures et des instruments de travail dont vous manquez : ruban adhésif, agrafes, chemises supplémentaires, étiquettes, stylos, disquettes formatées, ciseaux, enveloppes, timbres, etc. Procurez-vous tout ce matériel et assurez-vous qu'il est en bon état de marche.

12. Faites enfin la liste de tout ce qui vous encombre l'esprit : ces petits détails qui vous donnent mauvaise conscience, ces tâches « pas vraiment urgentes » que vous avez remises à plus tard. Vous vous sentirez soulagé... Ensuite, vous n'aurez plus qu'à traiter votre liste point par point, sans vous arrêter en cours de route.

Maintenant, à vous de passer à l'*action immédiate* !

CHAPITRE 3

LE PILOTAGE AUTOMATIQUE IMMÉDIAT

« L'habitude est une seconde nature. »

Aristote

Objectifs
• **Organiser votre emploi du temps et procéder par longues séquences.**
• **Structurer votre travail en prévoyant le laps de temps nécessaire à consacrer à votre courrier, à vos mémos, à passer vos coups de téléphone et à traiter vos messages électroniques.**
• **Éliminer les informations sans valeur et éviter qu'elles vous parviennent en priorité.**
• **Supprimer les interruptions inutiles qui vous font perdre du temps.**
• **Programmer des entretiens hebdomadaires avec chacun de vos subordonnés directs pour améliorer la communication et l'efficacité du travail.**

Vous accroîtrez votre efficacité et votre productivité si vous gérez plus judicieusement votre temps de travail. Il vous suffit pour cela de regrouper un certain nombre de tâches et de les exécuter comme des activités de routine. Vous pourrez ainsi vous consacrer moins longuement aux activités secondaires et beaucoup plus à celles qui présentent une réelle importance.

Commencez bien sûr par déterminer le travail auquel vous devez donner la priorité, puis trouvez les moyens de vous en acquitter avec plus d'efficacité et de productivité.

Après avoir analysé votre manière habituelle de procéder, posez-vous la question suivante : « Obtiendrais-je de meilleurs résultats si je m'organisais différemment ? » Ensuite, demandez-vous s'il serait possible de vous consacrer plus souvent et avec plus d'efficacité aux tâches de haute importance.

Tenir un journal de bord

Si vous souhaitez déterminer avec précision la manière dont vous « fonctionnez », tenez un journal de bord. Dans *The Effective Executive* (Harper & Row, 1966), un ouvrage de référence, Peter Drucker affirme que nous n'avons aucun espoir de maîtriser notre temps tant que nous ne savons pas réellement comment nous l'employons. Nous croyons le savoir, mais nous nous faisons généralement des illusions. Comme l'écrit Peter Drucker : « Je demande parfois à des dirigeants qui se vantent de leur mémoire de noter la manière dont ils croient faire usage de leur temps. Puis je mets sous clef ce papier quelques semaines ou quelques mois, pendant lesquels ils tiennent un véritable journal de bord. La réalité n'a généralement rien à voir avec l'idée qu'ils s'étaient forgée ! »

Seul un journal de bord vous donnera une notion exacte de ce que vous faites. J'ai souvent utilisé cette méthode avec des clients dont la surcharge de travail

est telle qu'ils n'ont plus les moyens de réagir efficacement. Un relevé de leurs activités leur a permis, non
seulement de mieux se connaître, mais de savoir qui les
oblige à monter au filet, quelles fonctions ils négligent
éventuellement et à qui ils risquent de faire perdre du
temps.

Pour que ce pointage ne devienne pas une trop
lourde tâche administrative, posez simplement une
feuille de papier sur votre bureau. (La figure 3.1 vous
donne le modèle à suivre.) Au cours de la journée, vous
noterez ce que vous faites, avec qui, et combien de
temps cela vous a pris. Des catégories d'activités ne
tarderont pas à apparaître.

Au bout de quelques semaines, établissez un bilan.
Vous aurez une idée assez exacte de votre emploi du
temps ; vous pourrez alors vous attaquer aux zones de
gaspillage et d'inefficacité.

Journal de bord électronique

L'ordinateur et les logiciels modernes vous permettent d'améliorer l'exactitude de votre journal de bord
ainsi que le classement et l'évaluation des résultats.
Vous comptabilisez mieux votre propre temps mais
également celui d'un service ou de toute l'entreprise.
Time Tiger *(www.timetiger.com)* est l'une de ces applications de journal de bord.

Ce logiciel est un outil de diagnostic : il permet par
exemple aux comptables et aux avocats de comptabi-
liser facilement et précisément leur temps dans un but
de facturation.

C'est également un outil de planification (se reporter
au chapitre 4, section « plan d'action pour un projet »)
car il s'intègre bien avec un logiciel de gestion de projet

tel que Microsoft Project, ce qui permet de planifier précisément le temps consacré à une tâche.

Une fois de plus, le principe est que si vous souhaitez exercer un contrôle sur le temps vous devez pouvoir l'évaluer.

Filtrer les informations

Exposés à un flot continuel d'informations, nous risquons de devenir aveugles à ce qui devrait attirer notre attention. La technologie a augmenté de manière significative le nombre de manières dont les informations et le travail nous arrivent. Dans le temps, on n'avait qu'à gérer les coups de téléphone et le courrier qui arrivait une fois par jour. Aujourd'hui, on a les télécopies, les messages électroniques, les téléphones portables, les pagers et un flot continu de courrier venant de la poste ou des services de livraison. Nous vivons à une époque où il est important de savoir de quelles informations nous avons besoin, mais aussi desquelles nous pouvons nous dispenser.

Pour éviter une surcharge, opposez-vous à l'entrée dans votre système des informations et des tâches sans intérêt. La figure 3.2 décrit quatre méthodes de filtrage. Le tri en aval suppose que vous recevez les informations sans filtrage préalable et que vous vous acquittez de cette tâche ; cette méthode est la moins efficace. Il vaut mieux que le tri s'effectue en amont, surtout si vos collaborateurs peuvent s'en charger. L'idéal serait d'analyser soigneusement toutes les sources d'information et d'éliminer celles qui ne présentent pas un caractère essentiel. Comment ? En rayant votre nom de la liste, en annulant votre abonnement, etc.

FICHE QUOTIDIENNE

Nom : _____   Date : _____
                                    Jour : _____

Heure	Quelle sorte d'activité ?	Quelle sorte d'interruption et par qui ?	
		par téléphone	par visite
7h00			
7h15			
7h30			
7h45			
8h00			
8h15			
8h30			
8h45			
9h00			
9h15			
9h30			
9h45			
10h00			
10h15			
10h30			
10h45			
11h00			
11h15			
11h30			
11h45			
12h00			
12h15			
12h30			
12h45			
13h00			
13h15			
13h30			
13h45			
14h00			
14h15			
14h30			
14h45			
15h00			
15h15			
15h30			
15h45			
16h00			
16h15			
16h30			
16h45			
17h00			
17h15			
17h30			
17h45			
18h00			
18h15			
18h30			
18h45			
19h00			
	Total		

Figure 3.1. *Exemple de formulaire d'analyse du temps.*
Modèle disponible à l'adresse :
http://fr.ibt-pep.com/livres_2.html

Figure 3.2. *Quatre méthodes*
de filtrage de l'information.

Réagir avec pertinence

Les papiers arrivés dans votre corbeille, la messagerie vocale, les messages électroniques, les coups de téléphone, les gens, sont autant de sollicitations pour vous. Ajoutez à cela toutes les réunions auxquelles vous devez assister, et vous aurez bien raison de déplorer le peu de temps qu'il vous reste pour les tâches importantes.

J'ai rencontré des gens qui considèrent comme productive une journée passée à trier les papiers contenus dans leur corbeille « arrivée ». Cette simple besogne les occupe à plein temps.

Et pourtant, les documents qui atterrissent chaque jour dans votre corbeille ne sont bien souvent que la trace d'actions exécutées par d'autres : la moitié est généralement destinée à votre information et bonne à classer. Ne comptez pas sur eux pour faire prospérer votre entreprise ! Je vous conseille de leur réserver un minimum de temps et de passer aux tâches sérieuses.

Afin de canaliser le flot envahissant des informations, classez-les par catégories et organisez une réaction efficace.

Traiter le travail de routine par regroupements

On peut appeler « traitement par regroupements » le fait de structurer votre travail et de le regrouper par catégories. Chaque feuille de papier, chaque message électronique, chaque coup de téléphone, chaque interruption, chaque courrier est une forme de sollicitation. Regroupez les tâches similaires : vous réduirez le gaspillage et les déplacements inutiles, et vous serez plus efficace !

Votre travail comprend un grand nombre de tâches routinières dont vous pouvez vous acquitter en un temps minimum. Ces tâches se prêtent volontiers au traitement par regroupements, qui présente les avantages suivants :

Il est plus facile de distribuer en une seule fois un ensemble de papiers que vous venez de traiter, que de vous lever chaque fois de votre bureau.

Si vous effectuez tout votre travail de traitement de texte en une seule fois, vous gagnez du temps, car vous évitez les passages d'un logiciel à un autre.

Un classement réalisé en une seule fois demande moins d'efforts que le classement de chaque papier l'un après l'autre.

Le traitement par regroupements vous permet de vous préparer et de vous organiser une fois pour toutes, au lieu de renouveler cette démarche à plusieurs reprises.

Programme pour éviter les choix inutiles

Il est important de trouver un équilibre entre l'action au coup par coup et la tendance à tout remettre à plus tard. Pour cela, pratiquez l'*action immédiate différée*. Programmez le moment d'exécuter une certaine tâche (par exemple, ouvrir et lire votre courrier) et, l'heure venue, passez tout de suite à l'action. Entre-temps, vous n'aurez pas accordé un regard à votre courrier. C'est ce que j'appelle l'*action immédiate différée*.

Si vous tenez à faire une chose, programmez-la. Comme le tri des papiers arrivés dans votre corbeille de bureau ne présente pas un intérêt majeur pour votre travail, vous lui accordez rarement la priorité. Avez-vous déjà remarqué que quand on dresse une liste de choses à faire, on a l'impression de ne jamais arriver aux tâches situées en bas de liste ? Les tâches urgentes semblent toujours retarder le moment où l'on s'occupe des tâches importantes et le traitement de la paperasse et des messages électroniques devient alors le cadet de nos soucis. Si vous établissez constamment des priorités, vous ne vous attellerez jamais à cette paperasse et à ces messages électroniques qui vous semblent moins importants. Attention, car si vous ne vous en occupez pas, ils finiront par vous envahir.

Ce trop-plein de papiers et d'informations risque de ralentir tout votre travail. Si vous devez choisir entre appeler un client et trier votre corbeille, que faites-vous ? Comme tout le monde vous choisissez le client, c'est bien cela ? Pendant ce temps-là, les autres choses ne sont pas faites ! Il faut donc éviter de se mettre dans la position où l'on doit constamment décider entre les choses. Il faut se simplifier la vie : prévoyez donc un moment pour trier votre corbeille et effectuer d'autres tâches de routine qui peuvent être regroupées. Quand arrive le moment de le faire, consacrez-y le temps que vous aviez prévu puis mettez-vous au travail important.

Quand vous vous brossez les dents, chaque matin, est-ce le résultat d'un choix ? Vous demandez-vous : « Vais-je me brosser les dents tout de suite ou boire mon café ? » Je suppose que vous vous épargnez cette question : vous agissez selon une routine préétablie, sans vous interroger sur ce que vous allez faire, et probablement sans même y penser. La force de l'habitude vous libère du processus de décision conscient ; c'est ainsi que vous devez procéder pour toutes ces tâches simples qu'il est possible de traiter par regroupements !

La loi de Parkinson
et la répartition du temps

La loi de Parkinson stipule que *votre travail tend à s'adapter au temps dont vous disposez ou que vous*

114

114   *Mieux s'organiser pour gagner du temps*

souhaitez lui consacrer. Si vous décidez d'affecter une heure à l'accomplissement d'une certaine tâche, ce laps de temps a de fortes chances de vous suffire. Si vous vous imposez certains délais pour réaliser un projet, vous trouverez probablement un moyen de respecter l'échéance fixée.

Procéder par séquences

Le travail par séquences est plus efficace et productif que le travail effectué au fur et à mesure. Ce principe ne s'applique pas seulement aux « regroupements » de tâches similaires – comme les coups de téléphone et le traitement du courrier – mais aux projets de travail, aux visites de représentants et aux campagnes de marketing. Peter Drucker estime à une heure et demie la séquence idéale : « vous en ferez plus en vous concentrant sur une période d'une heure et demie qu'en deux fois plus de temps, si vous êtes perturbé par de multiples interruptions ».

Ménagez-vous une plage horaire pendant laquelle vous ne serez pas dérangé ! C'est le meilleur moyen d'accroître votre productivité. En effet, une fois allégé du poids de toutes les tâches secondaires, vous pourrez vous concentrer plus facilement pendant vos longues séquences ininterrompues. Vous vous sentirez soulagé à l'idée que vous traitez tous les problèmes importants et que vous vous êtes organisé de manière à faire l'essentiel. Si vous donnez à votre esprit le temps de pénétrer au cœur du sujet, vous serez beaucoup plus productif que lorsque vous vous laissez distraire par de multiples tâches.

Vous n'avez pas la chance de pouvoir fermer la porte de votre bureau ? Eh bien, il vous suffira d'un peu d'imagination pour bénéficier de séquences continues !

J'ai eu pour client un cabinet d'experts-comptables, dont tout le personnel travaillait dans un environnement décloisonné et bruyant, où retentissait sans cesse la sonnerie du téléphone. Une partie de l'immeuble comportait quelques petits bureaux destinés aux entretiens. Lorsqu'un membre du personnel avait besoin d'une plage horaire paisible pour rédiger un projet, il s'y réfugiait, et l'un de ses collègues le remplaçait au téléphone pendant le temps nécessaire.

Un autre de mes clients travaillait à son domicile une journée par semaine et pouvait ainsi consacrer le temps nécessaire au planning stratégique et à la prospection de nouvelles affaires.

Traiter les appels téléphoniques par regroupements

Décidez de ne pas accepter les communications téléphoniques à n'importe quel moment et de rappeler vos correspondants une ou deux fois par jour – à une heure qui variera selon la nature de votre emploi. Si vous acceptez les communications deux fois – par exemple de 11 h 30 à 12 h et de 16 heures à 17 heures – insistez pour que votre assistante se conforme à cet horaire. Cela ne signifie pas qu'elle doit bloquer vos communications ! Elle respectera simplement votre habitude de ne répondre aux appels qu'à certains moments, sauf exception. Vous définirez avec précision ces cas exceptionnels (par exemple un important client ou votre supérieur hiérarchique) et vous établirez les paramètres exacts des appels « urgents ».

Assurez-vous que tout le personnel a bien compris votre nouveau mode de fonctionnement, la nature des exceptions et la manière de noter les messages. Quand vous rappelez un correspondant, il est préférable d'être correctement informé !

Ne vous contentez pas de « Untel a téléphoné » ! Exigez de vos assistants des messages complets et précis. Ils doivent demander à Untel quel est le motif de son appel et quand il sera disponible pour en discuter. « Untel a appelé pour organiser un rendez-vous avec l'équipe de vente de Toulouse. Vous pouvez le joindre tout l'après-midi à tel numéro. » Ce type d'information vous permet de préparer votre entretien, vous savez où joindre la personne et de quoi il s'agit. Lorsque vous lui parlerez, vous aurez votre agenda sous les yeux et vous lui donnerez le choix entre plusieurs jours qui vous conviennent. Il sera impressionné par votre efficacité ; votre conversation aura duré un minimum de temps…

Si vous avez une messagerie vocale ou un répondeur, composez un message du même genre : « Allô, ici François, je ne suis pas disponible pour l'instant. Laissez-moi un message précis et je vous rappellerai entre 11 h et midi, après m'être préparé à notre conversation. Si cela ne vous convient pas, ayez l'amabilité de me dire à quel moment je pourrais vous joindre. »

Maintenant que vous avez adopté ce principe, soyez conséquent ! Gardez l'habitude de rappeler vos correspondants à un moment précis de la journée, et, le reste du temps, refusez tous les appels – dans les limites que vous avez fixées.

Si vous procédez ainsi, vous pourrez vous organiser avant de rappeler vos interlocuteurs. Vous consulterez vos dossiers ou vos documents et vous aurez sous les yeux tous les éléments utiles, afin de ne pas perdre de temps. Traitez vos appels téléphoniques aussi méticuleusement que les documents de votre corbeille « arrivée » – l'un après l'autre et chacun dans son intégralité. Lorsque vous programmerez le temps consacré à vos appels téléphoniques, gardez une flexibilité suffisante pour traiter aussi bien ceux qui appartiennent à vos différentes séquences prévues, que les urgences et les circonstances imprévues.

La messagerie électronique

En créant une structure pour vos documents électroniques, vous commencez à contrôler le flux d'informations électroniques. Les principales informations électroniques proviennent d'Internet ou du réseau local (LAN) et prennent la forme de messages électroniques. Ces derniers sont des outils merveilleux aux avantages évidents :

- La communication est simplifiée.
- Ils sont moins coûteux que le courrier traditionnel.
- Ils ont moins de chances de se perdre.
- On peut envoyer un message à un grand nombre de personnes en appuyant sur une seule touche.
- On peut accéder à sa messagerie à distance.
- On peut vérifier qu'un message a bien été reçu.
- Il est plus facile de classer les documents.
- Il est plus facile de manipuler, reclasser et corriger les documents.
- Il est plus facile de transférer des documents.
- Ils sont plus rapides que les autres formes de communication.
- Vous pouvez inclure dans votre message toutes les communications précédentes pour avoir tout l'historique sous les yeux.

- Certaines messageries vous permettent d'envoyer un message à une date ultérieure, ce qui constitue un bon pense-bête.
- Il est possible de reprogrammer les touches de fonction pour ouvrir directement les différentes rubriques de l'échéancier (agenda, rendez-vous), effacer les procédures, etc.
- On peut organiser tous les préparatifs d'une réunion. Au lieu de prendre sur le temps de réunion pour faire une annonce, on peut préparer et envoyer les annonces à l'avance par message électronique.

Mais ils comportent également certains inconvénients :

- La communication étant grandement facilitée, les messages prolifèrent, ce qui en conduit certains à ignorer les messages qu'ils jugent peu importants.
- Certaines personnes peuvent abuser de ce moyen de communication. Certains en profitent pour envoyer des annonces personnelles à tous les employés de leur entreprise.
- Les messages électroniques peuvent devenir la forme privilégiée de documentation pour se couvrir en cas de problème.
- Certaines messageries imposent des limitations qui font perdre du temps : il faut ouvrir le message que l'on veut effacer et suivre une série d'instructions pour finalement y parvenir.
- Certains employés sont restés à une logique papier et finissent par imprimer tous les messages électroniques.
- La messagerie électronique peut être surchargée et les services informatiques limitent généralement le nombre de messages sur chaque poste de travail.

L'un dans l'autre, je considère que les messages électroniques sont d'excellents outils d'amélioration de l'efficacité qui peuvent nous envahir si on tarde à s'en occuper.

Bien gérer ses messages électroniques

Il est aussi essentiel d'appliquer le principe d'action immédiate au traitement des messages électroniques qu'à celui du courrier, des télécopies et des messages téléphoniques. La plupart des problèmes dus au volume de correspondance peuvent être résolus en appliquant le principe d'action immédiate au bon moment.

Certaines applications de messages électroniques ont un système visuel ou sonore qui alerte à chaque message, ce qui pousse à le consulter alors qu'on est en train de faire autre chose ou que l'on n'a pas le temps de répondre. Le traitement du problème est donc reporté à plus tard, ce qui n'est pas la bonne manière de procéder. Je vous conseille donc de désactiver la fonction d'alerte et de ménager des plages horaires dans votre emploi du temps pour répondre à vos messages électroniques. Vous devez répéter l'opération plusieurs fois par jour car les messages électroniques remplacent de plus en plus le téléphone et les réunions et exigent généralement une réponse rapide, sans pour autant avoir le caractère immédiat du téléphone.

Comment faire ? Je vous conseille de vous en occuper trois à quatre fois par jour, vos interlocuteurs s'attendant rarement à une réponse immédiate. Si vous y répondez régulièrement par exemple en arrivant le matin, avant le déjeuner et à la fin de la journée, c'est généralement suffisant. Planifiez des plages horaires dans votre agenda pour répondre à vos messages électroniques, établissez des paramètres de temps et respectez-les autant que faire se peut, sinon cherchez à limiter le nombre de messages que vous recevez (nous reviendrons là-dessus plus tard).

Quand je parle de traiter les messages électroniques, je ne veux pas dire les consulter et décider d'y répondre plus tard, je veux dire aller jusqu'au bout immédiatement ou si ce n'est pas possible, allez aussi loin que possible et faire un mémo pour ce qu'il reste à faire. Si le message exige beaucoup de travail, planifiez un moment dans votre agenda et classez le message.

Limiter le nombre de messages électroniques

Quand on reçoit des messages, il faut s'en occuper mais il faut également se demander si l'on devait vraiment les recevoir en premier lieu. Sean Savage a répertorié les solutions à ce problème dans l'un des articles qu'il a écrits pour les journaux Knight Rider. Si vous avez une adresse électronique sur Internet et un fournisseur d'accès Internet (AOL, Club-Internet, etc.), il y a de grandes chances pour que vous receviez une grande quantité de courrier indésirable (Spam). Il est courant que les fournisseurs d'accès Internet, les publications en ligne et d'autres prestataires de services vendent leur base de données à des entreprises mais vous pouvez leur demander de retirer vos coordonnées de leur base. Comment procéder ?

• Si vous recevez du courrier indésirable, répondez en demandant à l'expéditeur de ne plus en envoyer.

• Si vous en recevez toujours, vous pouvez vous plaindre au postmaster du site qui vous envoie les messages. Pour trouver son adresse, enlevez la première partie de l'adresse électronique de l'expéditeur et remplacez par le mot « postmaster ». Si le message vient de xxx@xxx.com, l'adresse du postmaster est probablement postmaster@xxx.com. Si ce n'est pas le cas, vous recevrez probablement un message d'erreur spécifiant sa véritable adresse. Demandez-lui de ne plus envoyer de courrier indésirable.

• S'il ne le fait pas, vous avez encore un recours. De nombreux logiciels de messagerie permettent aux utilisateurs de filtrer leurs messages en provenance de certaines adresses. Dès que des messages envoyés par xxx@xxx.com arrivent, certains logiciels les effacent automatiquement avant que vous ne les voyiez. Consultez les fonctionnalités de filtrage de votre messagerie ou repérez les différents programmes de filtrage à l'adresse www.earthlink.org pour trouver celui vous permettant de spécifier des mots clés qui effaceront automatiquement les messages avant qu'ils n'arrivent dans votre boîte de réception.

Règles générales des messages électroniques

Les employés de l'un de nos clients, SmithKline Beecham à Philadelphie, ont eu l'amabilité de me donner quelques-unes des règles qu'ils appliquent dans leurs messages électroniques. J'ai résumé leurs idées et en ai ajouté quelques-unes de mon cru. En les mettant en pratique, vous vous éviterez bien des soucis et du travail supplémentaire.

• Quand vous écrivez un message, assurez-vous que son sujet est clair dans la barre d'objet.
• Exposez brièvement le but de votre message au début.

- Limitez-vous à un sujet par message.
- N'envoyez des messages ou des réponses qu'à ceux qui sont concernés. N'utilisez surtout pas l'icône Répondre à tous !
- Utilisez la fonctionnalité de copier coller pour compléter un message au lieu d'y accoler une pièce jointe.
- Si vous révisez ou complétez un message, mettez les corrections en gras pour qu'elles sautent aux yeux du destinataire.
- Si quelqu'un doit modifier ou faire un commentaire sur un document, faites précéder les commentaires des initiales de l'auteur.
- À réception d'un message, consultez le sujet dans la barre d'objet avant de le lire. Décidez si vous souhaitez ou devez lire tout le message ou si vous pouvez le déléguer ou l'effacer immédiatement.
- Éteignez les systèmes d'alerte visuels ou sonores pour ne pas être interrompu quand un message arrive. Prévoyez plutôt de traiter vos messages en groupe deux à trois fois par jour.
- Soyez courtois et indulgent avec ceux qui ne le sont pas.

Courrier et mémos

Occupez-vous de votre courrier et de vos mémos une fois par jour, à heure fixe, éventuellement le matin avant le début de vos réunions et de vos activités habituelles. Selon la nature de votre emploi, vous consacrerez de trente à soixante minutes aux papiers qui se sont accumulés pendant la journée sur votre bureau. Une fois votre tâche accomplie, confiez ces papiers à votre assistant, si vous en avez un. Vous pouvez demander à votre assistant de vous préparer préalablement le courrier, selon des catégories logiques, afin de vous faciliter le travail. Après avoir éliminé l'inévitable rebut, il met, en fin de journée, tous les papiers qui vous concernent dans votre corbeille « arrivée » – et les autres dans les casiers des autres collaborateurs. Cela vous évite de perdre du temps avec des documents sans intérêt pour vous. Chaque soir votre assistant mettra dans votre corbeille les documents de votre échéancier à traiter le lendemain.

Certains dirigeants convient leurs assistants administratifs à cette opération quotidienne. À mesure qu'elle se déroule, ces derniers classent les papiers, notent des instructions et permettent généralement à leur patron de gagner du temps.

Voici comment je conçois la formation d'un nouvel assistant administratif : son supérieur hiérarchique doit trier ses papiers en sa présence, à haute voix, afin de lui faire comprendre comment il procède, ce qu'il estime important et quels documents il souhaite voir passer sous ses yeux. Au bout d'une semaine, l'expérience acquise vaut celle d'une année entière de collaboration !

Que vous ayez ou non un assistant, ne vous contentez pas de passer en revue vos papiers d'un œil distrait. Traitez chaque sujet à fond : répondez, planifiez, lisez et classez au fur et à mesure. Si un papier concerne un projet programmé à une date ultérieure, classez-le immédiatement dans votre dossier de travail. S'il faut constituer un dossier, créez-le tout de suite. Si c'est un cas à discuter avec un collaborateur ou avec votre patron, mais qui ne présente aucune urgence, classez-le sous le nom de cette personne dans votre dossier de travail, en attendant votre prochaine rencontre. S'il faut lire, lisez !

Ne tolérez aucune exception à cette règle : il s'agit d'un moment stratégiquement essentiel.

Si un papier exige deux ou trois heures de travail, trouvez un jour où vous disposerez du temps necessaire, puis classez-le à cette date dans votre échéancier. Et ne perdez surtout pas de vue le principe de l'*action immédiate* : videz tout le contenu de votre corbeille « arrivée ». Certains papiers n'ont qu'une importance relative, traitez-les quand même.

Peut-être me direz-vous qu'il ne suffit pas de procéder à ce tri une fois par jour. Eh bien, je vous rappelle que je partage mon point de vue avec deux cents mille de mes clients ! Les problèmes majeurs se règlent habituellement par téléphone, par des visites personnelles, ou grâce à la messagerie électronique. Comme la plupart des gens sont lents à classer leurs papiers, ils préfèrent ne pas en être tributaires lorsqu'il s'agit d'affaires urgentes. Croyez-moi, le jour où vous traiterez effectivement tous vos papiers quotidiennement, vos collègues s'émerveilleront de votre célérité.

Utiliser Internet

Internet est devenue une ressource populaire aussi bien pour un usage personnel que professionnel. Par le passé, les messages électroniques étaient souvent une ressource interne à une entreprise mais aujourd'hui les messages électroniques par Internet sont de plus en plus fréquemment utilisés. Internet, et plus spécialement le World Wide Web (WWW), est devenu une importante source d'informations. De nombreuses entreprises commencent à utiliser Internet pour partager des informations importantes avec leurs clients, leurs fournisseurs et leurs employés. De plus, si l'entreprise a un site Intranet, il est important de planifier une visite de temps en temps pour être au courant des dernières informations.

Recherche sur Internet

Si vous pensiez perdre du temps à consulter des dossiers papier avant, vous serez sans doute surpris de constater le temps passé à essayer de trouver des informations sur Internet. Les recherches sur Internet prennent tellement de temps que les utilisateurs réguliers ont arrêté, préférant consulter régulièrement leurs sites favoris pour trouver les informations dont ils ont besoin le plus souvent. Il serait dommage de ne pas utiliser cette ressource car il est possible de limiter le temps passé à chercher. Voici quelques astuces pour utiliser Internet efficacement :

• Notez les sites Internet utiles/intéressants. Les articles mentionneront souvent un site Internet avec son URL, c'est-à-dire l'adresse du site. C'est la manière la plus facile et la plus rapide d'accéder aux informations du site.

• Familiarisez-vous avec les différents moteurs de recherche sur Internet. Ce sont des programmes qui effectuent une recherche sur tout ou une partie du Web et constituent généralement la meilleure façon de trouver ce que l'on veut. Des moteurs de recherche différents vous donneront accès à des informations différentes, il est donc conseillé de connaître les moteurs qui seront les plus à même de trouver les informations dont vous avez besoin. Il existe même des ressources qui vous permettent d'activer plusieurs moteurs de recherche en même temps comme le logiciel **ESS** *(www.intelliseek.com/prod/ESS.htm)* par exemple. Avec ESS, vous tapez votre recherche et le logiciel active 450 moteurs de recherche, forums, agences de presse, listes de mailing, agences de recrutement, sites de commerce électronique et toute une gamme de sites Internet classés par sujet.

• Apprenez à utiliser les moteurs de recherche efficacement. Chaque moteur a une fonctionnalité d'aide qui vous indique la manière la plus efficace de l'utiliser. La façon d'exprimer votre recherche influence grandement son efficacité.

• Enfin, ne soyez pas trop curieux sur Internet. Cela peut vous faire perdre beaucoup de temps donc évitez de vous laisser tenter. Quand vous naviguez sur Internet, ayez un but précis en tête, n'en décollez pas et évitez de perdre du temps à chercher autre chose que ce que vous aviez prévu de trouver au départ.

La lecture

Je vous conseille de procéder de la même manière pour la lecture. Réservez-lui une plage horaire, et lisez, quoi qu'il arrive ! Une partie de votre lecture s'effectue au moment où vous traitez votre courrier et vos mémos. Lorsque vous avez un papier en mains, rappelez-vous que vous allez lui régler son sort instantanément. Certaines personnes consacrent à cette activité le temps de leurs trajets en autobus ou en train ; d'autres lisent en avion ; d'autres encore passent, en fin de journée, quelques minutes à lire et à organiser leur travail du lendemain. Pour ma part, je préfère utiliser la pause du déjeuner. L'essentiel est de trouver le bon moment et de se créer une habitude. Fixez-vous une heure et tenez bon !

La manière de lire compte autant que le moment ! La lecture rapide peut réduire de moitié le temps passé : vous appréhendez vos documents dans la perspective d'un concept, d'une phrase, d'un paragraphe ou d'une page, au lieu de vous contenter du mot à mot habituel. La compréhension du contenu n'est pas affectée, elle est simplement plus globale et plus rapide.

Les entretiens hebdomadaires individuels

Les entretiens hebdomadaires du patron avec ses collaborateurs appartiennent aussi au domaine de la routine.

Les entretiens individuels permettent à des collègues très occupés de garder le contact dont ils ont besoin dans leur travail.

Si l'on ne peut vous rencontrer qu'a condition de passer la tête à tout hasard dans votre bureau, vous serez interrompu sans cesse par vos collègues. Ils se sentiront gênés de vous importuner ; mais ils n'auront guère le choix s'ils veulent mener à bien leur travail. Vous-même ne serez pas prêt à aborder le problème qui les préoccupe ; et vice versa, lorsque vous tiendrez le rôle du gêneur.

Vous êtes saturé de réunions, me direz-vous. Je vous rappelle que bien des managers ne le sont plus au sens strict du terme. De nombreuses restructurations les ont obligés à diversifier leurs tâches. Un contact étroit avec leurs collaborateurs devient une nécessité incontournable !

Il ne s'agit pas d'une réunion de groupe ou d'équipe, mais d'un tête-à-tête. Constituez un dossier pour chacune des personnes que vous rencontrez individuellement et, au cours de la semaine, notez toutes les questions non urgentes que vous souhaitez aborder. Tous ceux qui sont appelés à vous rencontrer devraient constituer un dossier similaire, concernant les points à discuter avec vous.

Programmez ces entretiens à heure fixe chaque semaine, sinon vos collaborateurs ne pourront pas s'y fier avec certitude, et ils recommenceront à vous interrompre fréquemment. Si vous voyagez souvent ou si une période de vacances vous oblige à modifier votre emploi du temps, pensez, à la fin de votre entrevue, à fixer la date de la suivante.

Souvenez-vous que ces rencontres concernent les questions non prioritaires qui s'accumulent et dont la réponse ou la solution peut attendre quelques jours. Les problèmes qui exigent une solution immédiate ne sont pas abordés en l'occurrence !

Rendez vos réunions plus efficaces

Selon des études que nous avons menées auprès du personnel des entreprises avec qui nous travaillons, ce sont les réunions qui font perdre le plus de temps car elles sont souvent mal préparées et mal conduites.

Repenser les protocoles de réunions dans une entreprise est une activité qui vaut particulièrement la peine mais qui est souvent difficile à réaliser. Le Programme d'Efficacité Personnalisé se concentre normalement sur des améliorations d'activités individuelles. Les réunions, de par leur nature même, impliquent d'autres personnes et quelquefois même un supérieur hiérarchique ! Changer les comportements des autres est plus compliqué que changer son propre comportement mais de par notre expérience nous savons qu'il existe tout de même des règles pour rendre les réunions plus efficaces.

1. Identifier le but d'une réunion. Dans l'une des sociétés de nos clients, les réunions de la direction n'attiraient plus grand monde, certains membres arrivaient en retard et d'autres ne venaient même plus du tout. Tous avaient l'impression que ces réunions ne servaient à rien.

Les participants n'avaient jamais discuté du but de cette réunion. Nous avons donc éclairci ce point en collaboration avec les participants et avons décidé que le but serait de « diriger et développer le département ». Une fois que les membres du groupe ont découvert le but de la réunion, ils ont commencé à la considérer comme une priorité et de plus en plus de monde y a assisté.

2. Bien préparer. Un autre groupe de dirigeants a réduit la durée de ses réunions de moitié en en éclaircissant le but et en identifiant les informations nécessaires à leur bonne marche. Il s'est avéré qu'une grande part des informations apportées et commentées par les membres lors des réunions hebdomadaires pouvaient être éliminées car elles ne servaient à personne. Les informations utiles ont donc été placées sur l'intranet de la société avant la réunion pour que tout le monde y ait accès et la réunion a vraiment servi à discuter et à formuler des suggestions sur la manière de résoudre de nouveaux problèmes.

3. Garder le fil de la réunion. Nous avons tous assisté à des réunions présidées par des personnes qui ne savaient pas ce qu'elles faisaient, laissaient les membres les plus loquaces monopoliser la parole ou laissaient s'éterniser les débats. Le président doit diriger la réunion, veiller à ce qu'elle ne dépasse pas le temps imparti, contrôler la communication et vérifier que son but est atteint.

4. Prendre des décisions. Les réunions doivent aboutir à la prise de décisions et à la répartition de missions. Chaque décision doit préciser :
Ce qui doit être fait.
Par qui.
Pour quand.

Attention : Souvent ce qui doit être fait peut ne pas être très clair et l'échéance est complètement oubliée.

5. Distribuer les comptes rendus de réunions rapidement et respecter les décisions prises. Dans une société, les comptes rendus écrits des réunions de la direction étaient distribuées trois à cinq jours après la réunion et les membres ne reconnaissaient pas toujours les décisions prises. Le directeur du service-client qui était également le président des réunions, préparait les comptes rendus et en modifiait ou corrigeait quelquefois les décisions, ce qui poussait les membres à se demander pourquoi la réunion avait eu lieu. Après notre venue, une secrétaire a été chargée de prendre des notes sur un ordinateur portable pendant la réunion et de les communiquer immédiatement après. Les participants pouvaient donc les lire rapidement et exprimer leur avis sur d'éventuelles corrections.

Se reporter à l'annexe A « Liste d'améliorations des réunions » pour rendre vos réunions plus efficaces.
Même si vous appliquez ces indications à la lettre, il est toujours possible que vous rencontriez des situations absurdes qui défient toute logique. Un jour un client m'a appelé à l'aide parce qu'il voulait que les employés de son service puissent rentrer à des heures raisonnables chez eux.
« Expliquez-moi le problème », lui ai-je suggéré.

« Nous avons beaucoup de responsabilités. Je dois aller voir nos bureaux en Allemagne, en Angleterre et aux États-Unis. Les employées supervisent deux fusions et nous sommes en train de déménager », puis il a ajouté « Et j'ai 50 heures de rendez-vous prévues pour la semaine prochaine. » Cinquante heures, c'est plus qu'une semaine de travail ! Peu importe que toutes ces réunions soient efficaces ou pas, il fallait les trier et en éliminer certaines !

Comment gérer les interruptions

Toutes les interruptions ne sont pas nécessairement mauvaises. Supposez que votre associé passe sa tête dans l'embrasure de la porte en vous disant : « Écoute-moi une minute : je viens d'avoir une idée géniale pour conclure cette vente ! », il s'agit d'une bonne interruption !

Il est toutefois souhaitable de restreindre les interruptions inutiles. Voici quelques conseils qui pourront vous être utiles :

Pratiquez l'action immédiate et efficace

- Déblayez le travail en retard, sinon vous en subirez les conséquences.
- Respectez vos délais pour éviter d'avoir à faire le point sur l'état d'avancement de votre travail.
- Faites correctement tout ce que vous avez à faire : on ne vous demandera pas d'intervenir à nouveau.
- Donnez des instructions claires et précises à vos collaborateurs pour limiter leurs demandes

d'explications complémentaires et vos propres frustrations lorsque le travail n'est pas fait correctement dès la première fois.

• Rappelez-vous bien que vous devez apprendre à vos collaborateurs la manière d'exécuter les tâches routinières, tout comme les missions de plus grande importance.

Pratiquez la communication efficace immédiate :

• Donnez des informations complètes lorsque vous laissez un message.
• Demandez à vos collaborateurs de vous laisser des messages précis lorsqu'ils prennent des appels téléphoniques à votre place.
• Utilisez des modes de communication qui vous permettent de recevoir des messages complets et qui n'interrompent pas le travail en cours ; par exemple, la messagerie électronique ou vocale.

Annoncez tout de suite la couleur :

• Réagissez aux interruptions en tenant compte de vos impératifs horaires... Levez-vous si on vient vous importuner dans votre bureau.
• Efforcez-vous de créer une culture d'équipe et d'entreprise qui limite les interruptions.
• Habituez-vous à faire vos communications par regroupements. Ce traitement par regroupements limite les interruptions (cf. figure 3.3) et vous permet de mieux vous concentrer sur le travail en cours.

COMMUNICATIONS DISPERSÉES

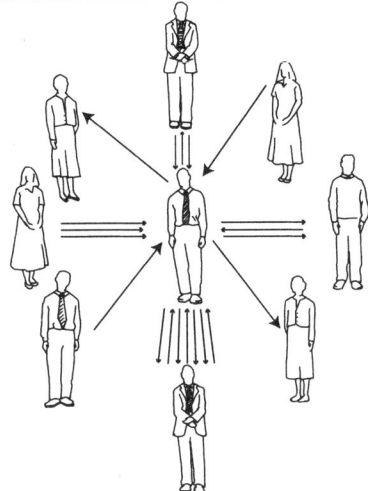

INTERRUPTIONS MULTIPLES CAUSÉES ET SUBIES

COMMUNICATIONS REGROUPÉES

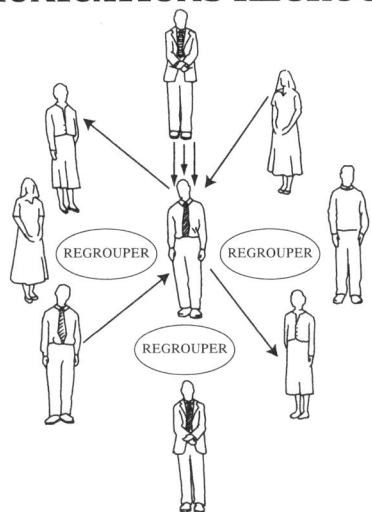

INTERRUPTIONS RÉDUITES

Figure 3.3. Traitement des communications par regroupements.

Se mettre au travail

Je vous entends protester : « Je n'ai pas l'intention de programmer chaque minute de ma vie ! », ou bien : « C'est une utopie qui n'a rien à voir avec mon bureau ! » Permettez-moi de vous répondre que ces activités programmées ne représentent que 20 % de votre journée, au lieu de 50 % si vous n'adoptez pas mes principes. Grâce à ceux-ci, vous allez économiser au moins 25 % de votre temps... Je n'aime pas non plus que mon temps soit programmé à la minute près. Je vous suggère simplement de traiter les tâches sans intérêt et monotones de manière systématique et efficace. Attaquez-vous à ces tâches auxquelles vous ne pouvez pas échapper, et mettez-vous à l'ouvrage de la manière la moins pénible possible. Ensuite, répartissez le reste de votre journée en séquences consacrées à vos activités les plus intéressantes.

Les écueils

On s'aperçoit parfois, quand on commence à appliquer ces méthodes, qu'on a mal programmé le moment pour effectuer certaines tâches.

Supposons que vous ayez à traiter fréquemment avec l'étranger. Sachez tenir compte du décalage horaire pour programmer vos appels.

Prenons une autre hypothèse. Vous décidez de répondre à votre courrier et à vos mémos chaque jour à 9 heures du matin, quoi qu'il arrive. Comme par hasard, c'est justement l'heure à laquelle se tient la nouvelle réunion d'équipe ! Ou bien, à la suite d'un changement d'horaire imprévisible, votre courrier est maintenant distribué à 15 heures.

Pour une raison ou pour une autre, votre système peut donc échouer dès le premier jour. Surtout, ne vous laissez pas abattre ! Réfléchissez au contraire à ce qui s'est passé et essayez de planifier vos activités en vous adaptant à la réalité. Peut-être découvrirez-vous qu'il est plus pratique de rédiger vos notes de service entre 11 h 45 et 12 h 15, ou même entre 12 h 15 et 12 h 30 (car vous avez rarement l'occasion de déjeuner plus tôt), et de répondre à votre courrier entre 15 h 30 et 16 heures. Il faut parfois plusieurs essais pour trouver l'horaire le plus adéquat.

On arrive habituellement à ses fins après avoir surmonté un certain nombre de difficultés et commis quelques erreurs. Si vous êtes employé dans un service clients, par exemple, vous ne pourrez pas débrancher votre téléphone, ou faire attendre les visiteurs – dont l'arrivée est imprévisible. Peut-être devrez-vous demander à des collègues de vous remplacer pendant les périodes où vous ne souhaitez pas être interrompu.

L'un de mes clients avait cinq employés pour répondre à 3 000 clients, essentiellement par téléphone et par fax. Mais, chaque jour, une dizaine de clients venaient s'entretenir avec leur conseiller commercial sans se faire annoncer. Ces visites, en général de pure forme, passaient pour une perte de temps… Il fallait cependant les concilier avec les exigences de l'accueil : les clients d'une banque méritent des égards ! Le problème se posait depuis des années et personne n'avait trouvé de solution, lorsque le service s'organisa de la manière suivante : chaque conseiller commercial fut chargé, un jour par semaine, de recevoir tous les visiteurs non annoncés ; ce qui lui laissait – ainsi qu'à ses collègues – quatre jours pleins pour travailler sans être dérangé. On parvient ainsi, après de longues recherches, à une solution simple et efficace !

Face aux difficultés et aux erreurs, la persévérance est un facteur positif. Si vous vous attelez à un problème, vous trouverez non seulement une solution, mais *la* solution la meilleure pour vous.

Nous savons tous combien il est difficile de perdre des habitudes acquises au cours de longues années de conditionnement. On ne change pas dès la première tentative... Si quatorze tentatives ratées vous donnent une sensation d'échec, sachez qu'un déclic se produit parfois à la quinzième : tout semble alors se mettre en place ! Par ailleurs, même la force de l'habitude ne rend pas nécessairement les tâches déplaisantes ou ennuyeuses plus supportables. Chaque fois que je me lève à 5 h 30 du matin pour aller faire mon jogging, je maudis la sonnerie de mon réveil, mais le fait d'avoir programmé cette activité m'aide à agir. S'il ne s'agissait pas d'une habitude, je trouverais cela encore plus difficile et je renoncerais sans doute à fournir cet effort.

Apprenez à vous simplifier la vie grâce à un temps de travail bien programmé et à des habitudes simples.

En résumé
1. Travaillez plus astucieusement, vous accroîtrez votre efficacité et votre productivité. Déterminez vous-même les activités qui méritent votre attention. Quelles qu'elles soient, vous pourrez leur consacrer plus de temps si vous traitez les tâches banales comme une simple routine.
2. Analysez votre emploi du temps et les lieux où se déroulent vos activités ; cette opération se révélera fort utile. Faites le pointage de vos activités et de leur durée. Vous serez surpris par le temps que vous consacrez à certaines tâches et le peu de disponibilité qu'il vous reste pour d'autres. Une fois que vous saurez ce que vous faites, vous pourrez réfléchir à votre manière de procéder.
3. Ne vous laissez pas importuner par des tâches ou des informations sans intérêt. Les unes et les autres entravent votre capacité à produire. Éliminez-les entièrement. Apprenez à déléguer certaines tâches. Transmettez à d'autres les informations utiles pour vous. Accordez un temps minimum au travail routinier comme le courrier du jour : traitez-le rapidement et systématiquement, puis passez à un travail plus intéressant.
4. Apprenez à structurer votre travail par regroupements. Une ou deux fois par jour donner suite aux personnes qui vous ont laissé des messages téléphoniques, au lieu de les laisser interrompre continuellement votre travail. Même méthode avec le courrier reçu : trouvez chaque jour un moment pour régler la totalité des problèmes, et fixez des dates, dans un proche avenir, pour traiter ce qui ne peut être traité immédiatement. Si vous procédez par regroupements, au lieu de vous laisser envahir par des tâches sans importance, vous pourrez consacrer 25 % de temps supplémentaire à l'essentiel. Qu'il s'agisse de répondre à vos messages téléphoniques et à votre courrier, ou de gérer vos messages électroniques, cette méthode de regroupements s'impose.
5. *L'action immédiate différée.* Ce principe suppose que vous respectiez scrupuleusement le programme que vous vous êtes fixé. Si vous êtes en train de rédiger un rapport lorsque vous recevez votre courrier, ne vous laissez pas distraire ! Vous pourrez traiter votre courrier pendant la

demi-heure prévue chaque jour à cet effet. Ne vous interrompez pas au milieu d'une tâche pour en entreprendre une autre : vous risqueriez de les laisser toutes deux inachevées au profit d'une troisième...

6. Programmez vos activités, vous aurez moins de souci à les réaliser. Il vous suffit ensuite de vous mettre au travail. Si vous prévoyez de consacrer une heure à une activité, vous pourrez vraisemblablement vous en contenter. Si vous prévoyez une journée entière, parions qu'il vous faudra ce laps de temps pour en venir à bout.

7. Programmez chaque semaine des entretiens individuels pour résoudre les problèmes de routine concernant vos collaborateurs directs. Ce système vous permettra d'éviter la plupart des interruptions : vous ferez le point régulièrement, avec les uns et les autres, sur les sujets en cours et sur les problèmes qui se posent. Établissez, si possible, un dossier pour chacun de vos collaborateurs et prenez l'habitude d'y glisser les rappels qui vous seront utiles au cours des futures entrevues. Chacun de vos collaborateurs devrait établir ce type de dossier à votre nom pour rendre plus efficaces vos rencontres.

Ces séances sont réservées aux questions pouvant attendre une semaine. Il ne s'agit pas, bien entendu, des urgences !

8. Imprimez et photocopiez la liste d'améliorations des réunions en Annexe A et faites la passer à ceux avec qui vous vous réunissez (si vous avez accès à Internet, vous pouvez télécharger gratuitement un exemplaire électronique de cette liste sur le site d'IBT : *http://fr.ibt-pep.com/ IBT_alternative.htm*). Essayez de persuader le président et les autres participants de mettre en œuvre les améliorations les plus appropriées.

9. Examinez les mesures que vous pouvez prendre afin d'éliminer les interruptions et mettez-les en pratique.

CHAPITRE 4

LA PLANIFICATION IMMÉDIATE

> « Les difficultés sont toujours issues
> de la facilité, et les grandes choses des
> petites. »
>
> *Lao-Tseu*

Objectifs
• Le temps passe vite quand vous êtes préoccupé ; aussi, au lieu de penser à ce que vous êtes censé faire, mieux vaut établir un planning efficace.
• Les idées claires engendrent l'action. Avoir une idée claire de ce que vous devez faire, fait passer à l'acte. En avoir une notion confuse fait hésiter. La planification de votre travail clarifie vos idées.
• Définir ce qui est important pour vous.
• Faire la liste de vos objectifs prioritaires.
• Établir un processus de planning efficace en vous réservant chaque semaine un moment pour vous organiser, examiner vos objectifs et vos projets, et planifier la semaine suivante.

Cela peut vous surprendre, mais le mot d'ordre du Programme d'Efficacité Personnalisé en matière de planification est la *planification immédiate* !

L'un de ses objectifs est de vous permettre d'y voir clair, de savoir ce que vous avez à faire au jour le jour et à long terme. Trop de gens négligent de planifier, surtout lorsqu'il s'agit de leur propre travail. Si l'agenda de bureau ou l'« organiseur » a connu un tel succès lors de sa sortie sur le marché, dans les années 80, c'est qu'il est apparu comme un outil donnant la possibilité de s'organiser, de prévoir et de garder la trace du travail effectué.

Certaines personnes considèrent abusivement comme une forme de planification l'activité mentale dans laquelle elles s'engagent lorsqu'elles sont au volant de leur voiture ou sous leur douche. Mais penser à son travail ne signifie nullement planifier. Cette forme de réflexion se révèle inefficace et ne procure pas la clarté nécessaire.

Pour d'autres, la planification est synonyme de temps perdu. Certes, elle est parfois inutile : un plan mal conçu ou qui reste lettre morte représente une perte de temps. Il n'a d'intérêt qu'une fois mis en application. La planification ne prend tout son sens que si vous réalisez ce que vous avez planifié.

Vous sentez-vous stressé au bureau ? Avez-vous l'impression d'avoir trop à faire et pas assez de temps, de ne plus maîtriser votre travail, ou simplement de ne pas pouvoir vous consacrer à ce qui compte le plus pour vous ? Si oui, vous avez sans doute un problème de planification.

Ce cas est typique, beaucoup de gens ne voient pas le lien entre la planification et leur travail personnel quotidien. Pour beaucoup, planifier n'est applicable qu'à un énorme projet. Ainsi ils vont par exemple se concentrer sur le grand projet de leur département pour le trimestre fiscal – un projet d'une telle ampleur qu'ils vont se réunir pour en discuter tous ensemble. Mais quand il s'agit de leurs tâches quotidiennes, ils perdent de vue l'importance de la planification appliquée à leur niveau.

Le but de la planification

La planification a pour objectif de vous donner une idée claire de ce que vous avez à faire. Elle n'est réellement efficace que si elle vous procure cette image mentale claire sans laquelle rien n'est possible. James T. McCay écrit ceci : « Vos images mentales déterminent vos actions. Si vous n'en n'avez pas, vous ignorez ce qui se passe et vous ne pouvez pas agir. Si vos images mentales sont vagues et confuses, vous êtes hésitant ; si elles sont claires et nettes, vous agissez avec précision et efficacité [1]. »

Lorsque nous organisons un Programme d'Efficacité Personnalisé avec un groupe important, nous commençons par une séance d'orientation, habituellement dans une salle de conférence où tout le monde est assis autour d'une table. Si je demande qui établit chaque jour son planning, environ 50 % des participants lèvent le doigt. Les autres se méfient de ce système. Ils ont connu trop de déboires par le passé avec leurs listes de tâches quotidiennes !

Après avoir dressé en début de journée une liste de choses à faire, avez-vous jamais réalisé, le soir venu, que vos projets étaient restés au point mort ? Si oui, vous comprenez la réaction de ces « victimes » de listes

---

1. James T. McCay, *The Management of Time*, Prentice-Hall, Inc., 1959.

quotidiennes, qui témoignent de leur inefficacité et pèsent lourdement sur leur moral. Comment expliquer ce phénomène ? On essaye sans doute de trop en faire. On ne tient pas compte de l'inattendu et on apprécie mal le temps nécessaire. Parfois, la liste est beaucoup trop générale. Une planification correcte permet de surmonter ces difficultés – qui, parmi tant d'autres, font du planning quotidien une source de découragement plutôt qu'un instrument de travail utile. En quoi consiste une telle planification ?

Prenons l'exemple de la production d'un film. Celle-ci se fait en trois temps : préproduction, production et postproduction. Le plus long est la préproduction. Le scénario étant un simple point de départ, on considère le « story-board » (représentation détaillée de toutes les scènes qui composent un film) comme le document essentiel de la préproduction.

Imaginez une feuille de papier sur laquelle sont tracées de simples cadres vides – présentant parfois la forme familière d'écrans de télévision. Chaque cadre correspond à l'une des scènes du film. Des artistes ébauchent à grands traits ce qui apparaîtra dans chacune d'elles : les participants (combien et lesquels), ce qu'ils disent, la manière de tourner (en gros plan ou à longue distance), l'éclairage, l'enchaînement des prises. Tous ces éléments appartiennent à un ensemble beaucoup plus vaste, le film.

Pourquoi se donner tant de mal avec un story-board ? Parce que le tournage en extérieur est la partie la plus coûteuse du film. Une fois le tournage lancé, avec la participation de deux cents acteurs et un budget de plusieurs millions de francs, on compte sur une planification rigoureuse pour réaliser une économie de temps et d'efforts pendant le tournage.

Cette technique a donc été poussée au plus haut point pour répondre aux besoins particuliers de l'industrie cinématographique. Mais les autres secteurs de l'économie ne connaissent pas ce raffinement, surtout en ce qui concerne le planning des activités quotidiennes.

Revenez par la pensée à votre entreprise : la plupart de vos collaborateurs commencent leur journée de travail sans aucun plan précis. Ils ne connaissent ni le scénario, ni le story-board ; ils espèrent simplement être capables de faire face aux nécessités pendant les huit heures suivantes. Que penserait-on d'acteurs en train de tourner un film sans savoir que dire, que faire et comment se déplacer ?

Principes de planification

La planification a trois volets : définir les tâches prioritaires, gérer son temps et s'organiser pour exécuter ses projets facilement. À ce niveau du livre, vous savez normalement vous organiser pour exécuter vos projets facilement. Étudions les autres éléments.

Allouer des priorités – gérer les tâches

On ne peut discuter de planification sans évoquer les priorités. Vous avez sans aucun doute compris que je n'aimais pas beaucoup cette idée de priorités car elles sont trop souvent utilisées comme prétexte pour ne pas agir et qu'il peut être délicat de choisir entre régler des questions urgentes et des choses importantes. Cependant, on ne peut pas se permettre de ne pas établir de priorité du fait des charges de travail et des pressions de temps extrêmes que nous subissons.

L'un de mes amis et collègues aux Pays-Bas le décrit ainsi : la planification est l'activité qui consiste à déterminer ses priorités et à gérer son temps pour les traiter. Pour déterminer les priorités, on doit avoir une image claire de ses objectifs et les mettre en rapport avec les tâches. Vous devez déterminer si les tâches que l'on attend de vous correspondent aux étapes nécessaires pour atteindre vos objectifs, si vous devez exécuter ces tâches vous-même ou si vous pouvez et devez les déléguer à quelqu'un d'autre. Si vous les déléguez, assurez-vous qu'elles soient faites.

La gestion de tâches peut être un outil particulièrement utile pour ceux ayant peu de temps à eux, comme les employés de centres d'appel ou de service d'assistance, dont le temps dépend entièrement de leurs interlocuteurs. Moins vous avez de contrôle sur votre propre temps, plus vous devez distinguer entre ce qui est très important et ce qui l'est moins.

Gestion du temps

La gestion du temps est l'art d'utiliser au mieux son temps. Une fois que vous savez ce que vous devez faire et comment le faire au mieux (gestion des tâches), vous devez optimiser votre temps pour le faire. Quand vous planifiez votre journée, votre semaine, votre mois ou votre année, envisagez les tâches à accomplir et ce qu'elles impliquent au niveau temps. Bien gérer son temps c'est :

• Établir et prévoir des habitudes au cours de la journée, de la semaine, du mois (traitement des messages électroniques tous les jours, réunions avec ses collaborateurs directs toutes les semaines, finalisation des processus tous les mois, etc.).

• Établir une politique de porte ouverte ou fermée tout au long de la journée. Quand ne voulez-vous surtout pas être interrompu pour pouvoir vous concentrer ?

• Tenir compte de son biorythme pour planifier un travail créatif. À quel moment de la journée avez-vous le plus d'énergie (bonne période pour le travail exigeant de la créativité) ? Quand en avez-vous le moins (bonne période pour prévoir des tâches ennuyeuses exigeant moins de concentration comme le classement, par exemple ?).

• Réserver des plages pour la planification à long et à court terme. La planification de votre journée peut prendre quelques minutes, celle de la semaine ou du mois une heure et celle de l'année plusieurs jours.

• Selon le type d'agenda que vous utilisez (papier ou électronique) et s'il est accessible et complété par d'autres, vous devez planifier du temps pour vos priorités. Plus le nombre de personnes qui y ont accès est grand, plus vous devez réserver des plages à vos priorités. Votre secrétaire prévoit-elle vos réunions ? Connaît-elle vos préférences pour les planifier, vous réserver du temps au calme, exécuter les tâches de routine, etc. ? Votre type d'agenda (vue quotidienne, hebdomadaire ou mensuelle) détermine la façon dont vous percevez le temps.

• Enfin, une grande partie de la gestion du temps consiste à le protéger ! Évitez les choses qui font perdre du temps répertoriées en Annexe B.

Les techniques de planification du Programme d'Efficacité Personnalisé

Le Programme met l'accent sur six points essentiels :

1. Le planning quotidien.
2. Le planning hebdomadaire.
3. Le management de projet.

4. Le planning stratégique.
5. La fixation des objectifs.
6. La définition des valeurs.

Le planning quotidien

J'ai déjà évoqué l'un des reproches le plus communément adressés au planning quotidien : en raison de circonstances imprévisibles, on ne le réalise qu'en partie et il devient une source de déception. Beaucoup de gens le considèrent comme un rappel insupportable de ce qu'ils n'ont pas fait !

J'insiste, malgré tout, sur la nécessité absolue, chaque jour, de planifier vos activités – soit en fin de journée, avant de rentrer chez vous, soit le matin avant que d'autres préoccupations ne vous en empêchent. Quel que soit le moment choisi, vous pourrez utiliser votre agenda de bureau pour prendre les notes nécessaires.

Comment rendre efficace et rapide cette opération ? Je suggère que vous établissiez votre planning quotidien à partir de celui de la semaine. Avec ce document de plus grande taille sous les yeux, vous pourrez répartir le travail de la semaine en portions facilement gérables quotidiennement, et vous référer chaque jour à l'objectif plus vaste que vous vous êtes fixé.

Le planning hebdomadaire

Une fois par semaine, examinez toutes vos « sources de travail » (cf. figure 4.1). J'entends par là vos dossiers de travail, y compris vos projets, votre agenda (pour les délais à respecter, les activités prévues et les rappels),

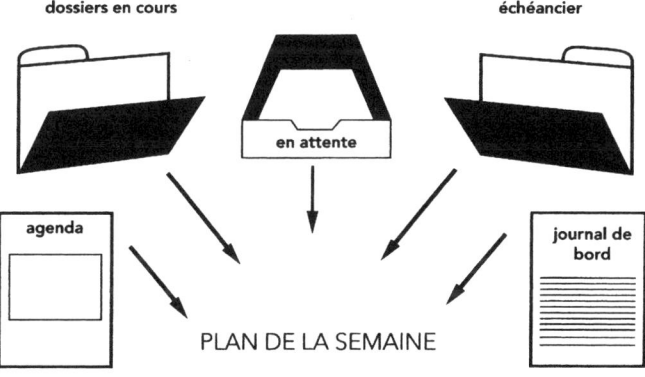

Figure 4.1. *Le planning hebdomadaire.*

votre échéancier (pour les problèmes à régler au cours de la semaine), vos affaires « en suspens » (corbeille « en attente » et dossiers en suspens), et le bloc-notes sur lequel vous inscrivez ce que vous avez à faire.

Supposons, par exemple, que vous gériez actuellement huit projets différents. Deux d'entre eux occupent peut-être la majorité de votre temps et les six autres suivent leur cours. Votre dossier « en suspens » contient aussi d'autres éléments, dont un projet de voyage d'affaires ; et votre agenda indique six rendez-vous au cours de la semaine, avec plusieurs chefs de service et divers clients. Votre échéancier contient des documents que vous devrez vérifier à certaines dates, pour vous assurer que le travail est terminé à temps. Vous avez également sous les yeux une multitude de petits papiers, vous tenant lieu de pense-bête à propos de divers sujets. (Mieux encore, peut-être avez-vous pris la précaution d'enregistrer tous ces rappels sur un programme informatique, ou d'utiliser un bloc-notes.) En d'autres termes, pour vous tenir à jour, vous devez consulter une demi-douzaine de sources. Je vous suggère de les passer en revue une fois par semaine. À cette occasion, établissez des priorités et effectuez votre planning hebdomadaire.

Prenez maintenant la peine de consulter votre agenda pour avoir une idée du temps que vous accorderez à des tâches imprévues. Une partie de cette surcharge peut vous être imposée par un supérieur hiérarchique, habitué à vous déléguer certaines tâches au plus mauvais moment du jour, de la semaine, ou du mois... Il s'agit parfois d'un problème inattendu, qui exige votre attention et vous prive du temps que vous pensiez employer autrement. Quelle qu'en soit la raison, vous consacrez de 25 à 50 % de votre journée à ce type d'activités imprévues.

Il faudra donc planifier votre travail hebdomadaire en fonction du temps réel dont vous disposez. Si l'inattendu occupe 50 % de votre temps, contentez-vous de réserver les 50 % restants au travail véritablement productif prévu sur votre planning. En incluant la part de l'imprévisible, vous maintenez une certaine flexibilité, vous vous donnez la possibilité de faire face à ce qui va survenir à l'improviste (et dont vous n'avez pas encore la moindre idée), et vous ne vous surchargez pas en prévoyant un travail qui risque de vous prendre une semaine et demie. Vous avez *planifié l'imprévisible* et vous pouvez envisager le reste de la semaine avec une parfaite lucidité.

En prévoyant les actions à accomplir pendant la semaine et en établissant des priorités, vous simplifiez votre planning quotidien. Par ailleurs les priorités vous apparaissent plus clairement : l'important figure sur votre planning hebdomadaire, ce qui ne l'est pas n'y figure pas ; et vous en décidez une seule fois par semaine. Ce planning vous permet d'envisager les choses dans un contexte plus vaste, donc de juger de manière réaliste le temps que vous pouvez consacrer à divers projets. Chaque tâche est allégée du processus de décision ; que de stress en moins !

Choisir que faire chaque jour devient très facile. Vous regardez simplement sur votre agenda tous les rappels notés, les réunions prévues et le travail planifié pour la semaine ; il vous suffit ensuite de rayer sur votre planning hebdomadaire les tâches que vous avez accomplies dans la journée. La figure 4.2 (p. 152) donne un exemple de planning hebdomadaire.

Prévoyez en fin de semaine un moment pour établir le planning de la semaine suivante, vous gagnerez en efficacité. Vous en profiterez pour réfléchir à ce que vous allez faire, ainsi qu'à la manière de procéder. Prenez le temps, à ce stade, d'envisager l'ensemble du problème d'un point de vue aussi vaste que possible. Si vous avez l'objectif final en tête, vous pourrez analyser ce que vous devez faire, avoir, ou savoir, pour obtenir le résultat souhaité.

Décider dans quel ordre vous allez effectuer différentes tâches ne prend qu'un moment. Si elles figurent sur votre planning hebdomadaire et si vous réalisez votre planning quotidien en fonction de celui-ci, vous

PLAN HEBDOMADAIRE DANS L'AGENDA

Beaucoup estiment plus facile de faire leur plan hebdomadaire directement dans leur agenda. Certains agendas ont des pages spéciales ou des espaces prévus pour ces plans hebdomadaires. Avec les autres agendas, il vous faudra improviser, par exemple en utilisant les espaces du samedi et dimanche pour vos plans hebdomadaires. Pour bien faire vos plans hebdomadaires :

1) **faites la liste des activités importantes de la semaine,**
2) **bloquez-vous des rendez-vous avec vous-même pour les activités les plus importantes qui vous prendront du temps,**
3) **planifiez un temps réaliste pour les imprévus (votre expérience de votre poste devrait vous amener à prévoir le temps approximatif qui vous est pris chaque semaine ou chaque jour par des tâches imprévues),**
4) **pesez vos priorités et faites les choix qui s'imposent,**
5) **déléguez au besoin.**

EXEMPLE DE PLAN HEBDOMADAIRE

	Réunions, RV	Travail bureau	
Lundi 8 9 10 11 12 13 14 15 16	Réunion service Evaluation Paul avec présence de son chef direct Evaluation Virginie	Courrier *Revue des commandes	**Plan hebdomadaire/ Estimation de temps:** Réunion budget, préparation 2h
Mardi 8 9 10 11 12 13 14 15 16	Rv fournisseurs X	Courrier Planifier les opérations	Planifier les opérations 2h RV fournisseur X, préparation 3h Commission Qualité,
Mercredi 8 9 10 11 12 13 14 15 16		Courrier *Plan équipement *Plan équipement	préparation 1h Entretiens d'évaluation 4h Contrôle des méthodes 2h
Jeudi 8 9 10 11 12 13 14 15 16	Visite d'usine client Y Commission Qualité Evaluation Valérie Evaluation Vincent	Courrier	Plan d'équipement 4h Emploi du temps vacances 1/2h Stratégie client Y 1/2h Planifier projet C 1h
Vendredi 8 9 10 11 12 13 14 15 16	Réunion budget Conférence téléphonique	Courrier *Planification semaine	Résultats du trimestre 1h Revoir rotation des postes 1h
Samedi/Dimanche			**TOTAL 22h**

(* = Rendez-vous avec moi-même)

Figure 4.2. *Exemple de planning hebdomadaire.*

n'avez plus à vous interroger au jour le jour sur ce que vous devez faire et comment. Vous avez répondu à ces questions lorsque vous avez établi votre planning hebdomadaire ! Vous pouvez maintenant vous concentrer sur la tâche en cours et passer à la suivante sans vous poser de problèmes.

Quel que soit l'agenda ou l'outil de planning de votre choix, veillez à ce qu'il ait une fonction vous permettant de visualiser toute la semaine d'un seul coup d'œil. Permettez-moi de vous signaler quelques-unes des solutions possibles aujourd'hui : agendas sur papier, divers logiciels pour ordinateur de bureau, « organiseurs » électroniques. Si toutes les tâches de votre planning hebdomadaire apparaissent simultanément, vous risquez d'autant moins d'oublier des points importants. La figure 4.3 donne un exemple de présentation du planning hebdomadaire (p. 154).

Il est parfois fort avantageux d'envisager votre travail dans un contexte plus large que celui d'une semaine. Un planning mensuel vous donne une vue d'ensemble qui accroît l'efficacité du planning hebdomadaire. On l'établit en regroupant simplement les événements essentiels du mois en cours. (Cf. figure 4.4 : Exemple de présentation du planning mensuel, p. 155.)

Êtes-vous maintenant convaincu de l'intérêt du planning hebdomadaire ? Il vous permet d'avoir une vue d'ensemble de votre travail, de vous organiser et de vous préparer à la semaine suivante. Il vous donne une occasion unique de réfléchir à vos projets, vos objectifs, vos rêves, et de les réaliser par étapes.

Frank Bettger[1] considérait le temps passé à établir son planning hebdomadaire comme « sa journée

---

1. L'auteur de *How I raised Myself from failure to success in sailing* (Simon & Schuster, 1947).

FICHE DE PLANIFICATION HEBDOMADAIRE

Nom : _____   Semaine du _____ au _____

à faire tel jour	à faire cette semaine

(consultez vos dossiers en cours, votre corbeille «en attente», votre agenda, votre système de rappel, etc.)

Lundi

1. _____
2. _____
3. _____
4. _____
5. _____

Mardi

6. _____
7. _____
8. _____
9. _____
10. _____
11. _____
12. _____

Mercredi

13. _____
14. _____
15. _____
16. _____
17. _____
18. _____
19. _____
20. _____

Jeudi

activités imprévues s'ajoutant durant la semaine

1. _____
2. _____
3. _____

Vendredi

4. _____
5. _____
6. _____
7. _____
8. _____
9. _____
10. _____

Figure 4.3. *Exemple de présentation du planning hebdomadaire. Modèle disponible à l'adresse :* http://fr.ibt-pep.com/livres_2.html

FORMATS DE PLANIFICATION MENSUELLE

1) AGENDA

La planification mensuelle vous donne la vision de l'aigle, c'est-à-dire une vision globale qui vous aide à rendre plus efficaces vos planifications hebdomadaires. Il vous suffit habituellement de bloquer sur votre agenda les événements-clés du mois à venir.

D	L	M	M	J	V	S
	◄ Visite aux responsables régionaux ► **1**	**2**	**3**	Échéance du projet A **4**	Remettre le rapport mensuel **5**	**6**
7	**8**	**9**	Réunion de direction **10**	Projet B, étape A **11**	Remettre les propositions budgétaires **12**	**13**
14	Remettre les évaluations **15**	**16**	Échéance du projet C **17**	◄ Voyage, réunion nationale **18**	**19**	► **20**
◄ Voyage ► **21**	**22**	◄ Formation qualité **23**	**24**	► **25**	**26**	**27**
28	**29**	Projet D, étape A **30**				

2) REPRÉSENTATION EN BARRES

Un tableau en barres montre quand vous pouvez commencer à travailler sur une activité et quand vous devez l'avoir terminée. Si vous travaillez sur plusieurs projets simultanément, il peut mettre en évidence les périodes potentiellement conflictuelles, et vous serez ainsi mieux alerté pour y trouver une parade quand vous ferez vos planifications hebdomadaires.

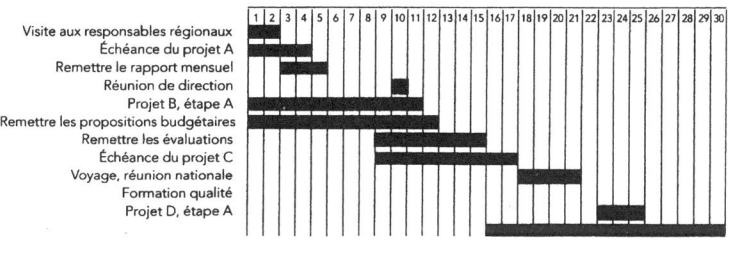

Figure 4.4. *Exemple de présentation du planning mensuel.*

d'organisation personnelle » : « Je suis surpris par toute la besogne que je peux abattre quand je prends le temps de m'organiser, et je m'étonne de mon manque d'efficacité quand je n'ai pas planifié mon travail. J'aime mieux me concentrer quatre jours et demi par semaine sur un programme qui me permet d'atteindre mon but que travailler sur une plus longue durée sans obtenir de résultat. »

Muscler son agenda :
un processus de planification mensuelle
destiné aux cadres et dirigeants

Mon ami et collègue Jay Hurwitz travaille avec les cadres dirigeants des plus grosses entreprises britanniques et a conçu un processus de planification très efficace qu'il a baptisé « Muscler son agenda ». Dans le cadre de leur planification, il demande aux cadres de réviser leur agenda une fois par mois, généralement au milieu du mois précédent. La planification mensuelle est plus appropriée pour les cadres dirigeants car leurs rendez-vous importants sont prévus assez longtemps à l'avance et ils sont moins affectés par les problèmes d'exploitation quotidiens qui surviennent de manière imprévisible.

1. Prenez une feuille de papier blanche et dressez un tableau à trois colonnes comme celui-ci :

Actions	Maintenant	Futur

2. Répertoriez jusqu'à huit actions générales qui prennent 100 % de votre temps. Par exemple :

- Réunions avec l'équipe de direction
- Gestion des collaborateurs directs
- Questions concernant le personnel
- Budgets
- Voyages, visites de filiales, visites à des clients.
- Corbeille
- Projets
- Divers

3. Une fois que vous avez répertorié ces actions générales, estimez le pourcentage de temps que vous prend chaque catégorie. Indiquez ces pourcentages dans la colonne « Maintenant ». Ne vous inquiétez pas si vos estimations ne donnent pas exactement 100 % au début, notez simplement ce que vous sentez. Ensuite, ajustez-les pour obtenir exactement 100 %.

4. Demandez-vous s'il y a certains aspects de votre travail que vous ne faites pas, que vous devriez faire et qui ne figurent pas sur votre liste (par exemple, temps de réflexion, temps d'étude, temps de planification). Ajoutez-les.

5. Imaginez comment vous voudriez idéalement passer votre temps à l'avenir.
- Par exemple, si vous avez ajouté une action dans l'étape 4. Quel pourcentage de votre temps souhaiteriez-vous y consacrer ? Notez-le dans la colonne « Futur ».
- Prenez chaque action et notez un pourcentage dans la colonne « Futur » pour chacune.
- Soyez réaliste. Si les réunions de l'équipe de direction vous prennent 25 % de votre temps et que vous notez 0 % dans la colonne « Futur », vous ne faites pas preuve de réalisme. Le fait d'assister à ces réunions ne dépend probablement pas de vous.

6. Bloquez des plages horaires dans votre agenda au cours du mois suivant (ou pour le mois d'après si votre agenda est déjà complet pour le mois suivant) seulement pour les actions qui ont un pourcentage plus grand dans la colonne « Futur » que dans la colonne « Maintenant ». Ainsi, vous réservez du temps à ces éléments et préparez le terrain pour de véritables changements.

Ne bloquez pas de plages horaires pour toutes vos actions, cela rendrait votre agenda trop rigide et vous empêcherait d'être réactif face aux événements.

Le management de projet

Nous avons déjà traité de la création de dossiers qui devraient donner une image de vos objectifs et de vos projets fondamentaux. Chaque dossier peut représenter des centaines d'heures de travail, réparties sur une longue période. Vaste programme…

Comment mange-t-on un saucisson ? En le découpant en rondelles ! Tout le secret de la productivité est là. Si vous prenez le temps de décomposer les activités longues et complexes en tâches gérables et détaillées – comme le fait le planning stratégique et tactique – vous augmenterez votre productivité personnelle, qu'il s'agisse de buts à long ou à court terme, ou d'objectifs recouvrant de multiples tâches. Je ne saurais trop insister sur l'importance de ce concept, en matière de productivité et de réalisation des objectifs personnels et professionnels.

Comme l'enseignait Esope : « Un long chemin se parcourt pas à pas. »

En général, nous avons une idée approximative de ce que nous devons faire. Mais je sais par expérience que nous passons un temps infini à réfléchir à nos besoins et à la manière de procéder. Nous nous soucions souvent de détails sans conséquences réelles.

Le management de projet consiste à créer des story-boards pour chacun de nos objectifs personnels ou professionnels. Au sens large du terme, cette méthode nous est familière. Le budget annuel d'une société et les buts fixés en fonction de celui-ci en sont une illustration, de même que la préproduction d'un film. En fait, le budget et la préproduction se composent de nombreux projets juxtaposés. Tous les objectifs, personnels et professionnels, que nous poursuivons chaque jour et toutes nos actions individuelles, orientées dans ce sens, relèvent du management de projet. J'apprécie particulièrement la définition qu'en donne mon collègue britannique, Ron Hopkins : « Une série d'actions ponctuelles, reliées les unes aux autres et qui, une fois accomplies dans leur totalité, entraînent le résultat spécifique envisagé. »

Chacun de vos buts et de vos objectifs devrait reposer sur un plan d'action de projet.

Cet équivalent du story-board est un ensemble d'images mentales claires de chacune des actions spécifiques qui vous permettront de vous approcher pas à pas du but visé. Sa conception vous incite à envisager la meilleure manière de procéder, l'ordre le plus logique, les ressources et le temps nécessaires, les personnes avec qui vous allez travailler – en tenant compte de vos autres projets et activités.

S'ils sont complets, vos dossiers de travail reflètent tous vos objectifs. À chaque dossier devrait correspondre un plan d'action du projet indiquant les délais des tâches à accomplir et la personne responsable. Vous ferez le nécessaire pour réaliser vos objectifs, car vous les aurez visualisés clairement et vous aurez analysé le travail à fournir. Si les tâches sont définies avec précision, chacune d'elles pourra s'effectuer en un temps limité et constituera une étape vous rapprochant du but poursuivi.

Au moment d'établir votre planning hebdomadaire, passez en revue tous les plans d'action de vos dossiers en cours et choisissez les tâches à accomplir dans la semaine. Inutile de réfléchir une fois de plus à la manière de procéder ; c'est chose faite ! Votre planning hebdomadaire est un processus efficace et rapide, qui répond parfaitement à sa mission.

Permettez-moi d'illustrer mes propos par un exemple. Rien ne me semble plus valable qu'un effort régulier et soutenu en vue d'une amélioration personnelle. Dans cette optique, de nombreuses sociétés procèdent à une analyse annuelle ou semestrielle de la performance de chaque employé. Il me semble donc logique que vous ayez, parmi vos dossiers de travail, un dossier intitulé « bilan de performance ». Celui-ci renferme le dernier compte rendu à votre sujet, avec un avis de votre supérieur hiérarchique sur ce que vous devez faire l'année suivante pour vous améliorer. Vous en avez discuté avec lui et vous lui avez donné votre accord de principe.

Mais ce n'est pas tout : votre bilan de performance devrait contenir aussi la liste des tâches qui vous permettront de réaliser les progrès prévus. Vous avez l'intention de prendre certaines initiatives : lire des livres ou assister à des séminaires. Vous pouvez aussi établir une liste de contrôle, à consulter chaque jour ou chaque semaine pour ne pas relâcher vos efforts.

Passez cette liste en revue avec la plus grande attention, en vous demandant chaque fois ce que vous avez fait, au cours de la semaine ou de la journée, pour remédier à l'un de vos points faibles. Demandez-vous aussi ce que vous pourriez faire de plus. Reportez-vous à la page de la semaine suivante, dans votre agenda, et sélectionnez parmi les tâches figurant déjà sur votre planification celles qui vous permettront d'aller dans le sens de votre projet à développement personnel.

La figure 4.5 donne un exemple de plan d'action pour un projet.

Critères du management de projet

Voici quelques critères permettant de déterminer si le travail que vous devez entreprendre relève du management de projet.

Le projet :

- Présente une certaine complexité.
- Paraît difficile.
- Implique plusieurs participants.
- Est nouveau pour vous.
- Impose des délais critiques.
- Oblige à affronter les changements.

La conception de projet

Vous devez parfois réfléchir à l'élaboration d'un projet avant d'envisager sa réalisation. Dans ce cas, la conception de projet vous aidera à identifier les points critiques (cf. figure 4.6) ; elle fera éclore spontanément des idées pertinentes et des pensées qui n'auraient jamais vu le jour en d'autres circonstances.

Ses principaux fondements sont :

- Un « brain-storming » sur tous les éléments de la tâche en question.

PLAN D'ACTION POUR UN PROJET

Il est habituel de faire des plans dans sa tête. Dans de nombreuses situations, il est préférable de faire un plan d'action écrit pour vos projets.

Rédiger un plan d'action pour un projet, c'est détailler les actions à mener pour atteindre l'objectif avec les critères de qualité retenus et dans les délais. Vous le découperez en actions se succédant dans le bon ordre chronologique, vous préciserez quand elles doivent être faites et par qui.

EXEMPLE DE PLAN D'ACTION POUR UN PROJET

Titre du projet : Manuel des procédures administratives

Objectif : Améliorer et rédiger les procédures administratives qui auront l'accord de la direction et du personnel d'ici la fin du semestre.

Actions	Estimation en heures	Qui	Date limite	Date de réalisation
1. Collecter les procédures existantes	2	Assistant	15 janv.	
2. Créer une commission de travail qui révisera les procédures existantes et évaluera les changements nécessaires pour améliorer et simplifier	4	Moi	20 janv.	
3. La commission de travail révise les procédures et soumet ses recommandations	*	Commission	5 fév	
4. Lire et faire une synthèse des recommandations	3	Moi	15 fév	
5. Faire réviser par le conseiller juridique		Conseiller	20 fév.	
6. Faire circuler la première ébauche pour obtenir les commentaires des directeurs		Directeurs	1 mars	
7. Faire l'édition finale	3	Moi	15 mars	
8. Coordonner et superviser la production	*	Assistant	25 mars	
9. Rédiger le plan d'action d'une campagne R.P. interne qui encouragera à en faire usage	1	Moi	30 mars	
10. Distribuer le manuel	2	Assistant	15 avril	

Date d'échéance : 1 mai

* Ceux qui ont une tâche assignée devrait développer leur propre plan d'action pour détailler les actions nécessaires.
1 Planifier est plus facile sur un ordinateur parce qu'il est plus aisé de changer l'ordre des actions ou de faire les adaptations nécessaires.
2 Après avoir écrit toutes les actions, inscrivez les dates limites. Vous pouvez avoir à établir le calendrier de manière rétroactive, c'est-à-dire en partant de la date imposée d'échéance et en remontant vers la date actuelle pour préciser les étapes.
3 Faites des copies du plan d'action et surligner de manière évidente pour chacun les tâches qui lui sont déléguées dans ce plan.
4 Encouragez les personnes à qui vous déléguez à faire leur propre plan d'action détaillé pour les parties du plan placées sous leur responsabilité.

Figure 4.5. *Exemple de plan d'action pour un projet.*
Modèle disponible à l'adresse : http://fr.ibt-pep.com/livres_2.html

DRESSER LA CARTE D'ORGANISATION

Dresser la carte d'organisation est un outil qui permet aux idées pertinentes pour atteindre l'objectif de faire surface dans un processus qui se déroule librement. C'est un excellent outil pour les esprits créatifs à l'étroit dans une démarche de planification linéaire. C'est un outil tout aussi intéressant pour les esprits linéaires qui peuvent profiter d'une exploration créative de différents points de vue avant de se lancer dans l'action.

Les éléments clés pour faire la carte de son projet sont :

- pratiquer le brainstorming au sujet de tous les éléments du projet
- identifier les éléments-clés pour atteindre le succès
- grouper les idées en catégories
- incorporer le tout dans un plan d'action précis et efficace

STRUCTURE DE DÉCOUPAGE DU PROJET

Les projets complexes ont souvent besoin d'être découpés en leurs principales composantes. Une fois qu'elles sont identifiées, vous pouvez rechercher toutes les tâches et sous-tâches à mettre en oeuvre pour chaque composante du projet. Vous êtes ensuite prêt pour rédiger le plan d'action.

CARTE D'ORGANISATION

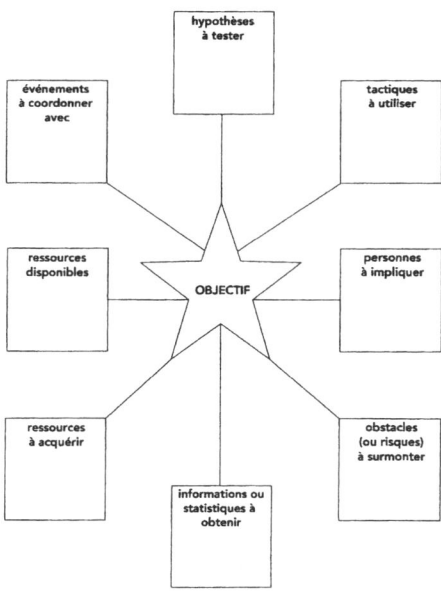

Figure 4.6. *La conception de projet.*

- L'identification de tous les facteurs clés du succès.
- La structuration des idées.
- L'incorporation de celles-ci à un plan d'action.

Le planning sur ordinateur

J'effectue mon planning sur un ordinateur. Pour cela, j'utilise un logiciel Lotus et j'ai conçu une application appelée « PEP planner for Windows », qui permet de réaliser facilement un plan d'action. Tous les formulaires que j'utilise, ainsi que mes formats préférés, figurent sur une macro-commande : il me suffit de quelques simples frappes pour voir apparaître ce que j'ai à faire et les informations correspondantes sous de nombreux angles différents.

Si j'ajoute une tâche supplémentaire à un plan d'action, en indiquant la date et le nom de la personne responsable, cette information apparaît automatiquement sur mon planning. Bien que je la note une seule fois, j'ai la possibilité de la retrouver de plusieurs manières différentes : en liaison avec la date, la désignation d'un projet, le nom de la personne responsable – ou quelque autre critère m'intéressant à un moment donné.

J'établis rapidement mes plannings hebdomadaires, et une fonction de mon ordinateur met en évidence les tâches à réaliser au cours de la semaine.

Le planning de groupe réalisé à l'aide de l'ordinateur, est une solution d'avenir. Inutile d'insister sur le temps perdu lors des réunions, pourtant inévitables aujourd'hui ! Nous disposons heureusement de moyens peu coûteux d'assurer la liaison entre des groupes (où qu'ils soient dans le monde) et de discuter ou de suivre des projets grâce à l'ordinateur. J'ai conçu une application PEP de *groupware* (travail coopératif à distance) pour faciliter cette tâche. Le paradigme des réunions est peut-être en train de passer de mode. De nouvelles méthodes apparaissent et l'avenir nous réserve des surprises spectaculaires.

Certains d'entre vous se braquent déjà à l'idée d'utiliser leur ordinateur pour planifier et gérer leur travail de groupe ou individuel. Objectivement, vous n'avez guère le choix. L'utilisation d'un ordinateur est une question de vie ou de mort, sur le plan professionnel, dans les années futures. Apprenez à considérer les ordinateurs comme des outils, au même titre qu'un stylo ou un crayon : on ne peut plus s'en passer pour gérer, contrôler et produire !

La technologie ayant de profondes répercussions sur le plan professionnel, vous admettez sans peine qu'il n'est pas possible d'en mesurer les effets dans votre branche sans en faire usage. Eh bien, appliquez-la aussi à votre planning ; non seulement vous améliorerez celui-ci sur le plan qualitatif et quantitatif, mais vous trouverez de nouveaux moyens de tirer partie de la technologie dans votre entreprise.

Pourquoi se donner tant de peine ? Pour réussir, évidemment ! Dans son livre [1], Napoleon Hill étudie la personnalité d'Andrew Carnegie, d'Henry Ford et d'autres hommes de leur trempe. L'un des points communs à tous ces « gagnants » est leur sens aigu de la planification. Chacun d'eux savait ce qu'il voulait, prenait le temps de réfléchir aux méthodes appropriées, et mettait tout en œuvre pour arriver à ses fins. Nous devrions méditer leur exemple.

---

1. Napoleon Hill, *Réfléchissez et devenez riche*, éd. Jour, 1988.

Le planning stratégique

Grâce à votre planning quotidien et hebdomadaire, vous avez mis au point une tactique permettant de passer à l'action. Mais une question demeure : faites-vous réellement ce qu'il faut ? Avez-vous choisi les bons objectifs ? Avez-vous une vision à long terme ? Vos projets sont-ils fondés sur une appréciation correcte du but à poursuivre ? Vos efforts vous permettront-ils d'arriver à vos fins avec un maximum d'efficacité et de productivité ? Avez-vous des ressources suffisantes pour réaliser des projets d'une telle envergure ou devriez-vous les utiliser plus raisonnablement ?

La stratégie est affaire de buts. Où est l'important pour votre entreprise et pour vous ? Sans une vision claire et à long terme, ce que vous faites – en un jour, une année ou au cours de votre vie entière – peut être stérile et sans valeur.

Vos efforts doivent porter sur ce qui le mérite. J'ai été consulté par des centaines d'entreprises au cours de ces dernières années : plus d'une appliquait une stratégie, mais la plupart des employés l'ignoraient. En définissant des stratégies et en les faisant connaître, on permet aux membres du personnel de mieux aligner leurs actions individuelles sur les grands objectifs du groupe.

Comment définir une stratégie ? On pourrait écrire un livre entier à ce sujet. Fixez-vous d'abord les buts que vous souhaitez atteindre, en fonction de votre vision d'ensemble et des besoins de votre clientèle. (Nous reviendrons sur ce point dans les paragraphes suivants intitulés *la fixation des objectifs et définir ses valeurs*.) Où en êtes-vous maintenant par rapport à ces buts ? Comment parvenir de ce que vous avez déjà atteint à l'objectif que vous vous êtes fixé ? De quelles ressources disposez-vous en matière de trésorerie, de personnel, de temps, de connaissances, d'expérience, de contacts pouvant vous aider à résoudre les problèmes auxquels vous faites face ? Comment tirer parti le mieux possible des ressources existantes ? Donnez-vous une direction à suivre ; examinez les variantes et poussez votre réflexion le plus loin possible.

Dans certaines sociétés, le développement d'une stratégie fait partie des prévisions budgétaires annuelles. Cette conception me semble un peu limitée. Certes, les finances ont une importance critique – et décisive. Mais les objectifs financiers et la stratégie de planification permettant de les réaliser ne sont qu'un élément du processus. Si vous établissez un lien aussi étroit entre le planning stratégique et la fixation du budget, vous risquez de sous-estimer l'importance du rapport entre ce planning et d'autres domaines d'activité de l'entreprise.

La planification stratégique est, selon moi, un outil précieux à tous les niveaux professionnels. À chaque but et à chaque objectif devrait correspondre une stratégie en vue de sa réalisation. La stratégie globale devrait guider chaque individu dans le développement de ses stratégies individuelles. Lorsqu'une bonne stratégie est en place, on n'a aucun mal à fixer des priorités. Il devient aussi plus facile de savoir quels dossiers créer et dans quels cas un plan d'action est nécessaire.

Une question se pose maintenant : dans quel sens orienter votre stratégie ?

Comme le disait Sénèque : « Il n'y a pas de vent favorable pour celui qui ne connaît pas son port. »

Les objectifs

Les stratégies reposent sur des buts. Si vous ne vous êtes pas fixé d'objectifs ultimes (buts), comment pouvez-vous savoir si une stratégie est appropriée ou non ?

On peut définir les buts comme des objectifs généraux. Ceux-ci peuvent différer. On peut par exemple avoir pour but d'intégrer l'équipe de tennis du lycée mais cela n'a pas la même portée que de vouloir contribuer au progrès de l'humanité en découvrant la cause du cancer. Nous couvrirons dans les sections ultérieures le sujet de ces buts ultimes, ces objectifs qui donnent un but et un sens à sa vie.

Il est important d'avoir un but car cela permet de concentrer son attention et d'augmenter sa concentration, d'être donc plus productifs et de faire plus de choses importantes.

Les buts doivent être bien définis, de préférence par écrit car cela oblige à clarifier ses pensées.

Identifier et fixer des buts fait partie intégrante du processus de planification du PEP. Si vous êtes commercial, vous vous êtes sans doute fixé comme but d'atteindre un certain niveau de commission mais vous en avez peut-être d'autres comme par exemple, devenir directeur commercial, être dans le 1 % des meilleurs vendeurs, etc. Chaque but devra être identifié, une stratégie conçue, des plans d'actions formulés et un suivi quotidien et hebdomadaire assuré.

Vous jouez sans doute plusieurs rôles au sein de votre travail. Directeur du marketing, président du comité de crédit, membre des commissions X, Y, Z, directeur d'équipe, sont autant de rôles qui peuvent vous incomber dans votre vie professionnelle. Chacun suppose un ensemble de buts particuliers. À voir combien de buts entrent en jeu, on comprend aisément pourquoi il est difficile de les atteindre, surtout quand on ignore le processus ou les méthodes indispensables au succès.

Identifiez les différents rôles que vous jouez dans votre travail et définissez vos buts pour chaque rôle (éclaircissez ces buts avec ceux avec et pour qui vous travaillez).

> « Le plus grand danger pour la plupart d'entre nous n'est pas que notre but soit trop élevé et que nous le manquions mais qu'il soit trop bas et que nous l'atteignions. »
>
> *Michel-Ange*

Les objectifs personnels

Nous avons tous entendu quelqu'un rêver à haute voix, pendant des années, de tout abandonner pour s'installer à Tahiti. Ce genre de projet n'est jamais mis à exécution, faute de temps et de moyens financiers. Bien des gens, hélas, sont ainsi ! Leur vie s'écoule sans qu'ils aient la possibilité de réaliser leurs rêves.

Il ne suffit pas de rêver ; encore faut-il savoir comment réaliser ses rêves. Cette évasion à Tahiti était peut-être trop utopique pour se concrétiser – elle n'est jamais devenue un but précis, avec des objectifs fixés dans un cadre temporel.

L'épanouissement personnel dépend en grande partie des buts que nous nous sommes fixés et des efforts que nous mettons en œuvre pour les atteindre.

Dans mon travail, je constate souvent que les gens se fixent le plus souvent des buts professionnels soit parce que leur patron le leur impose, soit parce que l'expérience leur a appris que s'ils n'ont pas une idée claire de ce qu'ils doivent accomplir dans leur travail, ils n'arriveront pas à faire ce pour quoi ils sont payés. Cependant, ils n'appliquent pas la même discipline à leur vie personnelle, ce qui est dommage car il n'y a pas que le travail dans la vie.

Pour clarifier vos buts personnels, appliquez ce que suggère Stephen Covey dans son livre *Les sept habitudes des gens efficaces* (Coffragants, 2001), et définissez vos rôles au niveau personnel : mère, sœur, femme, présidente de l'association des parents d'élèves, artiste, meilleure amie, etc. Chacun de ses rôles a un ou plusieurs buts inhérents : certains revêtent plus d'importance que d'autres, certains sont à court terme, d'autres sont les buts de toute une vie. Une fois que vous engagez ce processus, vous réalisez que la vie est assez complexe. Ne serait-ce que le simple fait de répertorier ces buts est une réussite, sans compter les centaines de détails qui rentrent en jeu.

Personnels ou professionnels, nos buts fonctionnent comme des signaux lumineux. Ils mettent en lumière nos objectifs fondamentaux et ils nous donnent des raisons de concevoir des stratégies. Mais nous avons besoin de savoir qu'ils sont importants et significatifs.

Que sont nos buts, sinon le reflet de nos valeurs ?

La définition des valeurs

Si la plupart des entreprises sont tournées vers le profit, le succès à long terme ne se limite pas à la poursuite de ce but. Vous pouvez, par exemple, augmenter vos marges bénéficiaires en renonçant à investir et en réduisant les prix de revient au détriment de la qualité ; mais de telles méthodes risquent d'avoir des résultats catastrophiques.

Le patron d'une entreprise a pour mission de définir ses valeurs. Ce n'est pas une question de relations publiques, mais une démarche stratégique sérieuse. Comment se justifie l'existence de l'entreprise ? À quels principes se réfère-t-elle ? Quelles sont ses valeurs fondamentales ? Quelle est votre vision de son développement ? Une société définit souvent ses desseins et ses principes dans une déclaration d'intentions d'une page, où elle invite ses employés à développer les objectifs.

En tant que manager, vous pouvez réunir votre équipe de responsables afin de cerner les problèmes essentiels rencontrés par votre département (votre groupe ou votre entreprise), les objectifs visés dans les années à venir et les obstacles prévisibles. Vous attendrez de meilleurs résultats en faisant participer toute votre équipe à cette opération. Le résultat final sera un accord sur les principales questions à traiter afin que l'entreprise atteigne le but qu'elle s'est fixé.

Les valeurs personnelles

Tout être humain se pose des questions fondamentales concernant le sens de sa vie…

Si vous avez adopté des principes – un idéal que vous jugez supérieur à tout autre – votre but dans l'existence devient d'autant plus clair. En connaissant vos valeurs, vous pouvez alors vous fixer des objectifs. Ces derniers auront un véritable sens, car ils vous permettront de réaliser ce qui compte pour vous.

Charles R. Hobbs, l'auteur de *Time Power* insiste sur la force exceptionnelle que donne cette conception de l'existence : « Lorsque vous agissez en conformité avec vos croyances, et que vous croyez en des vérités d'un niveau supérieur, vous atteignez la forme la plus gratifiante de productivité personnelle et la forme la plus satisfaisante de respect de soi [1]. »

---

1. Harper & Row, 1987.

Une fois que vous avez fixé vos priorités essentielles, vous pourrez acquérir le pouvoir de concentration décrit par Hobbs – c'est-à-dire « la capacité de tendre toutes vos forces vers la réalisation de vos priorités ».

Définir ses valeurs n'est pas un exercice facile. Vous lisez ce livre car vous savez ce que vaut le temps : vous souhaitez certainement en faire meilleur usage, le maîtriser davantage... Il est navrant de réaliser, à la fin de sa vie, qu'on est passé à côté de ce qu'on souhaitait être ou faire...

De son expérience en milieu hospitalier, avec des malades en phase terminale, le Dr. Wayne Dyer souligne le fait suivant : jamais personne ne se reproche de ne pas être resté suffisamment au bureau ! Les regrets exprimés concernent le mode de relation aux personnes aimées et le peu de temps passé en leur compagnie.

N'attendez pas la dernière minute pour découvrir que vous avez consacré l'essentiel de votre vie à des activités qui ne présentaient pas un intérêt majeur pour vous. Dès maintenant, analysez vos buts, vos croyances et vos principes de conduite, et assurez-vous que vous œuvrez dans ce sens.

Presque tout le monde aspire au bonheur. Mais comment y parvenir ? Le bonheur est un sous-produit d'une vie ayant un but et un sens. En vous fixant des buts fondés sur vos valeurs, vous donnez un sens à votre vie. Paradoxalement, le simple fait de tout mettre en œuvre pour réaliser ce qui compte pour vous, confère à votre but une importance relative ; il suffit de vous en approcher pour vous procurer du bonheur ! Les actions les plus banales deviennent supportables et agréables dans la mesure où elles tendent vers le but poursuivi.

Si vous voulez vous consacrer à l'essentiel, il faut vous efforcer de gérer avec sagesse votre temps et de déterminer :

• Vos valeurs fondamentales.
• Les principes auxquels vous souhaitez vous conformer.
• Votre mission dans la vie.

La visualisation

Vous vous êtes certainement familiarisé avec le concept de visualisation des résultats désirés, avant leur accomplissement réel. Les athlètes utilisent cette technique depuis des années ! Visualiser signifie que vous vous imaginez en train de franchir la ligne d'arrivée ou de réaliser un plongeon parfait. Tout se passe au ralenti et vous avez une conscience claire de l'événement. Vous vous voyez marquant le panier qui permettra à votre équipe de remporter la victoire, juste au moment où retentit le coup de sifflet final. Le psychologue Charles Garfield a passé des années à étudier des centaines d'athlètes mondialement connus. Dans *Peak Performance : Mental Training Techniques of the Worlds Greatest Artists*, il écrit : « Tous les athlètes de haut niveau que j'ai rencontrés affirment qu'ils procèdent à une sorte de répétition mentale en entraînement comme en compétition [1]. »

Quelle est l'importance de la vision organisationnelle ? Voici le point de vue de Jim Clemmer [2] : « Votre vision organisationnelle joue le rôle d'un aimant. Elle focalise les gens, les événements et les circonstances. On peut aussi la considérer comme une prophétie

1. C. Garfield, *Peak Performance : Mental Training Techniques of the World's Greatest Artists* (Harper & Row, 1987).
2. L'auteur de *Firing on All Cylinders* (Irwin Professional Publishers, 1992).

réalisable : votre personnel fera arriver, souvent inconsciemment, ce qui lui semble devoir arriver. »

Nous avons dit que l'action suppose une représentation claire et nette. Le processus de planning, décrit dans ce chapitre, vous permet d'accéder à cette clarté. Il y a une énorme différence entre rêver d'obtenir quelque chose et visualiser l'obtention de cette chose.

La visualisation suppose une notion plus exacte de ce que vous souhaitez accomplir ; elle vous oblige à considérer votre objectif sous des angles variés. En examinant votre travail sous tous les angles décrits ici, vous parviendrez à vous concentrer sur les points essentiels, dont les conséquences seront les plus avantageuses.

En rêvant et en visualisant – à condition de vous inspirer d'une bonne méthode de planning – vous créez de nouvelles raisons de vouloir ce que vous voyez et votre désir s'accroît. La volonté et le désir contribuent pour beaucoup à la réalisation de ce que vous souhaitez.

Les Japonais sont connus pour la rapidité avec laquelle ils peuvent promouvoir un nouveau produit sur le marché. Ils ont pourtant la réputation d'être lents à prendre des décisions. On a qualifié cela abusivement de recherche du consensus. Certes, les Japonais parviennent à un consensus, mais ils s'efforcent surtout de peser les moindres détails avant de démarrer. Une fois sur leur lancée, ils agissent avec une rapidité déconcertante.

Vous devez effectuer cette démarche d'un bout à l'autre si vous souhaitez agir avec un maximum d'efficacité. Le processus de planning vous incite à envisager votre travail sous tous ses angles. Vous analysez les composantes de votre objectif, et vous vous placez à des points de vue que vous auriez peut-être négligés si vous n'aviez pas procédé à un planning approfondi.

Cet indispensable planning exige une bonne organisation. Cependant, bien que temps et efforts soient nécessaires, vous devez passer la majeure partie de votre temps à réaliser vos actions plutôt qu'à les planifier. Lorsque vous apprendrez à planifier avec une parfaite efficacité, vous découvrirez que vous passez une partie de vos journées à visualiser vos buts, et, mieux encore, à les actualiser grâce à ce processus.

En résumé

1. Pratiquez une planification quotidienne et hebdomadaire. Lorsque vous aurez un peu d'entraînement, l'analyse hebdomadaire de votre travail de la semaine suivante vous prendra de deux à quatre heures le vendredi, selon vos responsabilités, et sans doute moins si vous utilisez un ordinateur. Consacrez environ dix minutes chaque matin à votre planning quotidien et prévoyez l'exécution de votre travail au cours de la journée. Votre planification quotidienne sera grandement simplifiée si vous travaillez à partir d'une vue d'ensemble de votre planning hebdomadaire et si vous établissez votre liste de tâches quotidiennes à partir de celles visant un objectif plus large.

2. Votre planning d'action hebdomadaire suppose que vous passiez en revue toutes vos sources de travail. Établissez des priorités parmi les éléments dont vous disposez et planifiez votre semaine. Pour éliminer les sources multiples, regroupez en une seule liste toutes vos notes non classées. À l'aide de ces dernières ainsi que des différents documents figurant dans votre échéancier et dans votre corbeille en attente, concevez votre liste hebdomadaire.

3. Pensez à prévoir, dans votre planning, un temps suffisant pour le travail imprévu et non identifié.

4. Pensez à définir les objectifs clés à réaliser. Décomposez ces objectifs en petites tâches. Une fois par semaine, passez-les en revue et intégrez-les à votre planning hebdomadaire. Ces projets devraient figurer parmi vos sources de travail présentées au paragraphe 2.

5. Définissez ce qui est important à long terme pour votre entreprise. Quel objectif fixez-vous à celle-ci (ou au secteur dont vous êtes responsable) dans les années futures ? Vous pouvez inviter votre personnel à participer à cette réflexion. Sur cette base, précisez (par écrit) les buts à poursuivre pendant une certaine période.

6. Créez un dossier de travail pour chacun de vos buts.

7. Concevez une stratégie pour leur réalisation.

8. Rédigez des plans de projet précisant la tactique à adopter dans le cadre de chaque stratégie.

9. Pratiquez l'introspection. Quelles sont les valeurs les plus importantes à vos yeux ? Stephen Covey suggère de s'imaginer à son propre enterrement. Qu'aimeriez-vous que l'on dise de vous dans votre oraison funèbre ? Dans votre vie, qu'avez-vous fait dont vous êtes le plus fier ? Et qu'aimeriez-vous avoir accompli ?

10. Avoir un but dans la vie, c'est lui donner un sens. Quel est votre but dans la vie ? Si vous ne le savez pas ou qu'il n'est pas clair, essayez de l'identifier. Ce travail est pour certains le travail de toute une vie.

11. Définissez les buts immédiats qui contribuent le plus à votre but dans la vie.

12. Appliquez les principes de planification du PEP à ces buts :
• Stratégie
• Plans d'action
• Temps pour une planification hebdomadaire / mensuelle
• Plans quotidiens

Bonne chance !

CHAPITRE 5

COMMENT TENIR LE CAP ?

> « Lorsque vous approfondissez le sens du mot "réussir", vous découvrez qu'il signifie simplement aller jusqu'au bout. »
>
> *F.W. Nichol*

Objectifs
• **Apprendre que la persévérance est un facteur clé du succès dans la vie personnelle et professionnelle.**
• **Comment mettre en place les systèmes qui vous aideront à vous souvenir des détails.**
• **Comment utiliser un agenda et d'autres outils vous permettant de tenir le cap.**
• **Comment pratiquer efficacement la délégation. Il n'y a pas de limite à la croissance si vous obtenez le soutien des autres.**

Nous avons traité, au chapitre 4, de la nécessité d'une planification efficace pour quiconque désire réaliser ses objectifs. Un planning donne la clarté d'esprit sans laquelle l'action est impossible. Mais votre succès et votre efficacité dépendent essentiellement de votre aptitude à tenir le cap.

La persévérance

Il s'agit de « s'accrocher » au sens littéral du terme – ou presque. Les choses se font, les objectifs se réalisent, la plupart du temps parce que quelqu'un a eu la volonté d'atteindre son but. Calvin Coolidge, qui fut président des États-Unis a dit : « Rien au monde ne vaut la persévérance. Ni le talent (on rencontre couramment des hommes de talent qui n'ont pas réussi), ni le génie (les génies méconnus sont légion), ni l'instruction (elle n'a jamais empêché personne de devenir une épave) ! Seules la volonté et la persévérance sont toutes puissantes. »

Votre expérience confirme certainement ce point de vue : vos désirs se réalisent lorsque vous avez persévéré jusqu'à leur accomplissement. Napoleon Hill [1] résume parfaitement les rapports entre l'organisation et la persévérance : « La majorité des hommes, écrit-il, échouent en raison de leur manque de persévérance à concevoir de nouveaux plans pour remplacer ceux qui ont échoué. »

Le secret du succès professionnel est là ! Sachez ce que vous voulez ; planifiez les moyens d'y parvenir ; calquez votre action sur vos plans ; tenez bon, ou concevez de nouveaux plans plus efficaces ; acharnez-vous jusqu'à la réussite finale. Votre succès sera fonction de la manière dont vous vous êtes organisé.

En adoptant le Programme d'Efficacité Personnalisé, vous avez privilégié l'action. Vous appliquez le principe de *l'action immédiate*. Vous avez organisé votre espace de travail et mis en place des systèmes qui

---

1. *Op. cit.*

vous permettent de le garder dans cet état. Vous savez vous fixer des objectifs et concevoir les plans qui vous permettront de les réaliser.

Il va falloir maintenant appliquer ces mêmes principes à la persévérance.

Soulager sa mémoire

La plupart de mes interlocuteurs se flattent de leur aptitude à mémoriser absolument « tout » ce qu'ils doivent faire. Ce petit jeu de l'esprit pouvait se justifier autrefois, mais les temps ont changé. Le rythme de leur vie personnelle et professionnelle et le volume de leurs activités n'ont cessé de croître, les obligeant à retenir mille choses !

Certes, ils se rappellent l'essentiel. Mais, lorsqu'ils bondissent dans leur lit à 3 heures du matin, en se disant : « Je dois m'occuper de ceci ou cela », est-ce le moment le plus opportun ? Cette obligation constante de réfléchir, de planifier, de se souvenir des tâches urgentes, finit par devenir épuisante.

Pour ma part, je ne vois pas l'intérêt, pour les cadres et les managers, de mémoriser les innombrables détails de leur journée de travail ! Ils feraient mieux de tout oublier. Je dis bien « oublier » ! Ce qui leur faut, c'est un système leur permettant de se rappeler tous ces détails, mais seulement au moment opportun.

On m'a raconté qu'Albert Einstein ignorait son propre numéro de téléphone. Si quelqu'un s'en étonnait, il répondait, paraît-il : « À quoi bon me donner la peine de l'apprendre ? Il me suffit de chercher dans l'annuaire ! »

Garder l'esprit libre

Lorsque vous êtes préoccupé, le temps s'écoule à une vitesse vertigineuse. À peine avez-vous commencé votre journée de travail, vous réalisez qu'il est déjà l'heure de déjeuner et vous vous demandez comment la matinée a pu passer si vite. Bien souvent, l'origine de vos soucis est votre volonté de mener à bien les mille et une tâches qui vous incombent. Vous vous efforcez de ne pas vous laisser submerger, *mentalement*. Voilà où mène une mauvaise organisation !

J'ai la certitude que cette préoccupation constante représente un immense gaspillage de temps et d'énergie, qui fait obstacle à la productivité individuelle. C'est un phénomène que nous devons combattre de toutes nos forces si nous voulons maîtriser notre temps, nos efforts et notre vie.

Organiser des systèmes de suivi efficaces

Je trouve souvent le bureau de mes clients couvert de multiples pense-bêtes, en général sous la forme de Post-It collés sur l'écran de l'ordinateur ou dispersés un peu partout. Même si vous êtes un adepte de l'*action immédiate*, il y a toujours des choses que vous ne pouvez pas faire dans l'instant, pour une raison ou une autre. C'est pourquoi vous avez besoin de ces pense-bêtes !

Et pourtant, le fait de les avoir constamment sous les yeux ne favorise ni la concentration, ni la productivité. S'ils demeurent trop longtemps en place, vous finissez par ne même plus les voir. Et si vous vous dites tous les jours, en les apercevant, que vous n'avez toujours pas le temps de vous en occuper, vous prenez l'habitude de reculer devant l'*action immédiate*.

Ayez recours à des systèmes de rappel simples et clairs qui vous permettront de résoudre ce problème et de vous consacrer à des tâches plus importantes.

Le suivi du papier

Puisque l'abus du papier est devenu une nuisance majeure, abordons ce problème en priorité. Vous savez déjà qu'il est possible de déblayer les papiers posés sur votre bureau et de les classer correctement en attendant le moment de les traiter. Vous pouvez utiliser pour cela un échéancier, dans lequel vos documents sont répartis selon les jours du mois (de 1 à 31), ou les mois de l'année (de 1 à 12), en fonction de vos besoins.

Comme nous l'avons suggéré au chapitre 2, inscrivez une simple note de rappel dans votre agenda à la date prévue pour un travail et bloquez le temps nécessaire. Placez votre pense-bête – le document concerné – dans votre échéancier pour qu'il ressorte le jour dit. Rangez aussi dans votre échéancier les documents qui appellent la contribution d'une tierce personne. Par exemple, si vous écrivez à un client dont vous attendez une réponse au bout d'une semaine, un double de votre lettre ou une note de rappel, doit figurer dans l'échéancier ; ainsi, le jour venu, vous saurez que le moment est venu de recontacter votre client. Si vous avez déjà reçu une réponse, elle vous indiquera comment passer à l'étape suivante. En tout cas, votre « pense-bête » vous aura permis d'aller de l'avant.

J'ai connu un homme fort astucieux qui dirigeait avec succès une banque de taille moyenne à l'aide de ce système. Il avait un échéancier numéroté de 1 à 31 et de

1 à 12, qui lui permettait de contrôler toute la gestion de la banque. Il confiait des tâches à des employés ou il leur donnait des directives à exécuter, puis il vérifiait en temps voulu qu'ils avaient rempli leur mission correctement. Chaque fois qu'un pense-bête ressortait, il poursuivait sa démarche.

Utiliser un cahier de bord

Si vous prenez la peine d'inscrire sur votre cahier de bord toutes les petites tâches qui vous incombent, vous pourrez vous dispenser des multiples pense-bêtes dispersés sur votre bureau. Ce bloc est un excellent outil de rappel pour toutes les « broutilles » auxquelles vous échappez difficilement pendant votre journée de travail. Vous pouvez l'utiliser chaque fois que vous vous souvenez brusquement d'une obligation et que vous souhaitez en prendre note, vous noterez les sollicitations qui vous sont faites par téléphone. Si des collègues vous demandent en passant de vérifier certaines choses et de les tenir au courant, votre cahier vous permet d'inscrire leur demande et d'en assurer le suivi.

Je vous conseille d'utiliser un cahier format A 4. Vous y tiendrez le journal de bord de vos activités quotidiennes dans l'ordre chronologique. Penser à inscrire la date du jour. Écrivez en grandes lettres et tirez un trait après chaque inscription, afin de distinguer facilement les tâches les unes des autres. À mesure que vous vous en acquittez, rayez-les d'un grand X. Vous vous rendrez compte ainsi de ce qui a été fait et de ce qui reste à faire.

Je peux vous citer le cas d'un manager qui avait une nette préférence pour cet outil. Il notait tout ce dont il voulait se souvenir dans son cahier de bord personnel, dont il ne se séparait sous aucun prétexte.

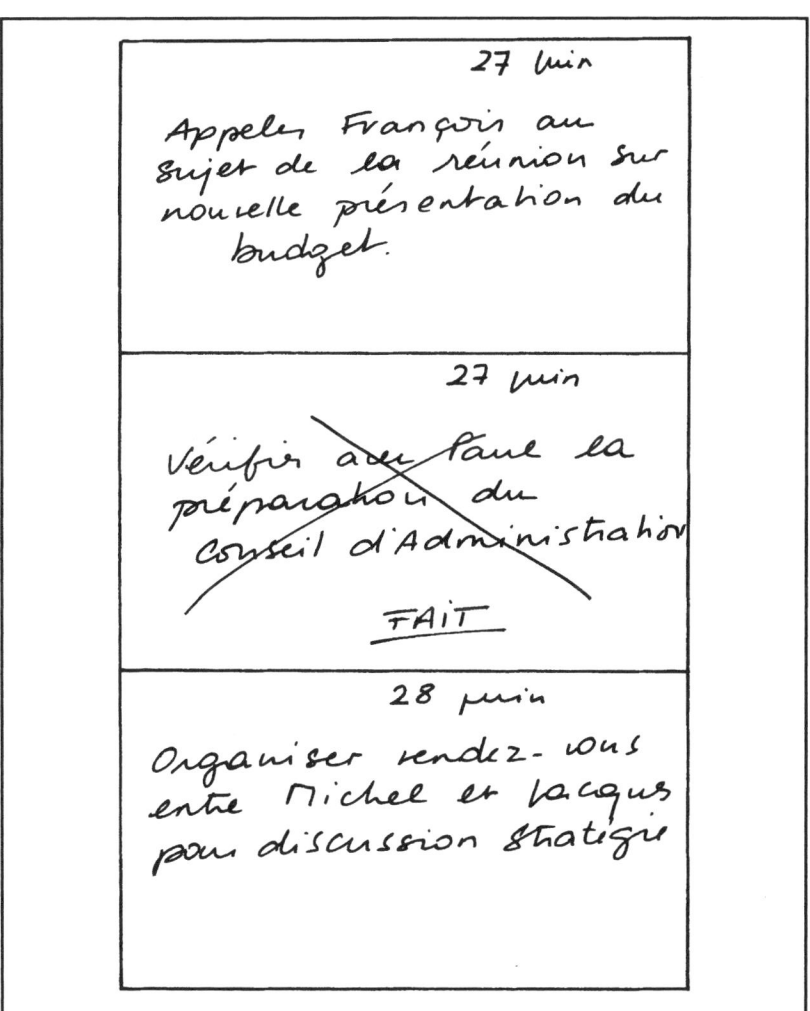

Figure 5.1. *Comment utiliser un cahier de bord.*

L'utilisation d'un cahier de bord comme aide-mémoire peut être une solution efficace, notamment pour le personnel de secrétariat. La plupart des secrétaires avec qui j'ai travaillé y avaient recours.

Tant que vous n'en aurez pas pris l'habitude, je vous recommande de le garder ouvert sur votre bureau. Sinon, vous serez enclin à griffonner sur le premier morceau de papier venu, ce qui n'est guère souhaitable !

Les agendas de bureau

L'utilisation du cahier de bord ne vous dispensera pas de recourir à un agenda de bureau. Il en existe de nombreux sur le marché. Vous avez certainement entendu parler des systèmes Franklin, Filofax, Day-Timers et Time Manager International, entre autres. Chacun d'eux a sa philosophie de la gestion du temps. Ce sont d'excellents instruments pour assurer le suivi de vos affaires. Vous consultez probablement chaque jour votre agenda, donc n'hésitez pas à y noter tout ce que vous voulez garder en mémoire. Étant datés, ils anticipent sur l'avenir, ce qui permet de les utiliser comme une sorte d'échéancier linéaire.

Nos bureaux IBT scandinaves ont mis au point des agendas calqués sur les principes du Programme d'Efficacité Personnalisé. Facilement transportables (dans un sac de petite taille ou dans une poche de costume), ils vous permettent de planifier vos activités et d'organiser votre semaine. Ils proposent de diviser l'agenda en semaines, un répertoire alphabétique pour vos adresses et vos numéros de téléphone, ainsi que diverses informations personnelles.

La règle d'or, lorsque vous choisissez un agenda – qu'il s'agisse d'un grand format présentant de nombreuses sections ou d'un système simple et très maniable – est d'avoir la possibilité de visualiser la semaine d'un seul coup d'œil. Vous multiplierez ainsi vos chances de vous organiser sur une base hebdomadaire, de planifier vos objectifs et d'atteindre le but visé.

Avec le grand format, plus sophistiqué, vous aurez à votre disposition un carnet d'adresses, une section pour vos projets et une autre pour les notes que vous prenez pendant les réunions. Apprenez à utiliser toutes les potentialités de votre agenda. Si vous avez un peu d'imagination et si vous ne vous laissez pas décourager par quelques erreurs inévitables, il vous sera d'une grande aide.

Un bon agenda de bureau vous aide à :
• Vous rappeler vos tâches futures.
• Noter vos rendez-vous.
• Établir des listes de choses à faire ou à prévoir au cours de la semaine.
• Prendre note des échéances importantes.
• Établir des points intermédiaires en fonction des échéances.
• Vous rappeler des anniversaires, vacances et autres événements exceptionnels.
• Prendre des notes pendant les réunions.
• Consigner adresses et numéros de téléphone utiles.
• Avoir accès à certains renseignements divers comme les fuseaux horaires, les indicatifs télépho-niques et les codes postaux.
• Bloquer à l'avance du temps pour réaliser le travail préprogrammé.
• Planifier des activités régulières : rendez-vous hebdomadaires avec vos employés ou traitement quoti-dien de vos messages électroniques et de vos papiers.
• Consigner des informations personnelles : numéros d'assurances, de permis de conduire, de carte grise, etc.
• Organiser vos activités en fonction de vos buts.

La figure 5.2 (p. 189) montre comment utiliser correctement un agenda pour la planification et le suivi des tâches.

L'électronique à votre service

Une meilleure utilisation de votre agenda – ou l'acquisition d'un modèle plus volumineux et plus sophistiqué – est un simple raffinement d'un processus que vous avez sans doute déjà mis en place. Si vous souhaitez procéder à un changement plus radical de votre vie professionnelle, vous pouvez envisager l'emploi de l'un des nombreux systèmes électroniques disponibles sur le marché.

Les progrès de la technologie répondent de plus en plus aux besoins de chaque individu. Il existe des « organiseurs » électroniques de poche, à peine plus grands ou plus lourds qu'un agenda de poche, et pouvant rendre une multitude de services. L'informatique de bureau a atteint aujourd'hui le stade de la miniaturisation !

La petite taille de ces outils peut présenter certains inconvénients. Un « organiseur » électronique miniaturisé a parfois un clavier difficilement maniable ; mais ce problème semble maintenant résolu grâce à l'utilisation d'un mince stylet pour pianoter sur les touches.

Il existe même des ordinateurs de la taille d'un stylo. Le coût de cette nouvelle technologie risque d'être prohibitif pour certains d'entre vous, mais il ne tardera pas à baisser et l'on assistera à un nouveau bond en avant. De ce fait, de beaux jours se préparent pour les « organiseurs » électroniques, qui menaceront la supériorité et la popularité des agendas de bureau.

AGENDAS, PROGRAMMES ET SYSTÈMES DE RAPPEL

Beaucoup de personnes utilisent déjà un agenda, mais pourraient en tirer un bien meilleur profit pour mieux gérer leur temps.

Agendas réactifs

- réunions
- rendez-vous
- jours de congés

Agendas proactifs

montrent aussi :

- programmes
- rendez-vous avec soi-même pour des tâches importantes
- étapes des projets
- échéances
- rappels
- actions de suivi
- temps réservé pour imprévu

Exemple d'agenda proactif

LUNDI	MARDI	MERCREDI	JEUDI	VENDREDI
8.30 courrier	8.30 courrier	8.30 courrier	8.30 courrier	8.30 courrier
9 Réunion d'équipe	9 Projet C * 1 heure	9 Séance avec secrétaire	9 Voyage	9 Séance formation
10 Projet A * 2 heures (* = RV avec moi-même)	10 Entretien recrutement Mme L.	10 Réunion C * Préparation 2 heures		
	14 Présentation client K	13 Réunion B	14 Réunion C	12
12 Repas travail avec Paul et Sylvia	15 Projet E * 2 heures	15 Projet E * 1 heure		
13 Réunion A		17 * Rapport mensuel		
14 Projet B * 1 heure				16 * Planification semaine
17 Echéance Projet A				
A FAIRE	**A FAIRE**	**A FAIRE**	**A FAIRE**	**A FAIRE**
1. Regrouper infos pour réunion C	1. Tél. Marie 2. Contacter David (voir corbeille "Attente")	1. Suivre action R déléguée 2. Demander plan d'action F	1. Suivre actions S et T déléguées	1. Tél. bureaux régionaux 2. Soumettre plan d'action E

Figure 5.2. *Comment utiliser un agenda pour la planification et le suivi des tâches.*

En attendant, nous avons conçu à notre Institute for Business Technology (IBT) une application informatique pour ordinateur de bureau, reposant sur les principes de planification et de suivi prônés dans ce livre. Le « PEP Planner for Windows » apporte une solution à vos problèmes d'organisation personnelle. Son emploi vous aidera à assurer le suivi de vos activités et à vous concentrer sur votre travail au lieu d'être préoccupé à son sujet.

Vous apprécierez la facilité, la souplesse et la vitesse avec laquelle il vous permettra de vous organiser. Les efforts parfois lassants et longs de la planification sur papier vous seront épargnés ! Grâce au PEP Planner for Windows, vous utiliserez votre ordinateur pour prendre des notes rapides, puis pour modifier vos projets selon vos besoins, en pianotant simplement sur quelques touches. Vous visualiserez d'un seul coup d'œil ce qu'exige de vous chaque projet, et vous pourrez facilement déplacer, ajouter ou supprimer certains points, sans avoir à corriger chaque fois la totalité de vos notes, comme vous le feriez avec un simple agenda.

Vous pourrez aussi insérer des rappels de dates, qui ressortiront automatiquement (électroniquement) en temps voulu. Vous aurez les informations les plus utiles, en quelque sorte « au bout des doigts », et vous ne perdrez de vue ni vos rendez-vous, ni vos réunions. Vos dossiers seront en sûreté dans votre ordinateur.

Un atout du PEP Planner for Windows est de permettre un affichage rapide, il vous suffit de cliquer sur la fonction cherchée : calendrier, cahier de bord, planning annuel, contact avec le personnel, affaires en cours, projets, répertoire d'adresses, etc.

Ce type de programme allège vos tâches de planification en regroupant automatiquement les activités avec les mots clés. Au lieu de chercher tel ou tel document dans votre échéancier, vous pouvez retrouver toutes les informations concernant un projet grâce à une fonction de recherche : lorsque vous tapez le nom du projet ou du client concerné, l'ordinateur répond à votre demande.

Vous pouvez alors espérer une bonne gestion de votre temps et de votre travail.

Combiner l'usage du papier et de l'électronique

Tout en étant habituellement favorable à l'adoption de technologies nouvelles, je conçois que l'informatisation ne soit pas toujours adaptée au travail de certaines personnes ou à leurs moyens financiers. Aller à un déjeuner d'affaires avec un ordinateur portable ne s'impose pas. On peut combiner avec succès l'utilisation d'agendas de bureau et d'« organiseurs » électroniques. La plupart des logiciels de gestion de l'information personnelle impriment votre agenda dans pratiquement tous les formats possibles. Lorsque vous allez à un rendez-vous, utilisez de préférence cette solution.

Des « organiseurs » électroniques de poche assez peu coûteux, avec logiciel incorporé, mettent en mémoire les informations personnelles les plus importantes sans présenter les fonctions sophistiquées des ordinateurs de bureau. Ils tiennent facilement dans un sac ou une poche de costume. Parallèlement, vous pouvez conserver un système classique – à base de papier – pour établir vos projets, et avoir tout votre matériel de référence sur votre bureau ou dans votre mallette.

Assistants numériques personnels (PDA) et ordinateurs de poche

Grâce au récent succès rencontré par le Palm Pilot, il ne fait plus aucun doute que les plus petits « organiseurs » ont enfin touché le grand public. Le Palm Pilot a résolu un certain nombre de problèmes rencontrés auparavant avec ce genre d'outils et il peut maintenant, selon le modèle, faire les choses suivantes :

• Être le complément idéal de votre ordinateur portable ou de votre PC (fonctionne avec un logiciel de gestionnaire d'informations personnelles).

• Synchroniser facilement les informations avec votre ordinateur.

• Être un dispositif d'informations complet qui vous donne accès aux dossiers et informations de votre ordinateur.

• Devenir un dispositif de communication. Avec un modem, il peut se connecter au réseau de votre entreprise et envoyer et recevoir des messages électroniques, télécopies et messages téléphoniques.

Aujourd'hui nous disposons d'un outil électronique qui tient dans une poche ou un sac mais qui est assez puissant pour être un outil d'informations à part entière.

J'utilise pour ma part le Palm Pilot et je trouve que c'est un outil merveilleux pour s'organiser.

L'interconnexion informatique des groupes de travail

Avec l'apparition des systèmes de réseau, il est maintenant possible, à des prix abordables, d'interconnecter pratiquement n'importe quel groupe à l'intérieur d'une organisation. Ce qui représentait autrefois un investissement d'un million de dollars est à la portée de la plupart des petits groupes. Toutes les entreprises, ou presque, ont les moyens de se procurer les ordinateurs et les logiciels nécessaires.

La réalisation d'un projet dans le contexte d'un groupe offre de grands avantages. Elle met en œuvre des plans spécifiques pour divers projets impliquant un nombre quelconque d'individus. Ces plans sont applicables simultanément et chaque membre du groupe peut en contrôler ou en observer le déroulement.

En tant que dirigeant d'une entreprise, vous pouvez suivre de multiples projets sans difficulté et garder l'œil sur ceux dont vos subordonnés directs sont responsables. Vous observez le détail des tâches et les délais de réalisation pour l'un de ces projets, ou les multiples tâches de plusieurs projets à la fois. Cela dépend de votre ordinateur et de votre logiciel.

Vous bénéficiez ainsi d'une vue d'ensemble sur le travail accompli par toutes les personnes concernées et sur les priorités d'exécution. Vous avez la possibilité de déceler des problèmes qui vous avaient échappé, ou que vous soupçonniez à peine. Par exemple, si la liste des tâches confiées à plusieurs de vos subordonnés apparaît en colonnes sur votre écran, vous remarquez l'éventuelle surcharge de travail de l'un d'eux et cela vous incite à vérifier le fonctionnement du processus de délégation.

À mesure que se produisent des modifications ou des mises à jour, tous les membres du réseau sont informés automatiquement. Les informations peuvent être appréciées en fonction du temps disponible et des délais. Si quelqu'un tombe malade, on n'aura aucun mal à identifier ses tâches et ses responsabilités, puis à les répartir équitablement entre les autres membres du groupe. Le besoin d'organiser des rencontres entre personnes pour discuter de certains points devient moins contraignant, ce qui accroît le temps de travail effectif.

Les logiciels de groupe

Les logiciels de groupe (groupware) ou collecticiels sont des logiciels conçus pour favoriser le travail collectif des équipes et améliorer :

- La communication entre collègues et organisations.
- La collaboration des équipes.
- La coordination des processus métier et des tâches.
- L'organisation et le partage d'informations.
- La traçabilité et le suivi de plusieurs projets et tâches.

Les logiciels de groupe couvrent plusieurs aspects du processus PEP : le classement des documents, leur organisation, leur récupération, les messages électroniques, les agendas et la planification des projets et tâches. Lotus Notes est sans doute l'application de logiciel de groupe la plus répandue bien qu'il en existe beaucoup d'autres dotées des mêmes fonctionnalités. Pour savoir comment tirer le meilleur parti des logiciels de groupe, reportez-vous à mon livre *The High-Tech Personal Efficiency Program* (John Wiley & Sons, 1997).

L'art de la délégation

La délégation détermine dans une certaine mesure votre efficacité en tant que dirigeant, gestionnaire ou chef d'équipe et vous permet d'assurer un suivi efficace afin de multiplier votre productivité.

Plus vite vous découvrirez la surcharge de travail de l'un de vos collaborateurs (ou la vôtre), plus vous deviendrez efficace, une fois le problème résolu.

Vous risquez de perdre beaucoup de temps si vous cherchez à maîtriser une tâche qui n'est pas dans vos cordes. Déléguer correctement, à la personne ayant les compétences requises, est l'un des talents essentiels d'un bon gestionnaire. Il s'agit de confier une tâche à quelqu'un et de lui donner l'autorité dont il aura besoin, sans pour autant renoncer soi-même à ses responsabilités.

L'une des meilleures sources d'information à ce sujet est le livre de James Jenks et John Kelly, *Don't Do. Delegate !* [1]. Les deux listes suivantes, qui s'en inspirent, opposent les caractéristiques de la délégation efficace à celles de la délégation inefficace.

Le « déléguant » *efficace*	Le « déléguant » *inefficace*
1. Choisit la personne adéquate.	1. Distribue le travail arbitrairement.
2. Délègue immédiatement, pour donner le temps nécessaire à la personne choisie.	2. Délègue à la dernière minute, ce qui est un facteur de crise.
3. Définit clairement l'objectif.	3. Ne précise pas clairement le but visé.
4. Donne toutes les informations nécessaires.	4. Donne des informations minimales et trop rapides.
5. S'assure que la personne a compris.	5. Crée des malentendus en déléguant.
6. Fixe des délais.	6. Demande que tout soit fait dès que possible.
7. Suggère de rédiger un plan de travail.	7. Souhaite que l'équipe se montre efficace.

---

1. Ballantine Books, 1985.

8. Contrôle régulièrement les progrès.
9. Est accessible pour donner des précisions et des avis.
10. Prend ses responsabilités mais reconnaît les mérites de la personne qui s'est chargée du travail.
11. Aide son équipe à progresser en lui confiant de nouvelles responsabilités.

8. Ne procède à aucun contrôle régulier.
9. Intervient au cours du travail.
10. Jette le blâme sur les autres en cas d'échec et s'attribue les mérites si le but est atteint.
11. Ne délègue pas et monopolise les tâches. Fait fonction de goulot d'étranglement.

Une dernière raison, et non la moindre, de pratiquer l'art de la délégation est la suivante : seul un concours extérieur vous permettra d'obtenir un réel succès sur le plan personnel et professionnel. En utilisant les compétences des uns et des autres vous pourrez multiplier votre rendement personnel. Chacun de nous est limité par le temps, par ses capacités et ses connaissances, mais une délégation efficace signifie un potentiel de production illimité !

Quelques nuances

Il est parfois très pénible de surveiller le travail des autres. Par ailleurs, si vous n'exercez pas un contrôle sur vos subordonnés, vous vous exposez souvent à un échec. Vos chances de succès dépendent beaucoup de votre manière de déléguer. Certaines personnes ne sont pas performantes, ne leur déléguez aucune tâche ! Confiez le travail à quelqu'un d'autre ou trouvez une solution différente.

Lorsque je demande de l'aide, j'ai pour principe de choisir une personne déjà occupée. Les gens oisifs le restent, même lorsqu'on leur donne quelque chose à faire. Les gens occupés – s'ils sont efficaces – ont l'habitude de travailler continuellement et régulièrement, c'est à ce type de personnes qu'il faut déléguer ! Henry Kissinger ne disait-il pas avec un certain humour : « Il ne peut pas y avoir de crise la semaine prochaine ; mon emploi du temps est déjà surchargé. »

Sauvegarder ses arrières

Nous ne réalisons pas à quel point nous sommes tributaires de nos instruments de travail.

Ne sous-estimez pas le risque d'égarer votre agenda ou d'avoir une panne d'ordinateur. Chaque semaine, je sauvegarde le contenu de mon disque dur lorsque j'établis mon plan de travail hebdomadaire.

L'un de mes collègues possède un double de son agenda de bureau. Il ne s'agit pas d'une copie intégrale, mais de ses informations personnelles, de ses adresses, de ses numéros de téléphone, etc. Ayant un jour égaré cet agenda, il s'est félicité de sa prudence, qui lui a permis de limiter les dégâts.

Si vous êtes enclin à la distraction, sauvegardez régulièrement vos données afin de ne pas en être privé à la suite d'une étourderie.

Intégrer le suivi à ses méthodes de travail

Que vous soyez cadre dirigeant, manager ou chef d'équipe, vous avez la possibilité de suivre les questions qui vous tiennent à cœur grâce à des entretiens hebdomadaires avec vos subordonnés. En les planifiant à l'avance vous leur permettez de s'y préparer. Ils savent que c'est le moment d'annoncer les progrès accomplis, car on s'attend à ce qu'ils progressent... Cette démarche les met à l'abri des contrôles imprévus, à l'effet souvent perturbateur ; elle leur donne aussi la possibilité de bénéficier régulièrement de votre appui personnel. Ils comptent sur ces entretiens pour améliorer la qualité de leur travail et leur rapidité d'exécution.

Si vous apprenez à connaître les outils qui vous faciliteront le suivi de vos tâches et à en faire un usage efficace, la voie du succès vous est ouverte.

En résumé

1. Votre succès et votre efficacité dépendent avant tout de la manière dont vous vous « accrochez » à ce que vous souhaitez réaliser ; c'est-à-dire de votre capacité à en assurer le suivi. Arrive ce que vous avez fait arriver ; à vous de tenir le cap !

2. Utilisez des systèmes de rappel simples qui vous permettront d'éviter les problèmes et de vous consacrer aux tâches les plus importantes. Si vous avez sur votre bureau un tas de papiers détaillant différentes tâches à accomplir, faites le vide en notant ce travail sur votre agenda et en classant ces papiers dans votre échéancier. Le jour dit, ils seront là pour vous rappeler ce que vous avez à faire, et vous aurez prévu le temps nécessaire pour cela.

3. Pour éliminer les multiples pense-bêtes qui risquent de vous envahir, inscrivez le tout sur un cahier de bord. Si vous l'utilisez tous les jours, votre bureau restera en ordre par la même occasion. Vous vous en servirez chaque fois que vous vous souviendrez brusquement d'une chose à faire. Il vous permettra aussi de garder la trace des demandes qui vous sont adressées verbalement. Datez chaque tâche et barrez-la dès que vous vous en êtes acquitté. Un cahier de bord est à la fois un système de rappel et un moyen d'assurer le suivi de vos tâches : il vous suggère ce que vous devez faire et il vous permet de vérifier que vous n'avez rien oublié.

4. Préférez un agenda de bureau vous permettant de visualiser le programme de la semaine entière d'un seul coup d'œil. Vous aurez de plus grandes chances de vous organiser selon un rythme hebdomadaire ; vous pourrez aussi gérer votre temps et effectuer votre travail d'une manière plus performante.

5. Apprenez à utiliser pleinement les possibilités de votre agenda. Peu de gens en sont capables ! Un peu d'imagination vous permettra, malgré des erreurs inévitables, de découvrir des possibilités de suivi que vous n'aviez jamais soupçonnées.

6. Ne négligez pas les solutions électroniques à vos problèmes. Des « organiseurs » portables – à peine plus volumineux ou plus lourds qu'un agenda de poche –

pourront vous procurer de multiples informations. Ces « organiseurs » connaîtront certainement un succès toujours croissant et ils mettront en cause, dans un proche avenir, la supériorité et la popularité des systèmes traditionnels basés sur le papier.

Souvenez-vous que le rôle d'un « organiseur » est de vous aider – à assurer le suivi de tout ce que vous devez faire, et – à vous concentrer sur votre travail, au lieu de vous préoccuper à son sujet.

7. La délégation est un facteur clé de votre efficacité. La qualité de votre travail dépend de votre aptitude à déléguer correctement. Cette aptitude vous permet de multiplier votre productivité. Déléguer signifie confier à un autre la réalisation d'une tâche et lui donner l'autorité nécessaire pour l'effectuer. Cependant vous devez garder le contrôle de l'opération et sa responsabilité.

8. Considérez le suivi de vos affaires comme un élément essentiel de vos méthodes de travail. Vous pouvez l'inclure dans vos entretiens hebdomadaires avec chacun de vos collaborateurs directs. Souvenez-vous que ces entretiens permettent aussi à votre équipe de s'assurer de la régularité de votre appui. Si ce principe s'applique sur une base réciproque, tout le monde aura, grâce à ces rencontres programmées à l'avance, la possibilité d'améliorer la qualité et l'efficacité de son travail.

CHAPITRE 6

L'EFFICACITÉ IMMÉDIATE

« Vous ne pouvez pas échapper
aux responsabilités de demain en les
évitant aujourd'hui. »

Abraham Lincoln

Objectifs
• **Connaître les attentes du client et les satisfaire. Ne pas se contenter de ce qui vous paraît important.**
• **Commencer par améliorer vos méthodes de travail personnelles, si vous souhaitez améliorer la gestion de votre groupe.**
• **Opter pour des méthodes plus efficaces afin de progresser de façon radicale.**

Nous avons abordé jusqu'à maintenant le problème de l'organisation de votre travail personnel. Vous pouvez, selon les cas, améliorer vos méthodes ou changer complètement certaines d'entre elles. L'organisation du travail est au cœur de tous les efforts portant sur la qualité et le reengineering. Alors que l'amélioration de la qualité tend au progrès continu des processus existants, le reengineering se concentre sur la découverte et l'application de procédés totalement différents. Tous ces efforts ont permis un extraordinaire accroissement de la productivité, surtout dans l'industrie de transformation. Je suppose que votre entreprise s'est déjà engagée sur cette voie ou qu'elle envisage de le faire. Le Programme d'Efficacité Personnalisé complétera parfaitement votre démarche. L'adoption des principes de l'amélioration de la qualité et du reengineering s'impose à vous si vous souhaitez accroître radicalement votre productivité personnelle.

L'origine du PEP

Au début des années 80, je vivais en Suède et j'y animais un petit cabinet de conseil et stratégie commerciale et marketing. Pour gagner de nouveaux clients, j'avais imaginé un plan de compensation unique à l'époque dans ce pays : je ne toucherai aucun honoraire tant que le client n'aura pas obtenu un résultat quantifiable. C'était assez attractif et je n'eus aucun mal à obtenir de plusieurs entreprises qu'elles écoutent ce que j'avais à leur dire. Si un prospect pensait que je pouvais lui apporter quelque chose, le premier obstacle à franchir consistait à définir ce qui constituait un « résultat quantifiable ». Dans la mesure où je m'étais spécialisé dans la vente et le marketing, j'étais le plus souvent en mesure d'imaginer un objectif quantifiable, en général un accroissement des ventes et du nombre de clients.

Ensuite, il fallait développer les campagnes commerciales et marketing qui permettraient d'atteindre effectivement ces objectifs. C'était plus facile que je ne l'imaginais : tout ce que j'avais à faire c'était de demander à ceux qui allaient mettre en place le plan de me dire ce qu'ils feraient pour obtenir les résultats souhaités. La plupart du temps, ils savaient exactement ce qu'il convenait de faire.

Je développais donc un plan d'action fondé sur leurs recommandations et je le leur transmettais. Mais voici pourquoi cette histoire est intéressante : presque à tous les coups, je retournais après quelques semaines dans l'entreprise et je constatais que le plan d'action n'avait pas été suivi. Les personnels n'avaient pas le temps. Ils avaient trop de choses à faire par ailleurs ; quelqu'un était tombé malade ou parti en vacances. Cela me posait un problème. Il fallait que je les amène à mettre le plan en œuvre, sinon je n'étais pas payé. Les salariés étaient pris en flagrant délit d'inefficacité quotidienne, perdant du temps à chercher telle ou telle chose, désorganisés de mille manières, et ma principale activité n'était plus d'aider à dynamiser le département commercial ou le marketing mais à assister l'encadrement pour qu'il s'organise de manière à pouvoir mettre en œuvre les idées qu'avait eu l'équipe au début de ma mission.

Je parvins à me constituer une base de clients. L'un d'entre eux était une succursale de Svenska Handelsbanken, l'une des banques les plus rentables de Suède. Cette succursale m'avait consulté pour augmenter le montant des sommes déposées dans les comptes d'épargne – un objectif tout à fait quantifiable. Avec le département en question, j'ai développé un plan de marketing susceptible de réaliser l'objectif puis vint le plus difficile : le faire mettre en œuvre.

Chez Svenska Handelsbanken, plusieurs choses empêchaient ce plan d'être mis en œuvre. Par exemple, l'une des procédures de la banque voulait que les salariés changent périodiquement d'affectation et de lieu de travail. De ce fait, les salariés se trouvaient régulièrement dans une nouvelle succursale sans savoir où étaient classés les documents dont ils avaient besoin. Il leur fallait plusieurs jours pour s'y retrouver. Du temps perdu.

Plutôt que de traiter chaque transaction immédiatement, certains caissiers préféraient créer de longues listes « en attente » où s'alignaient les tâches dont ils pensaient qu'elles leur prendraient le plus de temps. Il se trouve que les caissiers qui traitaient chaque transaction, quelque soit le temps de travail que cela demandait, l'une après l'autre, ne créait jamais ce type de listes d'attente.

Comme il n'y avait pas de corbeille sur les bureaux, lorsque le courrier arrivait il était posé sur les autres dossiers. Parfois, certains éléments du courrier étaient cachés par des piles de papier et passaient complètement inaperçus.

La directrice de l'agence était un cadre compétent mais elle passait l'essentiel de son temps avec les clients. Cela lui laissait très peu le loisir de réfléchir à l'organisation des tâches de son équipe.

Je mis en route un système standard de classement sur chaque bureau et parvins à éponger les retards de traitement. De cette façon, lorsqu'un salarié se retrouvait à un poste qu'il ne connaissait pas bien, il savait au moins où les choses étaient rangées. Je demandais ensuite à la caissière principale de m'expliquer comment elle travaillait. Cela servit de modèle à tout traitement de transactions dans l'agence, et les autres caissiers adoptèrent sa méthodologie. Nous créâmes un poste central de courrier où chaque salarié avait sa boîte à lettres. Assez vite, les gens ont commencé à développer leurs propres solutions aux problèmes qui affectaient leur productivité. Au bout du compte, la banque me chargea de normaliser cette méthodologie de travail et de la faire connaître à un groupe de 50 formateurs qui allaient être chargés de diffuser ce Programme d'Efficacité Personnalisé aux 500 agences.

Cette expérience, et tant d'autres en Suède, dans une douzaine d'autres pays d'Europe et en Amérique du

Nord, m'apprit que la plupart des salariés sont créatifs et techniquement capables de bien faire leur travail, mais ils ne comprennent pas les principes de l'organisation du travail, ou ne maîtrisent pas leur application à leurs tâches.

L'amélioration des procédures de travail est souvent ramené à une simple amélioration du système informatique ou à une modification des outils de production. La plupart des gens ne sont que vaguement sensibilisés aux procédures personnelles de travail, et ils remettent rarement, voire jamais, les leurs en cause.

Les plus grandes réussites que j'ai obtenues dans l'amélioration de la productivité globale viennent d'une attention particulière portée aux fondamentaux des processus personnels de travail. La plupart des gens ne réfléchissent pas ou accordent peu d'intérêt aux procédures de travail. Mais lorsqu'ils commencent à travailler sur *la façon dont ils font leur travail*, ils continuent de le faire sans que j'aie à le leur demander car ils deviennent tout de suite plus productifs.

Kaizen

Le Kaizen est sans doute le concept de management le plus important à avoir été appliqué au secteur de la production au cours des 50 dernières années. Kaizen signifie en japonais « amélioration continue ». Pour ma part, j'y ajoute l'adjectif progressif car il faut continuer à opérer de petites améliorations pour qu'elles soient durables. Ces améliorations s'appliquent plus directement aux processus du travail. Je définirai donc le kaizen comme « une amélioration progressive et continue du processus ».

Toutes les améliorations importantes dans la productivité et la qualité de la production des dernières années peuvent être attribuées au kaizen et à ses nombreuses applications : contrôle total de la qualité, gestion totale de la qualité, hoshin et les 4 S (voir plus loin).

Il est plus difficile d'appliquer le kaizen à l'environnement de cols blancs qu'à un processus de production visible. Les cadres et le personnel des services ont des processus plus désordonnés et plus difficiles à définir, notamment au niveau individuel.

Pourtant, la productivité des cols blancs est souvent assez mauvaise. Les coaches d'IBT pensent qu'en moyenne les cadres perdent 50 % de leur temps, ce qui ne veut pas dire qu'ils ne travaillent pas mais simplement qu'ils n'arrivent pas à faire tout que ce qu'ils pourraient faire. Combien de fois vous êtes-vous retrouvé à la fin de la journée à consulter la liste des choses que vous aviez prévu de faire ce jour-là pour vous rendre compte que vous n'en aviez pas fait la moitié, et vous êtes-vous demandé ce que vous aviez fait de votre journée ?

Je demande souvent aux participants à mes ateliers s'ils incluent dans leur programme de la journée des tâches qui amélioreraient leur manière d'effectuer leur travail personnel. Les gens passent rarement du temps sur ce genre de choses ! Cependant, la meilleure façon d'améliorer sa productivité est encore d'examiner son propre comportement dans l'exécution d'une tâche.

Si vous vous limitez à accepter ce concept et l'appliquer complètement, alors vous pouvez jeter le reste du livre car j'aurai réussi à vous aider à mieux vous organiser et à devenir plus efficace.

Le Programme d'Efficacité Personnalisé, un outil indispensable à l'amélioration de la qualité

L'un de mes clients, appartenant à une division de la General Motors, a déclaré ceci : « C'est aux gourous de la qualité que nous devons notre prise de conscience, mais le Programme d'Efficacité Personnalisé a mis la gestion du temps et l'organisation du travail à notre portée, car il a l'avantage d'intervenir sur le vif, à notre bureau même, d'une manière pragmatique. »

L'amélioration de vos méthodes de travail aura des résultats immédiats. Ces résultats vous inciteront à étendre vos méthodes à d'autres processus et ils vous donneront l'énergie nécessaire pour continuer à progresser jusqu'au succès. Vous trouverez aussi le temps de vous focaliser sur l'amélioration des processus de travail, au sens le plus large du terme.

Les 4 S

Les Occidentaux se sont récemment intéressés au modèle japonais des 4 S, en matière de qualité. Ces 4 S désignent :

SEI-LI ⟶	L'organisation
SEI-TON ⟶	L'ordre
SEI-KEZ ⟶	La netteté
SEI-SOU ⟶	La propreté

Les 4 S sont en réalité d'origine chinoise, mais les Japonais les ont adoptés avec succès. Dans son article

intitulé « Beyond Kaizen[1] » Ingrid Abramovitch estime que ce principe va au-delà de *kaizen*, le concept mieux connu d'amélioration constante de la qualité. *Kaizen* met l'accent sur les processus de production, alors que les 4 S « prennent racine au niveau de chaque individu qu'ils aident à atteindre son plus haut niveau d'efficacité personnelle ».

Wellex, un fabricant américain de circuits imprimés, a augmenté sa productivité de plus de 26 % en moins de deux ans, grâce aux 4 S. Le président de Wellex, Danny Lee, en a eu la révélation au Japon. Voici ce qu'il déclarait, en août 1991, après une visite à Miyoshi Electronic, une entreprise comparable à la sienne : « J'ai d'abord remarqué la propreté exceptionnelle de leur usine. Dans un espace très réduit (le terrain coûte extrêmement cher au Japon), ils effectuent plus d'une centaine d'assemblages différents. Leurs employés ont l'air de se concentrer et tout semble parfaitement organisé ! » Ces caractéristiques n'étaient pas un effet du hasard, mais des 4 S – organisation du matériel, minutie dans l'exécution, nettoyage après le travail – auxquels se conformaient les employés de Miyoshi.

Comme l'a observé l'un de ceux-ci, « les principes sont encore plus importants pour le personnel que la « qualité totale », car elle s'applique du sommet à la base alors que l'inverse se produit pour les 4 S. La qualité totale ne peut se passer des 4 S. »

Votre processus de travail exige votre attention et vos efforts si vous visez l'*efficacité immédiate*. Pour l'améliorer, concentrez-vous sur les 4 S et mettez de l'ordre dans votre environnement et dans vos méthodes de travail.

---

1. *Success Magazine*, janvier/février, 1994.

Définir les besoins de ses clients

Il y a quelques années, j'ai découvert un phénomène curieux à l'occasion des enquêtes réalisées avant et après mes Programmes d'Efficacité Personnalisés, afin d'en mesurer le succès et d'en tirer des conséquences pour la suite de mon travail. Lorsque je questionnais les participants sur les bénéfices qu'ils avaient tirés du PEP, 85 % estimaient avoir réalisé des progrès personnels particulièrement significatifs.

Interrogés sur les progrès de leurs collègues à la suite de ce programme, ils donnaient des réponses beaucoup plus mitigées. « Son bureau n'est pas resté en ordre bien longtemps », nous disait-on, ou bien « il a toujours des réactions aussi lentes ». Nous en avons conclu que le Programme d'Efficacité Personnalisé aidait les participants à faire plus facilement ce qui leur paraissait important, mais que ceux-ci n'apprenaient pas pour autant à satisfaire les besoins de leur entourage professionnel.

Depuis lors, nous avons pris l'habitude de demander aux participants de trouver ce que leurs collègues attendent d'eux et de considérer la satisfaction de cette attente comme l'un de leurs objectifs. Cette initiative a connu un grand succès.

J'en tire la conclusion suivante : ne vous contentez pas de faire ce qui vous semble important, pensez aussi à ce qui présente de l'importance pour les autres. Vous devez découvrir ce qui compte pour vos collègues, vos coéquipiers et tous vos « clients » internes ou externes. Grâce au Programme d'Efficacité Personnalisé, vous saurez ce qu'ils souhaitent, et une bonne organisation vous permettra de mieux satisfaire leurs besoins. Comme le dit un proverbe : « Faire une chose correctement prend moins de temps que d'expliquer pourquoi nous l'avons mal faite. »

Le benchmarking ou le modelage de l'excellence

Le « benchmarking », un processus de modelage de l'excellence est un outil stratégique d'amélioration de la qualité. Le Programme d'Efficacité Personnalisé définit d'abord les meilleurs systèmes d'organisation personnelle, puis il permet à chacun d'évaluer ses méthodes de performance par rapport à ceux-ci.

Certains de vos employés ont pu mettre au point des méthodes de travail efficaces et productives. Prenez modèle sur eux. S'il existe un écart significatif entre les employés moyens et les plus performants, inté-ressez-vous aux méthodes qui permettent à ces derniers de surpasser leurs collègues et examinez comment elles pourraient être adoptées par d'autres.

Être vigilant !

Le Programme d'Efficacité Personnalisé vous fait passer de la simple attitude réactive à une attitude de prévention. Une bonne gestion de votre temps vous permet de vous projeter dans l'avenir et de barrer la route aux problèmes : vous remarquez la présence des drapeaux rouges et des signaux avant-coureur d'une crise éventuelle. La prise de conscience entraîne l'*action immédiate* : vous intervenez de manière précoce quand c'est encore facile d'intervenir et vous évitez ainsi de sérieuses difficultés.

L'amélioration projet par projet

Joseph Juran – un consultant américain, instigateur de systèmes de management permettant de planifier, contrôler et améliorer la qualité – met l'accent sur la nécessité d'une amélioration projet par projet. Le rôle du management est, selon lui, de planifier et de guider vers une meilleure finalité ; en somme, de traduire ce concept dans les faits, à tous les niveaux. Le manager aide le personnel à acquérir les compétences et les connaissances qui lui permettront de fournir un travail de meilleure qualité et plus productif.

Vers un changement permanent

Il est généralement difficile de s'habituer au changement. Et pourtant, comment envisager une amélioration sans changement ? Certains cadres dirigeants imposent leur volonté, mais les managers les plus efficaces comptent plutôt sur la participation de chacun.

Un changement continu est difficilement supportable si les buts personnels et les objectifs poursuivis ne sont pas clairement énoncés et régulièrement discutés. La gestion des projets, du temps, l'organisation du travail, le suivi, sont autant d'éléments d'une amélioration continue.

Dans l'optique du Programme d'Efficacité Personnalisé cette amélioration repose essentiellement sur trois facteurs clés :

1. L'identification des améliorations nécessaires.
2. La planification des actions à entreprendre.
3. La réalisation des plans.

Programme d'Efficacité Personnalisé et reengineering

Les bienfaits les plus spectaculaires du PEP s'observent chez des gens qui ont décidé non seulement d'améliorer leurs méthodes, mais de repenser leur travail de A à Z. Vous avez sans doute réfléchi à la question, mais vous ne mettez pas vos idées en pratique, à moins d'avoir une volonté de changement et une persévérance suffisantes. Dans *Reengineering the Corporation*, Michael Hammer et James Champy vous suggèrent de vous interroger sur certaines réalités et sur vos convictions personnelles, si vous aspirez à des changements radicaux. Pour illustrer notre point de vue sur l'organisation du travail personnel, j'adopterai la présentation de leur livre, qui distingue croyance, réponse et solution proposée :

Croyance : Il faut établir des priorités.
Réponse : Cette notion est en partie exacte. Je vous conseille de vous débarrasser régulièrement et efficacement de toutes les broutilles qui vous empêchent de vous concentrer sur les priorités réelles.
Solution : Trouvez un système efficace pour éliminer tout ce qui ne devrait même pas passer par votre bureau. Ensuite, traitez vos tâches quotidiennes régulièrement et avec une efficacité qui vous permettra de consacrer la majorité de votre temps à vos priorités.

Croyance : La planification est une perte de temps, car des événements imprévus surviennent constamment et font obstacle à l'exécution du planning.
Réponse : Sans planification, vous tournez en rond, vous n'avez pas de ligne directrice et vous agissez de façon anarchique. Par conséquent, vos tâches vous

prennent beaucoup plus de temps qu'elles ne devraient et vous finissez par être débordé. Néanmoins, une mauvaise planification est une réelle perte de temps et risque de vous lasser.

Solution : Identifiez les objectifs clés dont vous êtes responsable et, à l'aide des outils les mieux adaptés à vos besoins (de préférence un ordinateur ou d'autres systèmes électroniques), faites un plan d'action pour chaque projet. Vous pourrez ainsi organiser et maîtriser votre travail. Faites de la planification un processus efficace.

Croyance : Si un bureau encombré évoque un esprit en ébullition, que dire d'un bureau en ordre ? On a tendance à s'imaginer que pour être créatif il faut être désorganisé et désordonné.

Réponse : La créativité n'a rien à voir avec le désordre. Pour réaliser ce que vous avez à faire, soyez bien organisé et mettez en place les méthodes et les systèmes adéquats. Rendez votre temps créatif.

Solution : Organisez votre environnement professionnel de manière à avoir du temps pour la créativité. Identifiez le temps « créatif » et placez-vous dans un environnement qui favorise la créativité.

Croyance : Je suis trop occupé pour me permettre de tout noter. Cela m'empêcherait de travailler.

Réponse : Tout travail requiert une phase de préproduction. Dans la mesure où vous aurez une idée claire de vos obligations, vous serez plus rapide et plus efficace. Le fait de prendre des notes vous oblige à vous représenter les choses plus précisément.

Solution : Programmez chaque semaine un moment qui sera consacré à l'organisation et à la planification. Incluez-le dans vos habitudes de travail et trouvez les moyens de le rendre le plus efficace possible.

Croyance : Comme il a fait des études supérieures, il devrait savoir gérer efficacement ses papiers et son travail de bureau.

Réponse : Les études supérieures ne garantissent pas de bonnes méthodes de travail. Les gens perdent en moyenne 50 % de leur temps en raison de leurs lacunes dans ce domaine.

Solution : Mettez l'accent sur l'amélioration du processus de travail personnel. Inscrivez vos employés à un Programme d'Efficacité Personnalisé.

En remettant en question vos croyances vous apprendrez à modifier vos méthodes ou à en adopter de nouvelles.

Reengineering et technologie

Comme je l'ai déjà mentionné, les deux plaintes qui reviennent le plus souvent sont : premièrement, les réunions qui font perdre trop de temps ; deuxièmement, les équipes ne sont pas coordonnées. On n'a pas encore trouvé de véritable solution à ces problèmes, qui sont donc un terrain d'élection pour le processus de reengineering.

Tout irait beaucoup mieux si l'on pouvait réduire de 75 % le temps consacré aux réunions et si les retards des autres ne nous freinaient pas dans l'exécution de nos propres tâches !

La technologie apporte des solutions nouvelles à ces deux problèmes majeurs, profondément ancrés dans l'environnement professionnel des « cadres ». Des logiciels de « Groupware » et des bases de données communes permettent de communiquer sans avoir à se rencontrer effectivement comme autrefois. Chacun peut contribuer à l'information, selon son point de vue personnel, grâce à un réseau d'ordinateurs – ce qui réduit de façon spectaculaire la nécessité de rencontres et la perte de temps qu'elles occasionnent. Ces réunions ne disparaîtront pas, le contact humain direct est nécessaire. Elles seront organisées lorsqu'elles sont vraiment utiles, les autres échanges étant assurés à travers l'informatique.

Un autre avantage de ce système de Groupware est la possibilité de partager ses informations à n'importe quel moment, sans avoir à attendre un rendez-vous ou un coup de téléphone.

Une grande partie du suivi et des délais nécessaires à la réalisation de vos tâches dépend de l'organisation de votre groupe de travail. Michael Hammer et James Champy[1] affirment que le seul moyen d'éliminer la bureaucratie et de réduire la taille des organisations consiste à restructurer les processus fragmentaires.

Le travail est trop souvent discontinu : après avoir fait votre étape de la réalisation d'un projet, vous devez attendre que quelqu'un d'autre ait achevé sa tâche pour passer à l'étape suivante. Même si vous utilisez le « processus d'élaboration parallèle » par mesure de sécurité, les problèmes ne disparaissent pas pour autant. Le processus d'élaboration parallèle, décrit par Hammer et Champy, suppose que plusieurs personnes travaillent en même temps sur différentes parties d'un projet d'ensemble. Habituellement, disent-ils, les « sous-systèmes » ne correspondent pas les uns aux autres. En effet, bien que les groupes aient le même projet initial, des changements (souvent des améliorations) survenus en cours de route ne leur ont pas été

1. M. Hammer, J. Champy, *Reengineering the Corporation* (Harper Collins Publishers, Inc., 1993).

communiqués. Il faut alors repartir à la case départ dans la conception du produit !

Ce dilemme est résolu grâce aux technologies qui permettent à plusieurs personnes, participant simultanément au même projet, de garder le contact entre elles. Ayant la possibilité de se communiquer les changements éventuels, elles sont immédiatement informées des conséquences de ceux-ci.

Après avoir initié des milliers de gens à mon Programme d'Efficacité Personnalisé, je constate que la plupart s'engagent sur la voie de l'amélioration continue de leurs méthodes de travail. Ils se sentent plus à l'aise lorsqu'ils introduisent des changements progressifs et qu'ils perfectionnent les systèmes existants, mais le Programme d'Efficacité Personnalisé donne des résultats beaucoup plus spectaculaires s'ils reconsidèrent totalement leurs méthodes. Ce changement radical dépend presque toujours du recours à la technologie. Les plus grands bénéficiaires du Programme d'Efficacité Personnalisé sont ceux qui adoptent un processus de planification, changent leur manière de procéder, et accordent à l'organisation et à la planification la place de premier plan qu'elles méritent. Pour que le Programme d'Efficacité Personnalisé porte tous ses fruits, vous devrez intégrer sans réserve l'organisation et la planification à vos routines quotidiennes.

En résumé
1. Le Programme d'Efficacité Personnalisé peut être un facteur stratégique de succès pour vous et votre entreprise. Il vous oblige à mettre en question vos méthodes de travail. Votre efficacité et votre compétence technique ne suffisent pas : il faut comprendre les principes de l'organisation du travail et la manière de les appliquer à votre poste.
2. L'amélioration de la qualité repose sur une amélioration constante et progressive des processus existants. Le reengineering met l'accent sur la découverte et l'application de processus totalement nouveaux et différents. Ces deux méthodes permettent d'améliorer votre productivité personnelle et celle des groupes plus vastes auxquels vous appartenez.
3. Le Programme d'Efficacité Personnalisé vous vient en aide non seulement pour ce que vous jugez important en tant qu'individu, mais pour ce qui présente de l'importance aux yeux de votre entourage. L'un de ses objectifs est de vous permettre de satisfaire son attente et ses besoins tout autant que les vôtres.
4. Choisissez un modèle d'excellence à partir duquel vous pourrez améliorer votre efficacité et votre productivité.
5. Remettez en question vos convictions pour déceler d'éventuelles erreurs de jugement. Vous pourrez alors décider si le reengineering ou l'amélioration de la qualité est la prochaine étape de votre démarche.

CHAPITRE 7

LE MANAGEMENT IMMÉDIAT

> « Si vous attendez que les gens vien-
> nent vous trouver, vous n'entendrez
> parler que des problèmes mineurs.
> Vous devez débusquer vous-même les
> vrais problèmes dont personne n'a
> encore pris conscience. »
>
> *W. Edwards Deming*

Objectifs
• **Aider avec succès les autres à s'organiser.**
• **Faire le meilleur usage possible du temps que vous venez de gagner.**
• **Utiliser l'un des modes les plus efficaces de délégation.**
• **Appliquer les principes du « management baladeur ».**

J'ai eu l'occasion d'organiser un Programme d'Efficacité Personnalisé dans une entreprise industrielle
anglaise. Des dirigeants, des administrateurs et des
chefs d'équipe comptaient parmi les participants. Je
m'étais entouré de plusieurs consultants PEP pour
mettre en place le programme ; pour ma part, je me
contentais de présenter le programme et d'aider à son
démarrage. L'un des chefs d'équipe était particulièrement enthousiaste à l'idée d'une meilleure organisation.

Il voulait tout savoir au sujet du Programme d'Efficacité Personnalisé et de l'usage qu'il pourrait en faire. « Vous pensez que le Programme d'Efficacité Personnalisé vous est profitable, lui ai-je dit, voyez aussi quels avantages il peut apporter aux personnes qui travaillent avec vous. »

La meilleure manière d'utiliser le temps libre qu'il venait de reconquérir était, à mon avis, de faire chaque jour le tour de son équipe, de rencontrer chacun, de mettre le doigt sur ce dont ils avaient besoin pour être mieux organisés et plus productifs.

À mon retour dans cette usine, quelques mois plus tard, ce chef d'équipe m'a vanté les mérites du Programme d'Efficacité Personnalisé, puis il m'a demandé si j'étais au courant de la grève survenue peu de temps avant. J'en avais entendu parler, mais je dus avouer que j'ignorais les détails la concernant. « Savez-vous que toute l'usine, à l'exception de mon équipe s'est mise en grève ? », m'a-t-il répondu. Lorsque la hiérarchie s'était penchée sur la question, elle avait constaté que les employés de ladite équipe n'avaient pas lieu de se plaindre : tous les problèmes qui les contrariaient avaient été résolus depuis quelques mois avec l'aide de leur chef d'équipe...

Nous allons découvrir dans ce chapitre ce qu'avait fait cet homme.

Le management baladeur

L'un des outils les plus importants dont dispose un manager pour accroître son efficacité et sa productivité est le « management baladeur ».

C'est en pratiquant le management baladeur, en rencontrant mes collaborateurs pour discuter avec eux de leurs problèmes, que j'ai mis en place les bases de mon Programme d'Efficacité Personnalisé.

Il y a bien des années, j'occupais un poste de direction dans une entreprise dont les employés, soumis à une terrible pression, devaient fournir des services, fabriquer des produits et les expédier. J'étais responsable d'environ deux cents personnes. Au cours de la journée, je devais discuter des problèmes internes avec l'équipe dirigeante, puis rencontrer les clients et remplir une quantité inimaginable de papiers, ayant essentiellement pour but de satisfaire les exigences de la hiérarchie. Je vivais dans un état de crise permanent et j'avais rarement l'occasion de sortir de mon bureau.

Deux choses m'ont aidé à changer cela. Tout d'abord, je me suis organisé. J'ai établi des règles de travail avec l'aide de ma secrétaire et j'ai commencé à traiter plus efficacement la paperasserie dont j'étais responsable. D'autre part, j'ai profité du temps ainsi gagné pour sortir de mon bureau et pratiquer le management baladeur. Je passais près de la moitié de mes journées à rendre visite à toutes les personnes dont j'étais responsable. Je m'arrêtais dans leur bureau ou leur lieu de travail, et je m'asseyais pour discuter de leurs problèmes. À ma grande surprise, j'ai découvert que la plupart travaillaient extrêmement dur, mais souffraient d'un manque d'efficacité et de productivité. Le désordre régnait partout...

Au début, mon attitude a éveillé des soupçons : les gens se demandaient ce que je faisais là et ce que je cherchais. Mais leur méfiance s'est dissipée lorsqu'ils ont constaté que je revenais régulièrement et que je leur manifestais un réel intérêt. Ils n'ont pas tardé à s'épancher et à aborder les problèmes de productivité à long terme. Je leur prêtais la plus grande attention et j'essayais de répondre aux besoins qu'ils exprimaient.

Si je n'y parvenais pas, je me sentais très mal à l'aise la fois suivante. Le management baladeur m'a obligé à traiter avec efficacité les problèmes soulevés, surtout lorsque j'étais intimement persuadé de leur importance.

La plupart des employés travaillaient dur, beaucoup plus dur qu'il n'eût fallu ; mais ils n'avaient aucune notion en matière d'efficacité du travail ! J'ai réalisé que si je les aidais à améliorer leurs méthodes, mes efforts seraient couronnés de succès.

Je pratiquais donc un management baladeur, légèrement orienté... Je ne me contentais pas d'écouter, je répondais et j'aidais mes interlocuteurs à résoudre leurs problèmes. Je leur apprenais à développer leur sens de l'organisation et à l'appliquer à leur environnement professionnel. Ce n'était pas des paroles en l'air, mais de véritables conseils destinés à leur faciliter la tâche. Je ne négligeais aucun détail : si je remarquais une déficience, j'essayais d'en découvrir les causes profondes. Je constatais souvent que les gens n'avaient même plus conscience de leurs conditions de travail.

Quand un employé me montrait son bureau qu'il disait avoir rangé, j'étais souvent frappé par son peu d'esprit d'observation et sa difficulté à retrouver un document.

J'ai fini par croire aux trous noirs, ou, en tout cas, à leur existence dans les entreprises. Des objets disparaissaient sans laisser de traces... Ce phénomène étrange se produisait en général dans les tiroirs de bureau ou les dossiers...

Pourquoi néglige-t-on si souvent des points essentiels ? Les raisons sont multiples : mauvaises habitudes de travail, tendance à remettre à plus tard, indécision, mauvaise gestion du temps, organisation insuffisante, état de crise, etc. Il est bien rare que les mauvaises intentions ou le manque d'efforts soient à l'origine des difficultés de production. Parfois, les gens n'ont pas assez d'autorité pour affronter les problèmes qu'ils rencontrent. Dans certains cas, ils éprouvent des difficultés face à des situations apparemment simples. Ou encore, ils ont l'impression de se cogner contre les murs, quelle que soit la direction dans laquelle ils se tournent, et ils renoncent à lutter.

J'ai observé que les règles arbitraires, les politiques mesquines et les méthodes de travail inefficaces font souvent naître des sentiments négatifs. Il suffit de changer cela et de créer de nouvelles normes pour améliorer le moral et la productivité de tous. La plupart du temps, il ne tient qu'au chef de service de trouver une solution à des problèmes apparemment insurmontables ! Par exemple, si un membre du personnel avait besoin d'un ordinateur pour effectuer son travail dans de meilleures conditions, je pouvais en autoriser l'achat, accélérer la procédure d'acquisition, et permettre ainsi à la personne concernée de poursuivre sa tâche dans de meilleures conditions.

Grâce au management baladeur, j'ai découvert une manière extrêmement efficace de guider les gens dans leur travail. Ensemble, nous nous plongions dans leurs dossiers « en attente », nous examinions un à un tous les documents, puis nous les traitions sans plus tarder. La tendance à remettre à plus tard, l'incompréhension, les règles arbitraires étaient à l'origine de bien des blocages. Il aurait été vain de poser des questions : si ces problèmes avaient été perçus, la solution aurait sans doute été trouvée depuis belle lurette. Il fallait que je voie les employés à l'œuvre pour réaliser qu'il leur manquait des outils indispensables, qu'ils étaient victimes de nombreuses interruptions ou qu'ils rencontraient certains obstacles dans leur travail.

En très peu de temps, j'obtins à ce poste de direction des résultats surprenants – des résultats visibles chez chacun. Les bureaux devinrent beaucoup plus nets. Les dossiers étaient étiquetés, et leur contenu compréhensible et utilisable. Le personnel tirait un certain orgueil de son environnement et l'on vit naître un esprit d'équipe face aux difficultés. Plus je me concentrais sur les principes de base, plus les résultats étaient manifestes.

Et plus je passais de temps hors de mon bureau – à discuter, à regarder, à expérimenter, à résoudre des problèmes, à éliminer les blocages, à coordonner – plus il devenait facile d'accroître la production. J'en fus le premier surpris.

Depuis lors, j'ai eu l'occasion d'observer le fonctionnement de nombreuses entreprises. Le management baladeur n'est pas utilisé autant qu'il le mérite par les cadres et les dirigeants. En tant que consultant, j'ai entendu dire maintes fois par des employés que leur patron ne sort jamais de son bureau. La plupart des managers se contentent d'adhérer pour la forme au principe du management baladeur.

N'hésitez pas à profiter du temps gagné grâce au Programme d'Efficacité Personnalisé pour sortir de votre bureau et rencontrer vos employés individuellement. C'est un facteur clé de l'efficacité et une raison majeure du succès du Programme d'Efficacité Personnalisé. Devenez un manager efficace.

Un exemple de management baladeur

L'un des dirigeants les plus performants que je connaisse dirige une banque au Luxembourg. Il n'a pas son pareil pour obtenir, bon an mal an, un rendement de 20 à 25 %.

Cet homme dispose d'une simple table sans tiroirs, dans un environnement décloisonné. Il traite son travail immédiatement, il délègue volontiers, on ne le voit presque jamais dans son bureau, car il circule la plupart du temps entre les sept étages de sa banque. Il a horreur des réunions. Quand il ne peut les éviter, elles ont lieu en dehors des heures d'ouverture de la banque à la clientèle ; elles sont brèves et rondement menées.

Le désordre est sa bête noire et il ne s'en cache pas. La rotation du personnel ayant lieu à un rythme rapide (sa banque accueille régulièrement des employés venus du siège central, situé à l'étranger, pour se former), son message à ses nouvelles recrues est le suivant : ordre, rapidité, pas de travail en retard, *action immédiate*. Cet homme tient à certains principes et personne ne l'ignore.

Pourquoi ce succès ?

Cette méthode porte toujours ses fruits. Le simple fait de sortir de votre bureau vous permet de voir et d'entendre des choses que vous auriez ignorées autrement. Vous êtes amené à poser des questions, ce qui accroît vos capacités d'écoute et de communication. Les obstacles les plus importants ne sont pas surmontés du premier coup, mais vous pouvez compter sur la participation des personnes avec qui vous êtes en contact. Vous prenez à cœur leurs problèmes et vous les aidez à trouver des solutions.

La productivité du personnel est souvent tributaire d'événements externes. Certains problèmes ne peuvent se résoudre qu'avec la coopération d'employés d'autres services, ayant eux-mêmes leurs priorités. Vous seul, en tant que dirigeant, pouvez amener ces groupes à se rencontrer pour envisager des solutions. Si vous ne restez pas enfermé dans votre bureau, vous connaissez les vrais problèmes et votre aide sera efficace.

Le fait d'accorder au personnel d'une entreprise l'attention dont il a grand besoin explique aussi l'efficacité de cette méthode.

Si vous circulez dans les bureaux afin d'être à l'écoute des problèmes du personnel, votre initiative aura des effets positifs. Et si vous accordez votre attention aux situations qui le méritent, le management baladeur n'en sera que plus profitable.

La communication en face à face

Un employé craindra de se déconsidérer en parlant de ses échecs, surtout s'il s'adresse à son patron ! Ce silence creuse parfois un véritable abîme entre dirigeants et exécutants. Voilà pourquoi le personnel d'encadrement ignore tant de choses qui paraissent évidentes à d'autres ! Le meilleur moyen de combler ce vide est de vous adresser à chacun, en face à face. Si vous abordez certains sujets, d'égal à égal, en un lieu clos, la communication deviendra plus facile.

Le management baladeur vous donne cette précieuse occasion de communiquer en demandant à vos employés comment ils procèdent et ce qui pourrait améliorer leurs conditions de travail et leur efficacité.

Au cours de mes Programmes d'Efficacité Personnalisé, j'interroge souvent les participants sur la stratégie de leur entreprise. Un cadre supérieur m'a confié, un jour, sa surprise devant l'ignorance des participants à ce sujet. Il croyait tout le monde au courant, car sa société avait publié un rapport annuel que chacun était censé lire, et il avait lui-même traité la question en détail à l'occasion de deux réunions de travail.

Pour ma part, cette ignorance ne m'étonnait guère. Je n'ai rencontré qu'une ou deux fois des employés ayant une notion exacte de la stratégie de leur entre-prise. Généralement, soit les entreprises en sont dépourvues, soit la communication de cette stratégie est mal faite.

Si vous avez un message à transmettre, un plan à exécuter, une stratégie à mettre en œuvre, ou si vous voulez expliquer votre vision du futur, je ne connais pas de méthode plus efficace que le face à face.

Un manager efficace communique la vision et la stratégie de son entreprise à travers chacun de ses gestes et de ses mots. Si celle-ci se propose d'augmenter sa compétitivité en mettant l'accent sur la qualité du service client, il donnera l'exemple en montant au créneau auprès des personnes en contact avec la clien-tèle et souvent avec la clientèle elle-même. Le manage-ment baladeur à une influence radicale sur tous ces aspects de la communication.

Une méthode de suivi

Le chapitre 5 abordait les systèmes de suivi. Grâce au management baladeur vous intégrez celui-ci à vos méthodes de travail. Le contact permanent avec vos employés est une manière naturelle d'assurer le suivi des affaires en cours.

La délégation

Lorsque je parle avec des dirigeants de leur incapa-cité à déléguer, ils protestent souvent que leur personnel est trop occupé pour supporter le moindre travail supplémentaire. Ils se sont mis cette idée en tête en voyant la quantité de papiers amoncelée sur le bureau de certains employés et en les entendant se plaindre de l'heure tardive à laquelle ils rentrent chez eux. Le management baladeur donne une idée beaucoup plus exacte du travail réellement effectué. De plus, il permet de réfléchir à une répartition différente de celui-ci. Finalement, vous déléguez beaucoup plus et avec une efficacité accrue.

Comment pratiquer le management immédiat ?

Un dirigeant, adepte du *management immédiat*, procure à son entourage professionnel les ressources, les encouragements, les conseils et la formation lui permettant de produire avec un maximum d'efficacité. Pour cela il n'hésite pas à se placer bien en vue sur la ligne de front de l'entreprise.

La primauté du processus de travail

Le *management immédiat* met avant tout l'accent sur le processus de travail. Mon expérience m'a permis de constater que la pression s'exerce habituellement sur la production plutôt que sur la manière de produire. Si vous aidez les gens à se concentrer sur leur processus de travail, ils seront dans de meilleures conditions pour progresser. Cet objectif les aidera à résoudre les problèmes essentiels, tout en améliorant la qualité de leur production.

Posez-vous d'abord certaines questions ! Vers quoi tendez-vous ? L'organisation est-elle satisfaisante ? Les dossiers sont-ils bien tenus et d'un accès facile ? Vos employés ont-ils des outils adéquats et opérationnels ?

Ont-ils de bonnes habitudes de travail ? Remettent-ils à plus tard ? Savent-ils gérer le temps dont ils disposent ? Ont-ils conscience de participer à un projet d'ensemble ?

Le meilleur moyen d'obtenir un changement est d'avancer à petits pas. Évitez de harceler votre personnel avec de trop nombreuses exigences simultanées. Il suffit la plupart du temps de demander à chacun de s'occuper d'une seule pièce du puzzle et de veiller à ce qu'il accomplisse sa tâche. Je le répète, vous garderez difficilement la face si vous manquez à votre promesse d'apporter votre aide. Mais que faire lorsqu'un problème est particulièrement ardu ? Prenez-le en mains ! Tant que la question n'est pas réglée, continuez à aller voir la personne concernée et mettez-la au courant de vos réflexions et des solutions éventuelles.

Constituer des équipes

La pratique du management baladeur permet couramment de réaliser à quel point les problèmes individuels dépendent de l'ensemble de l'équipe. On constate aussi des oppositions entre les membres du personnel. Il en est ainsi dans la plupart des entreprises !

Le management baladeur vous donnera une notion plus juste des comportements à l'intérieur des équipes de travail. Vous serez alors en mesure de les réorganiser, car vous disposerez d'un outil efficace de reengineering. Vous les stimulerez en supprimant les barrières qui séparent les différents membres de l'équipe.

Si vous n'adoptez pas cette méthode, il vous sera extrêmement difficile de détecter les obstacles et les règles arbitraires, incompatibles avec leur bon fonctionnement.

Ne pas rester cloué à son bureau

Un responsable de haut niveau, à la tête d'une division employant neuf cents personnes dans une grande entreprise industrielle, était persuadé des bienfaits du management baladeur, mais il était trop absorbé par toutes sortes de problèmes, de réunions ou de crises, pour trouver le temps nécessaire. Il se sentait ligoté à son bureau...

Nous avons mis au point lui et moi une solution relativement simple : après avoir passé sa matinée sur les différents sites où se trouvait son personnel, il n'arriverait au siège social qu'à 13 heures. Grâce à un petit effort d'organisation, un filtrage des informations, une meilleure pratique de la délégation et l'élimination des perles de temps, il est parvenu à quitter son bureau un peu plus tôt chaque jour, tout en consacrant quatre ou cinq heures au personnel.

De nombreux managers ont donc le sentiment d'être séquestrés dans leur bureau. Pour résoudre ce problème, il suffit, dans bien des cas, de planifier chaque jour le temps réservé au management baladeur. Une solution plus radicale consiste à renoncer au bureau personnel. J'ai connu un manager qui, muni d'un simple cahier de bord, passait la quasi-totalité de son temps à circuler dans l'entreprise. Les réunions importantes se tenaient dans la salle de conférence.

Tom Peters [1] cite l'exemple d'un dirigeant qui se contentait d'un modeste lieu de travail dans deux services différents : une table ronde avec trois chaises, ainsi qu'un meuble de classement dans un espace ouvert, près de la porte d'entrée. Ce système lui permettait de mieux utiliser les services de son secrétariat et de traiter son courrier avec plus d'efficacité. Une idée astucieuse, car, sans bureau, on n'a pas d'endroit où entasser toutes sortes de papiers et de documents sans intérêt.

Rester lucide

Il est humain de chercher « ailleurs » les causes de vos difficultés, alors que vous pouvez faire de grands progrès sans aller bien loin et à un coût pratiquement nul. Cette vérité se confirme lors de la mise en place des processus d'amélioration de la qualité en entreprise. Si vous vous obstinez à rêver du mouton à cinq pattes (par exemple un réseau informatique sophistiqué bien au-dessus de vos moyens ou que vous ne pourrez pas acheter avant deux ans) vous passez à côté de centaines d'améliorations réalisables entre-temps.

Les outils électroniques au service du management baladeur

Si vous êtes à la tête d'une entreprise, plusieurs niveaux intermédiaires vous séparent des « premières

---

1. *Le Chaos management* (InterÉditions, 1988).

lignes ». En faisant l'impasse sur la hiérarchie, vous risquez de susciter des problèmes. L'électronique vous donne un bon moyen de garder le contact : à défaut de rencontres assez fréquentes avec vos collaborateurs sur leur lieu de travail, aidez-vous d'outils électroniques pour pratiquer le management baladeur !

Utilisez la messagerie électronique et encouragez les employés, quel que soit leur niveau, à vous communiquer directement leurs problèmes et leurs suggestions. Un contact direct, de temps à autre, rendra cette méthode encore plus efficace.

Dans les entreprises de taille plus modeste, les logiciels de réseaux informatiques d'entreprise permettent de communiquer à l'aide d'ordinateurs personnels sans investissements considérables. Lotus Notes figure parmi ces logiciels d'application, facilement utilisables par votre entreprise. Les bases de données ou de discussions sont accessibles à toute personne autorisée, en tout lieu et à tout moment, à condition de disposer d'une ligne téléphonique. L'ensemble du personnel de l'entreprise peut ainsi participer au débat que vous-même (ou d'autres) avez lancé sur des points importants. La plupart des compagnies téléphoniques offrent leurs propres services de messagerie électronique. Dans la mesure où vous disposez d'un ordinateur individuel et d'un modem, rien ne vous empêche de communiquer.

Le management baladeur dans des environnements particuliers

Le management baladeur présuppose que les dirigeants et le personnel travaillent au même endroit mais la tendance actuelle est que le personnel travaille le plus près possible du client. Pour les commerciaux et le personnel en charge des services, cela veut souvent dire travailler en dehors du bureau et chez les clients. Nombreux sont ceux qui travaillent en dehors de leur entreprise au moins une partie de leur temps. Avec les nouveaux bureaux en open-space où les employés n'ont pas d'espace de travail attribué, il devient difficile de savoir où se trouvent les gens à un moment donné. Que doit faire un dirigeant partisan de l'action immédiate ? Travailler encore plus dur ! Dans ce genre d'environnement, il est encore plus important de faire l'effort de s'organiser pour rendre visite à ses employés où qu'ils travaillent.

Depuis de nombreuses années, IBT fournit un service PEP spécialement destiné à la force de vente des sociétés (et dans certains cas aux représentants qui travaillent loin de leur entreprise). Dans le cadre de ce service, nous allons voir les bureaux des personnels distants chez eux et les aidons à s'organiser. Les participants disent souvent qu'il est très précieux de bénéficier d'un regard extérieur sur son environnement de travail. Le consultant peut non seulement indiquer comment optimiser la configuration d'un bureau ou établir des habitudes pour le rendre plus agréable et productif mais il pousse également les participants à régler les choses rapidement et efficacement. Le consultant PEP joue alors un rôle similaire à celui d'un bon dirigeant baladeur.

Un bon dirigeant s'arrangera pour accompagner ses commerciaux chez les clients et ce faisant observera non seulement leurs compétences commerciales mais également les méthodes d'organisation mises en place pour optimiser les ventes : comment la voiture est-elle organisée ? Est-il facile de se connecter au serveur pour consulter ses messages électroniques ?

Les employés étant de plus en plus souvent mobiles, ils sont moins souvent bien informés de la stratégie et des objectifs actuels (ou des progrès réalisés dans ces domaines) de l'entreprise, le manager partisan de l'action immédiate devra donc être d'autant plus actif pour relayer l'information sur ces points-là.

Les outils technologiques tels que les téléphones portables, la consultation à distance des messages électroniques, les pagers, etc. aident également. Disposer de ces outils et s'en servir constituent une première étape. Dans le cas des réunions, pourtant, il y a encore des progrès à faire : les conférences téléphoniques ne vous permettent pas d'observer les yeux de votre interlocuteur quand vous abordez des questions importantes ou de voir comment les personnes travaillent réellement. Il est possible que la vidéoconférence sur ordinateur facilite ce processus dans l'avenir.

En tant que dirigeant, vous en apprendrez beaucoup en allant sur le terrain.

Dernières précisions au sujet du management baladeur

Si vous avez atteint le sommet de la hiérarchie, vous n'avez certainement plus une minute à perdre. Comment pourriez-vous trouver le temps de circuler dans vos services ? Et pourtant, Sam Walton, le brillant fondateur de Wal-Mart, la plus grande chaîne mondiale de magasins de détail, passait environ 80 % de sa semaine à faire le tour de ses différents magasins. Il n'apparaissait à son bureau qu'un jour sur cinq. Un homme dont les revenus dépassaient 70 milliards de dollars, ne manquait certainement pas d'occupations dans son bureau, mais il avait opté pour une tout autre méthode. En étant sans cesse par monts et par vaux, il pouvait résoudre directement de nombreux problèmes de management. Il réduisait ainsi considérablement le temps consacré à la paperasserie et à d'autres tâches telles que la conception d'une stratégie, l'établissement du budget, les contacts avec les clients... Il trouvait beaucoup plus efficace de se livrer à ces activités directement avec la participation des personnes intéressées.

Le véritable problème n'est donc pas le temps dont vous disposez, mais la manière de l'utiliser. Jugez-vous important de pratiquer le management baladeur, et tenez-vous à savoir ce qui se passe en première ligne ?

En résumé
1. Prévoyez de passer chaque jour un certain temps auprès des personnes dont vous êtes responsable. Le meilleur moment sera peut-être le matin. Dans ce cas, inutile d'aller au bureau tant que vous n'aurez pas effectué votre tour, en vous mettant bien en vue.
2. Concentrez-vous sur leur processus de travail et la manière de l'améliorer.
3. Communiquez une vision stratégique en connaissant parfaitement la philosophie de votre entreprise et traduisez-la en mots et en actes. Aidez vos collaborateurs à prendre conscience des objectifs d'ensemble.
4. Tenez parole. Si vous dites à un employé qu'il peut compter sur votre aide, aidez-le ! Si cela vous paraît difficile ou impossible, revenez le mettre au courant. Efforcez-vous de lui donner satisfaction.
5. Lorsque vous êtes auprès de vos employés, faites le nécessaire pour les aider à améliorer le travail en équipe et la coopération efficace.

CHAPITRE 8

L'ACTION IMMÉDIATE, OÙ QUE VOUS SOYEZ

« Le bureau, c'est là où l'on est et non
là où il se trouve. Le travail est ce que
l'on fait et non un endroit où l'on va. »

Objectifs
• Savoir ce qu'est le bureau de nouvelle génération.
• En connaître les principales tendances.
• Étudier les problèmes fréquemment rencontrés par les entreprises qui veulent l'instaurer.
• Définir un PEP spécial pour cette transition : informations et astuces pour passer rapidement au bureau de nouvelle génération.
• Étudier les problèmes rencontrés par les employés lors de l'instauration de ce principe et leurs solutions.
• Apprendre quelques astuces pour travailler efficacement dans le bureau de nouvelle génération.

Au début des années 90, je me souviens que l'un de mes collègues travaillant en Suède me racontait l'histoire d'une société de haute technologie sur le point de mettre en place ce qui était pour elle un changement radical de l'espace de travail des commerciaux. Elle allait supprimer les espaces de bureau assignés et créer un environnement ouvert où les commerciaux pourraient travailler à n'importe quel bureau disponible quand ils étaient dans l'entreprise. La société avait conçu des petits meubles de classement montés sur roulettes que les commerciaux sortiraient quand ils en auraient besoin. Quand un commercial devait travailler à un bureau, il prendrait son meuble sur roulettes, trouverait un espace disponible, se connecterait à l'un des ordinateurs et se mettrait au travail. Ce concept semblait merveilleux sur le papier, la société allait utiliser son espace de manière plus efficace, l'environnement de travail décloisonné allait permettre une meilleure collaboration entre les employés et les commerciaux allaient pouvoir faire la démonstration de la technologie dont ils vantaient les mérites.

Mais l'entreprise s'est heurtée à de gros problèmes. Comment le contenu de plusieurs meubles de classement entiers (ce que chaque commercial avait accumulé dans les bureaux existants) allait rentrer dans un meuble de classement à un seul tiroir ? C'est là que cette entreprise s'est tournée vers nous car elle savait que l'un de résultats du PEP était de pouvoir éliminer beaucoup de papier.

Nous avons accepté d'aider l'entreprise à s'attaquer à ce problème mais ce faisant, nous avons ouvert la boîte de Pandore et soulevé un grand nombre de questions.

La technologie de l'époque n'était pas encore très au point, les commerciaux aimaient le papier, les employés voulaient pouvoir mettre des photos de famille sur leur bureau, les locaux étaient trop bruyants. Il y avait beaucoup trop d'aspects à prendre en considération : cela a servi de leçon à cette société.

Ce qui semblait radical pour ce client à ce moment-là est maintenant devenu la norme. Les employés travaillent dans des bureaux non traditionnels, depuis leur voiture ou depuis leur domicile. Les nouvelles technologies et des environnements différents exigent de nouveaux modes de travail. Comment s'adapter au mieux à ces changements et en tirer le maximum ? C'est le sujet de ce chapitre.

Des environnements professionnels en pleine évolution

Pourquoi maintenant ?

Depuis les années 70 et même probablement avant, les entreprises cherchent des solutions alternatives à ce qui est devenu le bureau à cloisons modulables dépeint dans les aventures de Dilbert. Nos clients savent depuis des années que leur entreprise paie pour des espaces de bureau pratiquement vides qui génèrent des frais généraux fixes sans valeur ajoutée. Ils craignent également que leurs employés travaillent de manière routinière, en limitant leurs conversations et leurs réflexions aux mêmes collaborateurs encore et toujours.

Il semblerait que tout le monde se soit mis au concept de nouveaux bureaux. Pourquoi maintenant ? La réponse est : à cause de la technologie.

La technologie nous a apporté l'ordinateur portable, les téléphones portables, les pagers, les téléphones sans fil, les messageries électroniques, les messageries vocales, Internet, les intranets et les scanners. Chacune de ces technologies a contribué à changer la culture de bureau ou, comme l'appelle le Dr. Franklin Becker de l'Université de Cornell dans le livre de référence *Work-place by Design : Mapping the High Performance Works-pace* (Jossey-Bass, 1995) qu'il a écrit en collaboration avec Fritz Steele, « l'écologie du lieu de travail ».

Dans les années 70, les ordinateurs devaient rester dans de grandes salles à des conditions de température et d'humidité contrôlées. Seulement 30 ans plus tard, la portabilité des informations électroniques nous permet d'archiver et de retrouver des informations (sous réserve que nous appliquions et mettions correctement en pratique certains principes d'organisation) où que nous soyons, quand nous le voulons.

Le téléphone portable nous permet de pouvoir être joint où que nous soyons quoi que nous fassions, ce qui n'a pas que des avantages quand nous sommes au restaurant et que les téléphones portables de nos voisins n'arrêtent pas de sonner. En revanche, nous sommes bien contents d'en avoir un pour pouvoir répondre à un client de notre voiture, de l'aéroport ou même en faisant notre jogging. Aujourd'hui on peut travailler sans se rendre au bureau. Le téléphone portable, plus que tout autre appareil, nous permet d'affirmer : « le bureau c'est là où l'on est et non là où il se trouve ».

Dans le bureau de nouvelle génération, tous les employés peuvent être joints constamment et en temps réel grâce au téléphone sans fil. Ce dernier fonctionne par le biais d'un émetteur situé à l'intérieur d'un bâtiment, ce qui permet à l'employé de le prendre avec lui au lieu de devoir rester coincé à un bureau. Une fois de plus : « le bureau c'est là où l'on se trouve et non là où il se trouve ».

Connectez votre téléphone portable ou sans fil à une messagerie vocale et vous aurez encore moins de raisons de rester coincé à un poste de travail en particulier. Ajoutez à cela un Internet/intranet et une messagerie électronique et il devient encore plus clair que les avancées technologiques ont changé le bureau des années 1990-2000 en jouant un rôle essentiel et historique dans la création du bureau de nouvelle génération. Nous pouvons grâce à la technologie aller là où nous devons ou voulons aller et travailler quand même. Une fois de plus : « le bureau c'est là où l'on est et non là où il se trouve ».

Le bureau de nouvelle génération : qu'est-ce que c'est ?

Bien que les changements soient constants, la technologie a accéléré ces évolutions à un rythme hallucinant et oblige les acteurs du secteur à leur trouver sans cesse de nouveaux noms.

Aux États-Unis, le nom le plus utilisé pour ces nouveaux environnements de travail est « alternative office » ou AO. En Europe, l'expression de prédilection pour décrire cet environnement de travail en pleine mutation est « flex office » ou « bureau flexible ».

Les entreprises ont chacune leur nom pour ce processus : HP l'a baptisée « Next Generation Workplace » ou « Bureau de nouvelle génération » et Ernst & Young « Workplace of the Future » ou « Bureau du futur » tandis que d'autres l'appellent « bureau virtuel », « réservation de bureau », « bureau mobile ou nomade ».

Nous préférons penser l'évolution du lieu de travail en termes de générations, c'est pour cela que nous remercions HP de bien avoir voulu nous laisser utiliser son expression car pour nous c'est celle qui exprime le plus fidèlement les changements qui se sont opérés dans le secteur. Mais quel que soit le nom qu'on lui donne, il ne fait aucun doute que ce concept évolue et continuera à évoluer.

L'espace du bureau de nouvelle génération peut être divisé en cinq larges catégories : l'espace en libre accès, l'espace à réserver, l'espace dédié aux équipes, le bureau de passage et le bureau à domicile. Décider lequel est le meilleur ou lesquels combiner doit résulter d'une recherche approfondie en interne ou avec l'aide de consultants externes.

1. *L'espace en libre accès* est un concept où le premier arrivé est le premier servi. Pas besoin de réserver à l'avance, l'espace dispose de fournitures de base et de services mutualisés comme la reprographie et le courrier. Une attention particulière doit être portée aux communications et aux systèmes informatiques.

2. *L'espace à réserver* est un concept de pré-réservation d'espaces. Les employés nomades peuvent réserver un type spécifique d'espace pour une période donnée. En fonction du poste des personnes faisant la demande, des restrictions s'appliquent généralement sur le type d'espaces pouvant être réservé ainsi que sur la durée de la réservation.

3. *L'espace dédié aux équipes* est une zone qui peut être utilisée par plusieurs personnes pour le développement d'un projet. Il existe généralement différents espaces pouvant être utilisés à court ou à long terme. Certains espaces doivent être réservés alors que d'autres peuvent servir immédiatement.

4. *Le bureau de passage* est conçu pour les visites rapides d'employés nomades qui ne restent généralement pas longtemps. L'espace est en général facile d'accès, assez limité et dispose des fournitures de base. Pas besoin de réservation.

5. *Le bureau à domicile.* Certains employés travaillent de chez eux régulièrement ou de temps en temps.

Ces deux concepts sont employés avec succès aussi bien par les grandes que par les petites entreprises.

Nous participons à des ateliers consacrés au bureau à domicile depuis 1989. Bien que la technologie ait changé la structure de base du travail et que les messages électroniques soient devenus la forme de communication la plus courante, les besoins des personnes travaillant à domicile n'ont pour leur part pas beaucoup changé.

Il existe trois grands types de travail à domicile :

Petite entreprise à domicile (simple)
- Généralement peu d'employés.
- Toutes les informations et les décisions se font à un endroit.

Entrepreneur (plus complexe)
- Consultants, représentants de commerce indépendants, écrivains.
- Travail avec un nombre limité de personnes au même moment.
- Des informations provenant d'un grand nombre de sources.
- Domicile utilisé comme base de départ.

Employés d'entreprise (complexe)
- Directeurs, administrateurs, consultants en recrutement, commerciaux.
- Interface avec un grand nombre de personnes.
- Grandes quantités d'informations échangées régulièrement avec beaucoup de monde.
- De nombreuses sources d'informations variées.
- Besoin d'être en contact avec les autres.

Ces trois types de télétravail ont deux dénominateurs communs qu'il faut résoudre pour que cela fonctionne. Ces derniers sont :

1. Faire des choix au niveau personnel : le télétravail a ses avantages mais également ses inconvénients. D'un côté, on n'a pas à faire attention à comment on s'habille ni à se raser ou se maquiller car personne ne peut nous voir, à moins de disposer d'un équipement de vidéo-conférence, et on ne perd pas de temps dans les transports. De l'autre, ce qui compte aussi bien pour les télétravailleurs que pour leurs dirigeants, c'est le résultat et non le temps passé à l'atteindre, il est donc facile de passer trop de temps à travailler.

Travaillant moi-même à domicile comme certains de mes collaborateurs, je peux vous dire pour l'avoir constaté que la plupart des gens travaillant à domicile travaillent plutôt trop que pas assez car pour eux comme pour leurs responsables, seul le résultat compte.

Quand on travaille à domicile, on peut par exemple prendre une heure ou deux dans la journée pour aller voir sa fille jouer un match de tennis, ce qui est un merveilleux bonus pour la qualité de vie. Ce serait trop bête de s'en priver mais il faut établir des heures de travail fixes pour pouvoir arrêter à l'heure. C'est ce que je fais et je sais qu'en appliquant les principes du PEP et de planification décrits dans les chapitres 3 et 4 de ce livre les autres télétravailleurs peuvent également avoir des journées bien remplies mais raisonnables.

2. Comprendre qu'avoir un système de classement et contrôler ses informations sont des aspects essentiels. Si vous travaillez à domicile pour une entreprise qui se situe à une heure ou plus de transport de chez vous, vous ne pouvez pas vous permettre de ne pas avoir toutes les informations dont vous avez besoin pour finir votre travail. Le contrôle et le classement aussi bien des informations sous format électronique que papier sont indispensables à l'accomplissement efficace d'une tâche. Bien qu'il soit de plus en plus facile de recevoir des fichiers ou des documents en pièces jointes à des messages électroniques, il est difficile de trouver quelqu'un qui soit prêt à vous les envoyer. Les personnes à qui vous pourriez demander de l'aide soit travaillent également chez elles soit vaquent à leurs propres occupations et n'ont pas le temps de vous aider. Il est donc nécessaire, plus que jamais, de prendre le temps de planifier, établir des priorités et anticiper sur ce dont vous pouvez avoir besoin.

Votre entreprise envisage-t-elle de passer au bureau de nouvelle génération ?

Après avoir aidé plus de 50 sociétés au cours des dix dernières années à passer au bureau de nouvelle génération, nous sommes bien placés pour savoir ce qui fonctionne, ce qui ne fonctionne pas et les facteurs de réussite qui doivent être mis en place pour tirer parti au mieux de ce concept.

Il est important de garder à l'esprit qu'il ne s'agit pas seulement d'une question de locaux. C'est vrai que le coût de l'immobilier est souvent à l'origine de cette initiative mais cela ne se limite absolument pas à cela. Cette initiative affecte l'informatique, la communication, l'administration, les ressources humaines, l'efficacité personnelle, la productivité, les responsables du changement, l'exploitation (direction) et d'autres secteurs si nécessaire. Il arrive qu'un client qui s'engage dans une telle initiative mette en place un groupe de travail composé d'employés issus de ces différents services pour planifier de manière précise l'initiative proposée.

Il est bien sûr essentiel d'identifier ce que font vos employés et comment, puis d'incorporer ces données dans vos projets d'installations. Trois organisations avec lesquelles nous avons collaboré (Dr. Franklin Becker de l'Université de Cornell, Gensler et DEGW) sont spécialisées dans ce genre d'études et fournissent à leurs clients des informations détaillées sur les fonctions que remplissent leurs employés et sur les types de locaux les mieux adaptés à leurs besoins.

Au cours de nos expériences dans ce domaine, nous avons assumé un certain nombre de rôles qui auraient été négligés si nous n'avions pas pris part au processus. Ces points, qui sont discutés en détail dans ce chapitre sont les suivants :

- Clarifier, comprendre et favoriser les buts de l'entreprise.
- Bien sélectionner les meubles et leurs fonctions.
- Définir le rôle de la direction.
- Souligner la nécessité d'avoir un équipement approprié à l'initiative.
- Définir les éléments essentiels à la réussite de cette initiative.
- Établir les avantages immédiats et à long terme du processus de **PEP** de transition.
- Établir la cohérence structurelle du classement des informations.
- Établir des règles pour vous aider à faire la transition.
- Identifier des problèmes et leurs solutions pour bien s'intégrer et travailler efficacement dans ce nouvel environnement.

L'un de vos buts est-il de créer un bureau zéro papier ?

Depuis plus de dix ans, on nous parle de l'avènement du bureau zéro papier. Cette prédiction a été faite par des dizaines d'entreprises couvrant tous les secteurs de l'archivage et de la transmission d'informations. Tout comme la société « zéro-contrôle » promise dans les années 80, le bureau zéro papier restera sans doute au stade de mythe pour les années à venir.

La transition vers une société zéro papier sera un processus lent et progressif et non un événement révolutionnaire rapide. Il nous faudra encore des années avant de travailler sans papier ; il vaut mieux donc parler de bureau qui limite la quantité de papier que de bureau zéro papier.

C'est ce qu'a fait la société Alcoa basée à Pittsburgh en Pennsylvanie en baptisant de manière réaliste son initiative « Paper-wise ». Cette société a découvert que ce processus était progressif. Les initiatives prises sont destinées à limiter la quantité de papier et non à imposer sa disparition.

Nous nous trouvons pour la plupart entre deux mondes : celui du papier et celui de l'électronique. J'encourage pour ma part les gens à limiter l'utilisation du papier car il est bien plus facile de manipuler des informations qui se trouvent sur un support informatique.

Il faut se rendre à l'évidence : la plupart des informations sont produites et archivées électroniquement quelque part et si en plus on a un scanner, on peut archiver de manière électronique presque toutes les informations. Pourtant, nous trouvons toujours de bonnes raisons pour utiliser du papier : pouvoir inscrire des commentaires en marge, tourner les pages en avant ou en arrière, distribuer des informations à une réunion, aider ceux qui ne sont pas très calés en informatique. Cependant, il existe peu de raisons, en dehors des obligations juridiques ou procédures de l'entreprise, pour archiver à long terme des données sur format papier.

Comment choisir les meubles les mieux adaptés à vos besoins ?

Matériel + logiciels qui se complètent bien = système d'exploitation efficace
Les entreprises dépensent généralement beaucoup d'argent dans le mobilier mais pour que les employés puissent accomplir un travail de qualité constant au sein de ce nouvel environnement, il faut également qu'elles appliquent les principes du PEP.

Ces principes, qui sont expliqués dans cet ouvrage, leur permettront d'améliorer leur productivité et leur efficacité non seulement dans le bureau de nouvelle génération mais également tout au long de leur carrière professionnelle.

En améliorant leurs procédures de classement et en faisant davantage confiance à l'informatique, les entreprises peuvent arriver à limiter leur utilisation d'informations papier et l'espace nécessaire à leur classement.

Pour bien s'adapter à un nouvel espace de travail, il faut non seulement disposer de la bonne technologie mais également changer son mode de travail.

Apparence ou fonctionnalité ?

Il est évident qu'il est plaisant de travailler dans un espace agréable à l'œil mais il arrive que des personnes qui ne travailleront pas dans cet espace s'intéressent trop à l'aspect esthétique et pas assez à sa fonctionnalité.

Un des architectes d'intérieur travaillant sur un bureau en open-space pour une entreprise de haute technologie se préoccupait tellement des photos du projet fini qu'il a convaincu le reste de l'équipe d'élever la hauteur de la surface de travail principale de quelques centimètres pour que celle-ci soit plus haute que les autres. Malheureusement, cette différence de hauteur fait que certaines personnes ont du mal à travailler à cette table sans avoir mal au dos ou ajuster la hauteur de leur chaise plusieurs fois par jour, ce qui a rendu tout déplacement d'une surface de travail à une autre très problématique. Les chaises de bureau modernes ont été conçues pour être réglables en fonction des différentes personnes et non pour être ajustées par le même individu des dizaines de fois par jour.

Le directeur d'une des entreprises pour lesquelles nous avons travaillé devait choisir entre des meubles hauts qui permettraient à chaque employé d'avoir un espace de classement au-dessus de son ordinateur et des meubles bas qui augmenteraient la visibilité et faci-literaient le contact visuel entre les membres du groupe. Les deux solutions étaient possibles mais il était évident que les employés avaient besoin d'un espace de classement, ce qui aurait dû pousser la direc-tion à opter pour les meubles hauts. Au lieu de cela, le directeur, qui n'allait pas travailler dans ces bureaux, a choisi l'autre option et les employés administratifs sont confrontés tous les jours au manque de place de classement et doivent transférer les dossiers d'une surface de travail à une autre. La concentration et la productivité en pâtissent.

Il faut également penser au fait qu'un grand nombre de personnes vont passer beaucoup de temps dans cet espace de travail. Il est donc important que l'espace fonctionne bien et que l'équilibre entre l'apparence de l'espace et sa fonctionnalité soit bon.

Le rôle que joue la direction dans la réussite d'une transition

Après avoir passé dix ans à aider des centaines d'entreprises et des milliers de personnes à opérer ce genre de transitions, nous avons dressé une liste des éléments qui contribuent à la réussite de cette initiative. La plupart d'entre eux tournent avec raison autour du rôle joué par la direction dans le processus. En suivant ces indications, vous mettrez toutes les chances de votre côté pour réussir cette transition :

1. La direction doit être impliquée de façon visuelle, vocale et pratique dans le processus de transition.

2. Les instructions et la formation de préparation au changement doivent être intégrées dans le processus de transition aussi bien pour les individus que pour les équipes.

3. Les participants ne doivent pas prévoir d'autres engagements au moment des programmes de formation/communication sur la transition. Tous les niveaux de direction doivent être conscients de ces formations et ne pas prévoir d'autres engagements pendant ces séances.

4. La direction générale doit répéter encore et toujours aux dirigeants et cadres intermédiaires qu'ils peuvent et doivent participer à ces formations.

5. Ces derniers doivent indiquer à leurs employés qu'ils peuvent et doivent participer à ces formations.

Le bon équipement pour favoriser cette initiative

Chaque employé prenant part à cette initiative doit disposer d'un bon équipement afin d'être productif et efficace. Il s'agit la plupart du temps du bon PC ou ordinateur portable, d'un lecteur de CD-rom ou d'autres supports de stockage de données, d'une imprimante, d'un télécopieur ou modem, d'un téléphone et de matériel de reprographie. Ce sont les équipements de base d'un bureau normal. Pour passer au bureau du futur il faudra opérer des changements et des mises à niveau majeurs de ces équipements afin qu'ils s'adaptent au mieux au nouveau mode de travail de l'employé. L'outil qui vous sera le plus utile pour endiguer le flux de papiers est le scanner.

Nous entendons souvent les personnes avec qui nous travaillons nous dire : « Je dois conserver ce document ou ces informations car elles ne sont pas disponibles sous format électronique ». Nous leur demandons alors si elles disposent d'un scanner et souvent la réponse est : « Non », « Nous pensons en acheter un » ou « Il y en a un dans le service d'à côté ».

Le scanner est très important pour résoudre la question du papier. Presque tout, des vieilles lettres tapées à la machine aux articles de magazine en passant par les notes écrites à la main, peut être converti sous format électronique.

Nous encourageons les organisations et les personnes désireuses de se diriger vers un environnement électronique de faire du scanner une part intégrante de leur processus. La technologie des scanners s'est beaucoup améliorée ces dernières années même s'il y a encore beaucoup de chemin à parcourir pour les rendre aussi faciles à utiliser que les imprimantes. Nous sommes persuadés que des fabricants tels que Hewlett Packard sont conscients des besoins de leurs clients et se consacrent à la mise au point de scanners plus conviviaux.

Pour les documents scannés comme pour les autres documents électroniques, il est important de se rappeler que le principal problème consiste à classer et archiver les informations de façon à pouvoir les retrouver rapidement au besoin.

Le PEP et le passage au bureau de nouvelle génération

Chez IBT, nous aidons les entreprises à passer au bureau de demain depuis plus de dix ans. De par notre expérience, nous connaissons l'importance que revêt le PEP dans cette transition mais ce sont nos clients qui en parlent le mieux.

L'un de nos clients basés dans le nord-est des États-Unis nous a ainsi dit après avoir étudié le processus de PEP et son approche de la transition d'un point de vue individuel : « Vous êtes la solution à nos problèmes, le PEP était le chaînon manquant dans notre processus ! »

Un autre client basé dans le nord-ouest des États-Unis nous a confié que lors d'un groupe de travail post-transition, 100 % des participants à ce processus pensaient que le PEP était une partie intégrante essentielle à cette transition.

Le PEP et le processus de transition

Que ce passage soit le déménagement de quelques personnes dans le bureau d'à côté ou celui de toute une entreprise à l'autre bout du pays, certains éléments essentiels (plan, informatique et communication) doivent être résolus.

De par notre expérience, nous savons que si on n'attache pas la même attention à certains détails comme les réactions des employés à cette transition, certaines tensions peuvent apparaître et certaines occasions seront manquées.

Les besoins des employés et le facteur humain sont le plus souvent négligés lors de ce passage. Il n'existe souvent pas de structure en place pour aider les employés à s'organiser, à faire leurs cartons et à les défaire. Pourtant il est impératif d'inclure ces étapes au sein d'un processus proactif et continu avant même de commander les meubles et d'arrêter les dates du déménagement.

Après une transition vers de nouveaux bureaux, un cabinet d'architectes d'intérieur a recommandé à une société de services financiers de faire appel à nous car ses employés ne pouvaient pas y travailler. Après avoir rencontré des membres de la direction et des employés, nous avons compris que certains détails primordiaux n'avaient pas été pris en compte à l'avance. Ces détails étaient notamment :

• Que les dirigeants qui n'étaient pas souvent à leur bureau occupaient les espaces à côté des fenêtres alors que le personnel administratif qui y travaillait toute la semaine était relégué au centre sans vue vers l'extérieur.

• L'espace de classement était uniquement alloué selon la hiérarchie sans aucune considération pour le type de poste.

• Le fait que certains employés soient gauchers n'a jamais été pris en compte que ce soit pour les bureaux attitrés ou les bureaux en libre accès.

• Le processus ne prenait pas en compte les différences de tailles des employés.

• Aucune structure n'avait été mise en place pour aider ou former les employés en vue de cette transition.

La clé de la réussite :
cohérence structurelle de l'organisation
de l'information

Trouver ou ne pas trouver ?
Telle est la question

L'une des leçons les plus importantes du PEP (que j'ai détaillé dans le chapitre 2 de cet ouvrage ainsi que dans mon livre *The High-Tech Personal Efficiency Program*) est que pouvoir retrouver les informations est l'un des facteurs essentiels pour commencer à travailler.

Lors de la préparation à la transition vers le bureau de nouvelle génération, il faut prendre en compte deux éléments :

1. Comment classer les informations pour les retrouver quand on en a besoin ?

2. Comment conserver et classer les informations sous format électronique et papier ?

L'un des principaux objectifs dans la conception d'un bureau de nouvelle génération est généralement de réduire le volume d'information conservée sur papier. Ceci est un but à la fois nécessaire et réaliste pour assurer le passage vers le bureau de nouvelle génération. D'après les études que nous avons réalisées, plus de 50 %

des informations conservées sous format électronique ou papier ont perdu toute valeur. Pourtant la seule raison pour laquelle nous devons conserver certaines informations est que nous sommes persuadés que nous ne les retrouverons pas facilement autre part.

Par le passé, du fait du coût de production et de distribution du papier, les informations imprimées conservaient leur valeur pendant des mois voire des années. Aujourd'hui, les informations peuvent être facilement mises à jour et distribuées à moindre coût. Cette rapidité a pour effet de rendre caduques des informations vieilles de seulement quelques jours. Afin de conserver ce qui a de la valeur et de jeter ce qui n'en a plus, nous avons besoin d'un processus d'organisation des informations qui nous soit utile en tant que méthodologie autonome.

Papier ou électronique : il faut choisir

Le vice-président en charge de l'informatique d'une des entreprises avec lesquelles nous avons travaillé recevait chaque jour quelque 300 messages électroniques qu'il faisait imprimer et classer par son assistante (c'est une histoire courante que nous avons entendue des dizaines de fois au cours des dernières années). Après avoir suivi le processus de PEP, cette personne qui comprenait l'informatique mais pas comment la tourner à son avantage a mis un terme à l'habitude inutile et inefficace de conserver sous format papier des informations disponibles sous format électronique. Non seulement cela lui a fait gagner du temps ainsi qu'à son assistante mais il a arrêté de produire 2,5 centimètres d'archives par jour, ce qui fait environ 6,30 mètres par an !

Pire encore, après examen de ses fichiers, nous avons découvert qu'il n'imprimait et ne classait pas seulement ses messages électroniques mais également tout ce qu'il avait sur son ordinateur. Le problème est qu'il n'était pas sûr de retrouver quoi que ce soit dans son ordinateur (comment classer ses informations sous format électronique et papier est expliqué au chapitre 3).

Après avoir appris comment classer ses informations pour qu'il puisse les retrouver sur son ordinateur, il a décidé de jeter plus de 80 % des papiers qu'il conservait.

Mieux, il est passé du stade où il était persuadé qu'il ne pourrait pas fonctionner dans un bureau de nouvelle génération à un stade où il est devenu le champion de cette transition dans son entreprise.

En bref, il est plus simple de manipuler des documents électroniques que des documents papier. Pouvoir contrôler et manipuler les documents électroniques c'est être capable de travailler efficacement dans le bureau de nouvelle génération.

Travailler dans le bureau de nouvelle génération

Travailler dans le bureau de nouvelle génération sera différent de travailler dans un bureau traditionnel. Les problèmes rencontrés et leurs solutions peuvent être classés en quatre catégories séparées : direction et assistance, bureau dans une entreprise, bureau à domicile et bureau mobile. Bien que nous abordions ces catégories séparément, celles-ci peuvent être utilisées parallèlement ou ensemble.

L'efficacité de la direction et de l'assistance

Loin des yeux mais pas loin de l'esprit

Pour diriger dans le bureau de demain, il faut comprendre que les employés ne doivent pas être évalués en fonction du temps qu'ils passent dans le champ de vision de leur dirigeant mais en fonction des résultats de leur travail.

Les véritables critères d'évaluation sont : *le travail a-t-il été fait à temps ? A-t-on répondu aux attentes et aux besoins du client ? Le travail accompli correspond-il aux objectifs et aux procédures de la société ?* Si la réponse à ces trois questions est oui, alors la probabilité que le travail a été fait correctement et que le retour du client sera bon est élevée.

Au cours des dix dernières années, beaucoup d'encre a coulé sur la gestion et l'évaluation de la productivité et de l'efficacité de ses employés. Si vous êtes dans une situation « nomade » ou de direction, il est bon de consulter des responsables de ressources humaines, de développement des organisations ou de la gestion du changement pour bénéficier d'un avis professionnel éclairé.

Assistance : où aller et que faire ?

Sans aucun doute, les progrès technologiques ont créé un nouveau besoin : l'assistance ! Les entreprises ont conçu l'assistance informatique pour aider les employés à utiliser et réparer tous les outils électroniques qu'ils utilisent dans notre monde hautement technologique.

Nous avons travaillé en collaboration avec les services informatiques de dizaines d'entreprises. Les employés de ces services d'assistance font tout leur possible pour vous aider, vous, leur client, à conserver des outils informatiques en bon état de marche, ils s'y connaissent dans des domaines précis, peuvent résoudre des problèmes en personne ou au téléphone et savent où aller pour obtenir l'information dont vous avez besoin.

Le problème c'est que nous attendons toujours trop longtemps avant de les appeler car nous pensons souvent à tort que les petits problèmes électroniques se résoudront d'eux mêmes, ce qui n'est presque jamais le cas. Le plus souvent, ces petits problèmes qui auraient été résolus en quelques secondes deviennent de gros problèmes avec les soucis, les heures de travail perdues et le stress inutile que cela implique.

Si le principe d'action immédiate ne devait s'appliquer qu'à un domaine, ce serait bien celui de l'électronique. La prochaine fois que vous avez l'impression que vous devriez appeler le service d'assistance pour vos outils électroniques, appliquez le principe de l'action immédiate et appelez avant que les petits problèmes qui auraient pu être réglés rapidement ne deviennent gros et ne vous fassent perdre un temps précieux.

Les défis posés par le bureau du futur

Au niveau individuel

1. Utilisation des agendas électroniques. Quand je suis rentré dans le monde du travail, j'ai été confronté au rituel du choix de l'agenda. Chaque année je devais décider du type et de la taille de l'agenda que j'allais utiliser l'année suivante.

J'en ai utilisé des petits qui tiennent dans la poche et des grands qui ne tiennent que dans une mallette. J'ai essayé des agendas avec un format quotidien, hebdomadaire et mensuel. Chaque format présente des avantages : le format quotidien permet de voir en détail tous les rendez-vous de la journée et de disposer de beaucoup de place pour écrire. Le format hebdomadaire vous donne une vue plus complète de la semaine, aide à planifier à moyen terme et laisse assez de place pour écrire. Le format mensuel vous donne une vue d'ensemble de tous les événements à venir et permet de planifier efficacement mais laisse peu de place pour écrire.

Même Stephen Covey dans son best-seller *Les sept habitudes des gens efficaces*, consacre quelques pages au choix de l'agenda.

Avec un agenda électronique, vous n'avez plus à faire ce choix cornélien car vous pouvez changer de format en appuyant sur une seule touche : c'est la seule façon de travailler dans le bureau de demain. L'espace pour noter les rendez-vous et les plages horaires que vous vous réservez pour votre propre travail est illimité et vous en avez encore pour vos pense-bêtes, vos listes de tâches à réaliser, le suivi des tâches déléguées et vos notes. Reportez-vous au chapitre 4 pour en savoir plus sur l'utilisation et la valeur apportée par un agenda électronique.

2. Utilisation des gestionnaires de données personnelles et des gestionnaires d'informations personnelles. Ces gestionnaires (tels que le Palm Pilot) sont de petits dispositifs électroniques de poche qui font tout ce que fait un agenda électronique.

Ce qui les rend si utiles c'est qu'ils transfèrent grâce à un socle de synchronisation les informations qu'ils contiennent vers un PC, un ordinateur portable ou un dispositif de poche. Ils permettent également de transférer des informations par infrarouge d'un dispositif à un autre.

Ils sont sans aucun doute les outils de prédilection du bureau de nouvelle génération. Nous ne pouvons qu'applaudir et nous féliciter de ce passage vers une mobilité électronique totale.

3. *Paperasse administrative et moins d'assistance* : appliquez les principes de l'action immédiate. Vous détestez comme tout le monde la paperasse. Cela a toujours été le cas et cela n'est pas près de changer. C'est normal de ne pas aimer la paperasse mais nous devons quand même accepter certaines choses.

Tout d'abord, le monde de l'assistanat administratif évolue depuis des années. Quand nous avons commencé à travailler avec des entreprises américaines à la fin des années 80, presque tous les cadres ayant un titre de vice-président ou au-dessus avaient une secrétaire. Au début des années 90, nous avons vu ce ratio d'une secrétaire par cadre tomber à une secrétaire pour deux cadres. Aujourd'hui, les sociétés cherchent à limiter les coûts fixes, il est donc désormais courant de voir un ratio d'une secrétaire pour quatre cadres.

Deuxièmement, l'ordinateur a changé notre manière de travailler et le type de travail que nous faisons. Récemment, nous avons travaillé avec une grosse entreprise dans le domaine des services. Le supérieur hiérarchique qui était assez âgé faisait remplir ses notes de frais par sa secrétaire alors que sa collaboratrice un peu plus jeune remplissait ses notes de frais toute seule sur son ordinateur : les modes de travail évoluent. Aujourd'hui, de nombreux cadres écrivent leurs propres lettres et ne demandent à leur secrétaire que de les mettre en forme et de les imprimer pour les distribuer : quel changement par rapport à l'époque des dictaphones et des dactylos !

Troisièmement, nous vous recommandons de faire toujours ce que vous aimez le moins avant toute chose. Nous avons tous tendance à retarder les choses que nous n'aimons pas faire et à ne nous y mettre que quand il y a crise. Pour retarder encore cette échéance, nous mettons encore plus de temps à faire ce que nous aimons avant. C'est un processus hautement ineffi-cace, source de stress inutile.

Au début de la journée, demandez-vous ce que vous avez de pire à faire et faites-le. Demandez-vous la même chose une heure ou deux avant la fin de la journée et faites-le ! C'est la meilleure façon d'en finir avec la paperasse et les tâches les moins plaisantes.

4. Organisation et maintenance des fichiers papier et électroniques. Dans le bureau de nouvelle génération, le contrôle de l'information est essentiel. J'ai indiqué dans les chapitres précédents des modèles complets pour classer les informations de façon à les récupérer rapidement. Il n'y a pas de solution miracle, il faut prendre un rendez-vous, que vous notez dans votre agenda, avec vous-même pour mettre au point votre système de classement aussi bien électronique que papier.

Après avoir classé vos informations dans un système qui vous permet de savoir où chaque chose se trouve à tout moment, il faut maintenir l'intégrité de vos informations. Transférer les informations au bon endroit de votre système de classement et effacer les informations qui ont perdu de la valeur sont des tâches essentielles pour appréhender le monde en rapide mutation dans lequel nous vivons.

Les informations sont l'ADN de la connaissance. Si nos informations sont incomplètes, alors la connaissance que nous en tirons le sera également. S'astreindre à un entretien régulier de ses informations dans un cadre donné est essentiel pour garder confiance dans son système de classement des informations.

Je vous conseille de planifier sur votre agenda des plages de temps à intervalles réguliers, que ce soit tous les mois, tous les trimestres, tous les six mois ou tous les ans pour trier et améliorer vos systèmes de classement papier et électronique.

5. *Besoin de conserver, entretenir et utiliser plus d'informations électroniques.* Dans le bureau du futur, nous pouvons prédire que nous serons dans des conditions physiques en constante évolution. Le mieux sera de disposer des informations dont nous avons besoin sur un format portable et électronique.

Les gens nous disent souvent qu'ils conservent des choses sous format papier car ils craignent de ne pas pouvoir facilement retrouver les informations sur leur ordinateur. En appliquant les principes de classement du PEP et en procédant à un entretien régulier de vos données, vous pourrez trouver tout ce dont vous avez besoin sur votre ordinateur.

6. *Imprimer pour utiliser et non pour archiver.* Ne pas imprimer de documents électroniques pour les archiver. Il existe de centaines de bonnes raisons d'imprimer des informations, notamment pour les partager au sein d'un groupe, lire un grand nombre de pages ou comparer certaines informations avec d'autres mais quand les informations sont disponibles

sous format électronique, il est inutile de les conserver longtemps.

L'une de nos clientes a décidé d'évaluer la valeur du papier. Elle organisait une réunion pour un groupe de dix personnes. Afin de partager au mieux les informations, elle a imprimé de nombreuses copies de lettres et de rapports à distribuer au groupe. À la fin de la réunion, elle a indiqué à tous là où les informations qu'elle venait de distribuer pouvaient être trouvées sur le réseau. Elle a ensuite dit à tous les participants à la réunion qu'ils pouvaient laisser les papiers dont ils ne pensaient pas avoir besoin. Plus de 80 % du papier qu'elle avait imprimé resta dans la salle de réunion et alla directement à la poubelle.

Problèmes au niveau de l'équipe

1. Savoir où chacun se trouve à un moment donné. Dans le bureau de nouvelle génération, nous serons nombreux à travailler dans un environnement d'équipe virtuelle. Les membres de l'équipe pourront se trouver n'importe où, à l'autre bout du pays ou en train de travailler chez eux. Quelquefois pouvoir contacter une personne rapidement peut faire toute la différence. Nous devons donc employer des techniques efficaces pour savoir où tout le monde se trouve, ce qui demande un peu de bon sens et de créativité.

La manière la plus efficace est d'utiliser un agenda accessible par tous sur le réseau où chacun inscrit où il se trouve à un moment donné, ce qui requiert une certaine régularité et responsabilisation de la part de tous les membres. Il faut donc se mettre d'accord pour que chacun saisisse dans l'agenda électronique toutes les informations concernant ses activités futures.

On m'a souvent demandé comment procéder avec des rendez-vous d'ordre privé comme des rendez-vous chez le médecin ou des entretiens d'embauche. Mon conseil est de n'écrire que des indications générales pour ce type de rendez-vous. Ce processus permet de garder votre vie privée mais vous permet d'informer les autres afin qu'ils puissent prendre les décisions qui s'imposent.

Une autre manière d'assurer le suivi de chacun est de tenir des réunions hebdomadaires où chacun résumera brièvement son planning pour la semaine suivante. Dans le bureau de nouvelle génération, ces réunions ne se feront pas obligatoirement en face à face mais pourront prendre la forme de conférences téléphoniques.

2. Classement et entretien des dossiers électroniques et papier de l'équipe. Les informations de l'équipe sont un peu plus difficiles à classer et à entretenir que les fichiers individuels car elles exigent l'engagement, le suivi et le feedback de tous les membres de l'équipe. Cependant, dans le bureau de nouvelle génération, il est vraiment nécessaire que les informations soient disponibles à tous les membres tout le temps.

Il faut établir des conventions pour nommer aussi bien les fichiers papier qu'électroniques au cours d'une ou plusieurs réunions tenues spécialement à cet effet. Le temps passé à cela n'est pas perdu, c'est un investissement dans le potentiel de l'équipe à faire son travail de manière efficace.

En bref, la convention consiste à aller du plus général au plus spécifique.

Nous avons animé ce genre de réunions d'équipes dans des entreprises. Une fois que l'équipe a compris que le but était de retrouver les informations et non de les classer, le processus s'engage facilement.

Pendant que l'équipe décide de cela, chacun de ses membres doit s'engager à archiver et mettre à jour une partie des dossiers en temps réel.

Si certains membres de l'équipe ne tiennent pas leurs promesses, il faut les rappeler à l'ordre lors des réunions d'équipe car toute l'équipe pâtit de leur manquement. Il faut le faire de manière ouverte, honnête, sans rechercher le conflit, pour que ce type de feedback aide les membres de l'équipe à respecter leurs engagements.

Le bureau de nouvelle génération étant actuellement un endroit où les informations électroniques côtoient les informations papier, cette discussion s'applique aux deux domaines. D'après moi, il est plus facile de mettre à jour les informations sous format électronique que sous format papier car on peut déplacer les fichiers, les renommer et les effacer, ce qui rend le processus plus facile à manipuler.

3. Être prêt à partager et communiquer ses connaissances. Dans l'environnement en rapide mutation du bureau de nouvelle génération, il n'est pas possible ni nécessaire que tout le monde sache tout ce qui se passe à tout moment ni comment fonctionnent tous les outils électroniques.

Dans le bureau de nouvelle génération, nous devons régulièrement, continuellement et spontanément partager des informations avec nos collègues et les membres de l'équipe dès que nous en avons connaissance.

Nous devons oser poser les questions sans avoir peur de montrer notre ignorance sur certains points. En travaillant avec des équipes de tous les secteurs du privé et du public, j'ai été étonné de constater que presque toutes les réponses aux questions que se posaient les gens sur la technologie étaient connues.

On n'en pose tout simplement pas assez. Il n'y a pas de questions bêtes si ce n'est celles que l'on ne pose pas. Si vous posez vos questions d'ordre informatif ou technologique à un groupe de vingt personnes, il est probable que quelqu'un connaîtra la réponse ou saura où la chercher.

Message téléphonique

1. Faites court (moins d'une minute). Prévoyez la possibilité de tomber sur une messagerie quand vous composez un numéro, pensez à ce que vous avez à dire et dites-le en peu de mots. Je pense pour ma part que la plupart des messages sont deux fois trop longs.

Vous devez également pousser ceux qui ont tendance à laisser des messages interminables à les raccourcir, ce qui pourra se révéler utile non seulement pour vous mais également pour tous leurs correspondants.

Dans l'une des entreprises avec qui nous avons travaillé, la longueur des messages est récemment passée de trois à deux minutes. Tous les employés de l'entreprise en ont été prévenus à plusieurs reprises et se sont rapidement rendu compte que les messages pouvaient être plus courts avec le même contenu informatif.

Dans le monde concurrentiel dans lequel concourt cette entreprise où la rapidité est le mot d'ordre, le résultat a été phénoménal : avec 15 000 employés recevant en moyenne 20 messages par jour, 500 000 heures ont été gagnées par année pour toute l'entreprise.

2. Selon vos goûts, utilisez-le à bon escient. Les personnes qui aiment recevoir des informations par oral aiment les messages vocaux contrairement aux personnes qui aiment recevoir les informations par écrit.

Le mieux est de demander à vos interlocuteurs s'ils préfèrent communiquer par message électronique ou téléphonique, ils vous le diront volontiers et indiqueront le laps de temps de réponse auquel ils s'attendent. Les équipes doivent également tomber d'accord sur leur façon de communiquer afin de travailler efficacement. Établissez des protocoles d'échange d'informations au moment de la formation de l'équipe, ce qui vous évitera de nombreux problèmes de communication.

3. Bonne utilisation des icônes « Urgent priorité », n'en abusez pas. L'un de mes collaborateurs qui a commencé sa carrière comme commercial dans une grosse entreprise de haute technologie m'a raconté cette histoire. Alors qu'il était encore en formation, l'un des employés de l'usine lui a expliqué que chaque commande classée urgente était traitée comme une commande ordinaire car pour l'entreprise toutes les commandes étaient urgentes et que sans justification spécifique, ils ne pouvaient pas prendre d'initiative particulière.

C'est la même chose dans le bureau de nouvelle génération. Certains classent tous leurs messages comme « urgents/priorité » et les gens n'en tiennent plus compte. Si vous voulez que les gens prennent ces icônes au sérieux, il faut les utiliser avec parcimonie et à bon escient.

4. Laissez votre numéro deux fois. Dans le bureau de nouvelle génération, on n'est jamais sûr de l'endroit où se trouve notre interlocuteur quand il écoute notre message, cela peut être dans sa voiture, dans un aéroport ou en train de faire autre chose. Facilitez-lui la tâche en donnant votre numéro deux fois, une fois juste après vous être présenté au début du message et une deuxième fois vers la fin du message.

Messages électroniques

En quelques années, les messages électroniques sont passés du stade de promesses pour les entreprises à celui de problèmes pour les entreprises. Les messages ont fait couler plus d'encre que n'importe quel autre outil utilisé par les entreprises. La plupart de ces articles glosent sur les abus et le mauvais usage des messages électroniques. Dans le bureau de nouvelle génération, les équipes n'ont pas de temps à perdre avec ce genre de problèmes. Nous avons abordé les bons protocoles d'utilisation des messages électroniques au chapitre 3 mais dans le bureau de nouvelle génération, certaines règles supplémentaires se révèlent utiles.

• *Messages.* Traitez tout dans les 24 heures ou établissez un protocole de temps de réponse pour les membres de l'équipe.

• *Dossiers/catégories.* Créez-en à chaque fois que le besoin s'en fait sentir et triez-les régulièrement.

• *Liste de tâches à accomplir.* Ne dépassez pas un écran (sans barre de défilement) de choses à faire dans votre boîte de réception.

• *Message d'absence.* Utilisez-le pour informer les autres membres de l'équipe afin qu'ils puissent prendre des décisions professionnelles

• *Messages caducs.* Effacez ceux qui ont perdu leur intérêt de votre boîte de réception, des dossiers « messages envoyés » et autres.

• *Bon usage des paragraphes et de la grammaire.* Appliquez ces principes pour que les personnes puissent comprendre facilement vos messages.

• *Pièces jointes.* Elles ne doivent être utilisées que pour ajouter des informations et non comme message lui-même.

• *Un seul sujet par message.* Cette limitation permet d'améliorer le délai et la qualité de votre réponse.

• *« Pour votre information ».* Ayez une bonne raison professionnelle pour envoyer des messages « Pour votre information ».

• *Listes de distribution.* Réactualisez-les régulièrement et utilisez-en de spécifiques pour des buts précis

• *Messages de remerciement et d'agrément.* N'en envoyez plus, ne répondez que si vous ne pouvez pas donner suite à une demande ou si vous n'êtes pas d'accord.

• *Carpe Diem.* Vivez le moment présent et appliquez le principe d'action immédiate.

Cette liste n'est pas exhaustive et je suis sûr qu'il y a encore beaucoup de choses à ajouter. Si vous consultez le site Internet d'IBT *(www.ibt.fr)*, vous trouverez dans la section « Bureau de nouvelle génération » un endroit où vous pouvez ajouter vos commentaires et suggestions. N'hésitez pas à nous faire part de vos trucs et astuces. Je les indiquerai sur le site pour que d'autres puissent tirer profit de votre expérience.

Autres questions à propos du bureau de nouvelle génération

Le bureau de nouvelle génération ne ressemble en rien à celui de Dilbert. Nous devenons de plus en plus conscients de ce qui nous entoure ; les espaces étant plus ouverts, nous devons modifier nos comportements notamment en ce qui concerne :

1. La nourriture : les sons et les odeurs peuvent être envahissants et déranger certains. La cafétéria ou les parties communes sont faites pour déjeuner ou grignoter et il n'y a rien de mal à prendre une pause ou se restaurer.

2. Les personnes qui crient. Dans le bureau de nouvelle génération, tout le monde vous entendra si vous criez « comment as-tu trouvé le match hier soir ? » à l'autre bout de la pièce. Les conversations privées peuvent avoir lieu dans de petites salles de conférence en libre accès prévues à cet effet. Si les autres ont ce comportement, vous devez pour votre bien et celui des membres de votre équipe leur demander le plus tôt possible d'en changer en soulignant les conséquences de leur façon d'agir. Ils ne le font certainement pas intentionnellement et n'en sont peut-être même pas conscients.

3. Interruptions. Dans le bureau de nouvelle génération, il n'y a généralement pas de porte ou quand il y en a elles sont tout le temps ouvertes. Nous devons être conscients que nous dérangeons si nous rentrons dans le bureau de quelqu'un alors que celui-ci est en train de taper une proposition pour un client. La plupart des interruptions peuvent attendre un moment défini ou plus approprié. Procéder par séquence est une compétence à appliquer dans le bureau de nouvelle génération.

4. Haut-parleurs sur les téléphones. Ceux-ci n'ont plus leur place dans l'environnement ouvert du bureau de nouvelle génération pour des raisons évidentes. Si vous souhaitez avoir une conversation à plusieurs ou en ayant les mains libres, il faudra aller dans une salle de conférence fermée équipée de haut parleur.

5. *Respect des nouveaux protocoles.* Il faut quelquefois un peu de temps pour s'habituer aux nouvelles habitudes de travail en commun requises par le bureau de nouvelle génération. La liste des nouvelles méthodes de travail collectif sur laquelle vous vous êtes mis d'accord doit être affichée de manière proéminente à plusieurs endroits du bureau.

D'après notre expérience, il faut environ six mois pour que le bureau de nouvelle génération prenne vraiment forme et pour que les habitudes collectives deviennent naturelles.

6. *Rester dans l'espace réservé que l'on vous a alloué.* Si la réservation d'espace est le mode choisi par votre entreprise pour le bureau de nouvelle génération, il faut que vous restiez dans l'espace qui vous a été alloué. Le même système électronique qui vous réserve l'espace par ordre d'arrivée vous transfère les personnes et les appels téléphoniques. Si vous n'êtes pas à l'espace qui vous est réservé, ni les personnes ni les informations ne peuvent venir jusqu'à vous, ce qui crée un effet boule de neige pour les autres. Comme dans tout système de réservation, plus vous vous y prenez tôt, plus vous aurez de chances d'avoir le type d'espace et l'emplacement que vous souhaitez.

7. *Rapporter les téléphones sans fil et autres outils au bureau central.* Les téléphones sans fil ont des batteries limitées. Quand vous quittez le bureau, rapportez votre téléphone pour le recharger. Dans certains cas, rapporter les téléphone sans fil vous pousse à traiter plus rapidement vos messages téléphoniques.

Bien sûr, tous les outils et dispositifs partagés doivent également être rapportés au bureau central pour que les autres puissent également en profiter.

8. *Fournitures spéciales aux postes de travail réservés.* Le type de fournitures disponibles aux postes de travail réservés est limité : un peu de papier, des stylos, des trombones. Si les fournitures que vous utilisez ne se trouvent dans cette liste, je vous conseille de prendre un dossier de classement accordéon à base renforcée, de le remplir des fournitures dont vous avez besoin et de le pendre dans votre meuble de classement pour y avoir accès facilement quand vous êtes au bureau.

9. *Panneau « Ne pas déranger ».* Certaines personnes me disent qu'elles mettent un panneau « Ne pas déranger » à leur poste de travail mais que personne n'en tient compte.

Et c'est normal. Un panneau « Ne pas déranger » ne donne pas assez d'informations aux personnes qui doivent décider de vous interrompre ou pas.

Par exemple, si un membre de votre équipe doit répondre à un client à une réunion qui a lieu à 14 h, que vous êtes le seul à connaître la réponse, qu'il est 9 h 30 et que vous avez mis un panneau indiquant « Veuillez ne pas déranger avant 10 h », il y a de grandes chances pour votre collègue attende jusque là pour vous poser la question. En revanche, si le panneau indique : « Veuillez ne pas déranger avant 15 h », votre collègue décidera sans doute de vous déranger pour avoir la réponse à sa question.

Les panneaux « Ne pas déranger » indiquant un laps de temps pendant lequel vous ne voulez pas être dérangé donneront de bonnes indications aux autres personnes pour qu'elles puissent prendre leurs décisions professionnelles et permettront de limiter le nombre d'interruptions sans pour autant les éliminer.

Diverses questions se posant dans le bureau à domicile de nouvelle génération

Un bon bureau à domicile crée un environnement efficace pour contrôler, trier et retrouver les informations nécessaires à la création et au travail (figure 8.3). Les facteurs de productivité sont :

1. Un espace de travail réservé. C'est impératif. La table de la salle à manger ou la table de la cuisine ne sont pas appropriées. Cet espace réservé peut être une partie d'une pièce séparée par un paravent dans un petit appartement ou bien une pièce entière dans une maison plus grande.

Attention : Certains conseillent de placer le bureau dans un coin de l'entrée. Autant que possible, évitez de placer votre bureau dans une pièce où tout le monde passe. De par notre expérience, nous savons combien l'attention et la concentration sont importantes dans l'accomplissement d'un travail intellectuel. Si les membres de votre famille, même le chien, passent dans la pièce, cela peut constituer une distraction inutile.

2. Le mobilier doit être de qualité. Ce qui ne veut pas dire que vous deviez dépenser une fortune. Vous pouvez acheter du mobilier nouveau chez un bon fabricant qui a conçu une gamme pour le bureau à domicile ou bien acheter des meubles de qualité d'occasion. Vous trouverez presque partout des magasins vendant du mobilier de bureau acheté à des entreprises locales qui en ont changé ou bien qui ont fait faillite. Achetez du mobilier de qualité. Rappelez-vous que les armoires de classement seront ouvertes et fermées des milliers de fois par an et qu'elles ne doivent pas vous laisser tomber.

3. *Offrez-vous la meilleure chaise possible.* Les chaises pliantes ou les chaises de la salle à manger ne sont pas faites pour être utilisées à un bureau. Si vous ne devez dépenser de l'argent que dans un seul article, achetez une très bonne chaise. C'est ce qui fera toute la différence au niveau de votre efficacité au cours des jours que vous passerez dedans.

4. *Éclairage, lumière éblouissante et reflets.* Ils jouent un rôle important dans la conception d'un bureau à domicile. Vous devez donc prendre du temps pour décider de la position de votre éclairage afin de limiter les éblouissements, les reflets et ainsi diminuer la fatigue.

5. *Le son peut vous aider ou bien vous empêcher de vous concentrer.* Nous réagissons tous différemment aux sons et nous devons prendre en compte ces différences quand nous installons notre bureau à domicile. Vous concentrez-vous mieux avec une musique de fond ? Comment vos clients réagiront-ils en entendant un chien aboyer ou des enfants jouer en bruit de fond ?

6. *Température.* Tous les facteurs qui affectent le confort ont un effet sur la productivité. Faites attention à la position du soleil, du chauffage et des bouches d'air conditionné, ainsi qu'à la proximité de fenêtres et de courants d'air.

7. *Heures de travail.* Le bureau est là où vous vous trouvez. Vous devez donc vous concentrer et travailler de manière professionnelle. Je trouve pour ma part que la meilleure façon est d'établir des heures de travail

Figure 8.3. *Le parfait bureau à domicile.*

fixes. Tous les membres de ma famille les connaissent et les respectent et même si je suis dans la pièce d'à côté, je suis au travail et ne dois pas être dérangé sauf cas de force majeur.

Si je veux aller à une manifestation familiale pendant les heures de travail, je prends cette décision comme si je travaillais dans une entreprise. Je consulte mes impératifs bien à l'avance et note l'événement sur mon agenda. Je prends en outre du temps pour déjeuner et je vais faire mon jogging tous les matins avant les heures de bureau même si ma journée est très remplie. De par mon expérience, j'ai vu que respecter le plan et les horaires me permettait de faire mon travail, avoir du temps pour ma famille et finir mes journées de travail à l'heure.

8. *Assistance.* Quand on travaille chez soi, il faut souvent prévoir des ressources qui peuvent nous assister ou réparer les choses. J'ai une liste classée par sujet des numéros de téléphone de toutes les personnes et entreprises que je peux consulter en cas de problèmes ou de questions. Je fais appel à un spécialiste informatique qui me conseille et se déplace à domicile pour réparer mon ordinateur et installer mes logiciels et à un réparateur de photocopieuses qui fait des dépannages à domicile dans les deux heures.

Ma liste comprend également les numéros de téléphone de tous les services d'assistance de tous mes logiciels et outils électroniques. Si vous travaillez pour une entreprise, vous pouvez également noter tous les numéros des différents services d'assistance spécifiques à votre entreprise.

9. *Tout seul et solitaire.* Travailler à la maison ne doit pas vouloir dire se sentir seul. Je prévois souvent des déjeuners d'affaires et invite les autres chez moi pour des réunions.

De plus, dans le bureau de nouvelle génération, travailler chez soi ne veut pas forcément dire que l'entreprise n'a pas de bureau. Généralement, la règle des 80/20 s'applique : passez au moins un jour sur cinq au bureau de l'entreprise. Nos clients nous ont dit qu'il était préférable de varier le jour de la semaine où se rendre au bureau.

Le travail nomade

1. Chez le client, dans la voiture, à l'hôtel, à l'aéroport. Le bureau est là où vous vous trouvez et vous travaillez où que vous vous trouviez. Je voyage beaucoup pour rendre visite aux différents bureaux IBT dans le monde et je me suis rendu compte qu'une bonne planification était cruciale pour toujours avoir ce dont j'ai besoin où que je sois et quoi que je fasse.

Avant tout voyage, rendez-vous ou n'importe quelle réunion, prévoyez dans votre agenda une plage horaire pour planifier en détail où vous allez et ce dont vous avez besoin pour mener à bien votre tâche. La planification immédiate vous donne l'assurance dont vous avez besoin pour réussir dans le monde des affaires.

2. Une bonne assistance/de bons équipements. Vous vous souvenez de la liste « assistance et réparation » dont j'ai parlé dans la partie consacrée au travail à domicile ? Je garde cette liste sur mon ordinateur et avec moi tout le temps pour pouvoir contacter mon réseau d'assistance à tout moment.

Je me suis également rendu compte que c'était une bonne idée de garder certains articles de papeterie, quelques brochures de la société, des cartes de visite professionnelles et des timbres dans ma mallette. Vous ne savez jamais quand vous aurez besoin d'envoyer un mot de remerciement ou une brochure à quelqu'un que vous venez de rencontrer ou avec qui vous avez parlé.

3. Faites le travail à temps. Ceux qui voyagent souvent doivent quand même prévoir du temps au bureau ou à domicile pour faire le travail généré par tous ces voyages. Chaque réunion d'une heure génère deux heures supplémentaires de travail. Une partie de ce travail consiste à préparer la réunion et le reste à mettre en place les actions et les tâches qui découlent de celle-ci. Quand je voyage, je commence à détailler mon planning pour mon retour au bureau. La planification immédiate me permet de tenir les promesses que j'ai faites à mes clients et à mes collaborateurs.

Utilisateurs d'ordinateurs portables : Attention

Si vous utilisez un ordinateur portable, vous devez sauvegarder vos informations au moins une fois par semaine sans exception. Choisissez un moment dans la semaine pour procéder au back up de vos données. Pour ma part, je le fais le vendredi quand je procède à l'organisation et à la planification de ma semaine. Notez-le dans votre agenda et ne manquez pas ce rendez-vous. Vous n'avez aucune excuse pour ne pas le faire et vous ne pouvez pas vous permettre de courir un tel risque !

En résumé
1. Identifiez le type de bureau de nouvelle génération qui convient le mieux à votre entreprise.
2. Lisez le superbe livre de référence sur le processus de décisions : *Workplace by Design* **écrit par le Dr. Franklin Becker et Fritz Steele.**
3. Analysez les raisons de la perte de valeur des informations au sein de votre entreprise.
4. Étudiez votre processus d'organisation des informations actuel et procédez aux changements nécessaires pour éviter de perdre du temps à rechercher les informations.
5. Les utilisateurs d'ordinateurs portables doivent mettre au point un bon système de back up. Décidez la périodicité de mise à jour de votre ordinateur portable et les processus de classement hors ligne ou en réseau que vous allez utiliser. Vous devez sauvegarder vos données au moins une fois par semaine.
6. Endiguer le flot de papier ne se fait pas à la légère. Déterminez vos buts et la formation nécessaire pour réussir dans cette entreprise. Faites-vous aider en interne et en externe.
7. Les vendeurs de mobilier sont légion et couvrent toutes les catégories de prix. Commencez par vous entretenir avec un distributeur qui selon vous connaît les différentes solutions de bureau de nouvelle génération afin de clarifier ce que vous recherchez dans ce type de bureau. Vous allez passer plus de temps que vous n'aimeriez avec ces gens, le mieux est donc de leur faire confiance et d'aimer passer du temps avec eux.
8. Les cabinets d'architecture d'intérieur sont également légion et couvrent toutes les catégories de prix. Cherchez un cabinet qui connaît les différentes solutions de bureau de nouvelle génération afin de clarifier ce que vous recherchez dans ce type de bureau.
9. Essayez de trouver le bon équilibre entre l'apparence et la fonctionnalité. Demandez aux personnes qui travailleront dans cet espace ce qu'elles pensent des différentes options envisagées.

10. Impliquez la direction. Le président et toute la hiérarchie doivent encourager le processus de changement et y participer.

11. Alignez les objectifs de la société sur les attentes des employés. Interrogez les employés sur leurs besoins et communiquez-leur continuellement les progrès du projet de bureau de nouvelle génération.

12. Comme dans tous les déménagements, un processus doit être en place aussi bien pour les gros événements que pour les petits détails. Définissez un processus avant, pendant et après le déménagement pour les employés afin que le déménagement se passe en douceur.

13. Classez tous vos documents sur papier et sous format électronique pour tout retrouver facilement. (voir chapitre 2).

14. Si vous travaillez principalement à domicile, planifiez vos horaires de travail et prévenez les membres de votre famille, vos amis et vos collaborateurs.

15. Prévoyez dans votre agenda les dates où vous vous rendrez dans l'entreprise.

16. Travaillez chez soi signifie bénéficier d'un environnement où le travail peut être accompli efficacement. Si vous travaillez chez vous, passez en revue votre environnement actuel (aussi bien physique qu'humain), ses défauts et les démarches à entreprendre pour créer un environnement à valeur ajoutée qui favorise la productivité.

17. Passez en revue les réunions et voyages prévus et prévoyez du temps pour planifier ces événements efficacement.

CHAPITRE 9

LA MAINTENANCE IMMÉDIATE

« C'est lorsque le soleil brille qu'il
faut réparer le toit. »

John F. Kennedy

Objectifs
• **Votre tâche n'est terminée que lorsque vos instruments sont en meilleur état qu'avant de les avoir utilisés.**
• **Moins vous accumulez, moins vous avez de maintenance à assurer.**
• **Le but d'une bonne maintenance est de faciliter la production la fois suivante.**
• **Ajouter à chaque planning hebdomadaire des tâches qui vous permettront d'améliorer vos conditions de travail.**

L'un de mes associés m'a cité le cas d'un jeune homme de dix-huit ans à qui ses parents avaient offert une voiture, pour célébrer la fin de ses études secondaires et son premier emploi. Ce jeune homme faisait scrupuleusement laver son véhicule une fois par semaine, mais il ne changeait jamais l'huile. Au bout d'un certain temps, faute de cette mesure élémentaire d'entretien, le moteur se mit à grincer et à gripper, et tout finit par se bloquer. La voiture était fichue !

Plus encore que par les dommages sur le plan financier, j'ai été frappé par l'idée que ce stupide gâchis n'aurait jamais dû se produire. Comment ce garçon pouvait-il ignorer les bases les plus élémentaires de l'entretien d'une voiture ?

En ruminant cette histoire, j'en ai conclu que ses parents ne lui avaient sans doute jamais parlé de la nécessité de changer l'huile. Ils le croyaient au courant, et l'idée de lui donner cette précision ne leur avait jamais effleuré l'esprit.

Dans le domaine administratif, les gens ont des notions très insuffisantes en matière de maintenance. Pour justifier leur manque d'initiative à ce sujet, les responsables déclarent que leurs employés devraient être informés, car ce sont des professionnels. Ils comptent sur leur vigilance, et ils ne voient pas la nécessité d'intervenir...

Nous avons constaté le résultat d'une telle attitude dans le cas de ce jeune homme. Les conséquences peuvent prendre un tour beaucoup plus dramatique lorsqu'il s'agit d'une entreprise...

L'entropie

L'entropie peut être définie comme la mesure ou le degré de désordre conduisant à la panne de tout système. En physique, c'est la deuxième loi de la thermodynamique. Une des lois naturelles de l'univers est que les systèmes ont tendance à évoluer de l'ordre vers le désordre, lequel augmente lui-même la complexité. Vous voulez une vie simple ? Intégrez l'ordre au sein de votre processus de travail quotidien !

Si vous espérez et vous attendez à travailler dans un environnement ordonné, vous devez savoir que l'environnement tend naturellement vers le désordre et qu'il va vous falloir aller à l'encontre de cela.

Essayez de négliger votre jardin pendant un moment et vous verrez vite les effets de l'entropie.

Arrivé à ce point, vous aurez normalement effectué les nombreux changements que nous avons indiqués dans ce livre et le Programme d'Efficacité Personnalisé. Votre bureau est sans doute plus dégagé, vos dossiers mieux classés et les choses se trouvent là où elles doivent être. Vous avez un bon système de classement. Vous pouvez être sûr qu'à cause de la loi de l'entropie, tous les systèmes que vous avez mis en place auront tendance à aller à vau-l'eau à moins que vous ne travailliez constamment à bien les entretenir.

Comment y parvenir ? Intégrez la maintenance dans votre cycle de travail.

Maintenance et cycle de travail

Un vieux technicien d'IBM m'a beaucoup appris dans ce domaine. Il était affecté au dépannage des ordinateurs et il allait chez ses clients. Il portait une blouse avec des dizaines de poches contenant les outils dont il pourrait avoir besoin. Si une réparation lui semblait nécessaire, il s'en occupait sans hésiter, même si elle n'était pas l'objet de sa visite. Apercevait-il une goutte d'huile sur le sol, il l'essuyait immédiatement avec son chiffon. Il nettoyait chaque outil après usage et il le remettait dans la poche appropriée. Si l'un d'eux se cassait, il remplissait aussitôt un formulaire pour en commander un nouveau. À la fin de la journée, cet homme organisé était prêt à partir avant ses collègues qui n'avaient pas pris les mêmes précautions !

En d'autres termes, la maintenance fait partie de votre cycle de travail. Chaque tâche a un début, un milieu, une fin. Au début, il faut s'organiser, en programmant et en se préparant. Exécuter la tâche elle-même ne suffit pas, il faut aussi assurer la maintenance. Cela consiste à remettre chaque chose à sa place et à améliorer l'état de tout ce que vous touchez (vos outils, vos dossiers, etc.).

Pour en prendre l'habitude, le plus simple est d'intégrer la maintenance à votre cycle de travail, aussi automatiquement que s'il s'agissait de changer l'huile de votre moteur.

Comment procéder pour répondre à une lettre d'un client régulier ? Prenez d'abord son dossier : vous avez à portée de main l'historique de ses rapports avec votre société, et vous pouvez vous référer facilement et rapidement à tous les faits pertinents. Vous pouvez vérifier l'orthographe des noms d'après les sources originales et citer des dates en vous reportant aux factures ou aux bons de commande. Vous disposez, en principe, de copies de toute la correspondance échangée. Attendez-vous à découvrir des ressources insoupçonnées !

Si vous vous reportez au dossier de votre client, vous ne risquez pas d'être handicapé par un manque d'information. Vos informations influent sur votre lettre, dont la qualité sera grandement améliorée.

Après avoir écrit celle-ci, vous vous préparez à ranger votre dossier. Que faire maintenant ? Prenez une ou deux minutes pour le remettre en ordre. Classez les lettres dans l'ordre chronologique, avec la plus récente au-dessus. Éliminez les documents en double. S'il y a des cartes de visite, agrafez-les au dossier pour qu'elles ne risquent pas de glisser et de se perdre, ou classez-les dans votre répertoire de cartes. Deux minutes, pas une de plus, et votre dossier, remis en place, sera en meilleur état et plus à jour qu'avant usage.

Cette méthode doit s'appliquer aussi à vos fichiers informatiques. Si la lettre que vous avez écrite est dans le répertoire clients, passez-le rapidement en revue afin d'éliminer les documents inutiles et d'organiser le reste. L'un de mes collègues a trouvé 1 800 messages dans les bases de données d'un ordinateur. Personne ne peut gérer un tel nombre d'informations ! Il faut savoir utiliser sa touche d'effacement et surtout considérer l'organisation comme un facteur essentiel du processus de travail.

Se simplifier la vie

Le but de la maintenance est de faciliter la production. Quand la photocopieuse est à court de papier, rechargez-la suffisamment. Si vous ne mettez qu'une douzaine de feuilles sur le plateau, la personne suivante aura le même problème que vous ! Ne laissez pas vos dossiers dans un état si lamentable que personne ne pourra y comprendre quoi que ce soit. Efforcez-vous au contraire de donner à tout ce que vous touchez un potentiel supplémentaire d'efficacité et de productivité.

La maintenance consiste à s'organiser de manière à aller de l'avant avec plus de facilité. Si vous négligez les petits détails vous ne tarderez pas à en subir les conséquences.

Pas de maintenance à tout prix

Si la maintenance vous demande trop d'efforts vous finirez par vous en lasser. Tout naturellement, vous remettrez à plus tard, sous prétexte que vous attendez le bon moment, que vous êtes fatigué ou que vous n'avez pas le temps. Toutes les excuses sont bonnes... Une maintenance efficace doit avant tout être indolore !

Une fois que vous avez mis de l'ordre dans vos dossiers, le plus dur est fait. Si vous découvrez que vous consacrez une grande partie de votre temps à la maintenance d'un « outil » que vous utilisez exceptionnellement, interrogez-vous sur la nécessité de cette démarche. Si cet outil ne vous est pas réellement utile, autant vous en débarrasser tout de suite.

Maintenance et action immédiate

Si vous avez pris à cœur le concept d'*action immédiate*, la maintenance vous donnera une excellente occasion de vous entraîner. On peut toujours trouver de bonnes raisons de la remettre à plus tard. Mais si la notion d'*action immédiate* vous vient à l'esprit dès qu'une initiative de maintenance se présente, vous agirez. Si un outil a besoin d'une réparation ou d'une recharge, vous vous en occuperez tout de suite. L'*action immédiate* devient la règle et elle s'étend à la maintenance.

S'habituer à la maintenance

Il est préférable de prendre des habitudes de maintenance efficaces dans votre travail. J'ai insisté, au chapitre 3, sur l'intérêt de regrouper et de programmer le traitement de vos papiers et de vos messages électroniques, qui vous permet de maîtriser votre routine quotidienne. Je vous conseillerai maintenant d'intégrer à votre planning hebdomadaire un moment consacré spécialement aux tâches de maintenance : vous avez besoin de mettre votre classement à jour, de sauvegarder les données de votre disque dur, de vérifier vos réserves de matériel.

De même que vous avez pris l'habitude de vider chaque jour votre corbeille « arrivée », prévoyez aussi de vous consacrer régulièrement aux corvées que vous êtes tenté de remettre à plus tard. Par exemple le tri des papiers inutiles qui encombrent vos dossiers ! Certaines personnes programment ce grand nettoyage à la fin de l'année, entre Noël et Nouvel An. Lorsque l'activité du bureau entre en sommeil, elles prennent le temps de préparer de nouveaux dossiers et de se débarrasser de leurs vieux papiers, des documents devenus inutiles, des piles de magazines qui se sont accumulées. En un mot, elles font le vide.

Ce nettoyage annuel a certainement du bon, mais il me paraît insuffisant. À un rythme trimestriel, il donne de bien meilleurs résultats ! Notez dans votre emploi du temps de lui consacrer une demi-journée par exemple. Vous fermerez votre porte et vous vous mettrez au travail : réorganisez, videz, passez en revue vos livres de comptes, vos dossiers de référence, vos archives, etc.

La figure 9.1 montre comment programmer un bon système de maintenance.

|		

**MAINTENANCE DU SYSTÈME ORGANISATIONNEL
EN VUE D'UNE PLANIFICATION EFFICACE**

Programme de maintenance de votre système

Rythme temporel	*Mise à jour*	*Action*
Continu ⟶	Bureau ⟶	• Intégrez dans le système tous les papiers en vue
Continu ⟶	Dossiers individuels ⟶	• Chaque fois que vous utilisez un dossier, retirez les papiers périmés avant de le ranger
Quotidien ⟶	Corbeilles ⟶	• Traitez la corbeille « Arrivée » • Passez en revue et traitez la corbeille « En attente » • Videz la corbeille « Sortie »
Hebdomadaire ⟶	Dossiers de travail ⟶	• Ajoutez les nouveaux dossiers • Ecrivez les plans d'action de projets • Classez les dossiers traités
Mensuel ou trimestriel ⟶	Dossiers de référence ⟶	• Placez les dossiers « activés » dans les dossiers de travail • Epurez les dossiers épais et les tiroirs pleins
Semestriel ⟶	Tout le système ⟶	• Archivez les dossiers inactifs • Passez le système en revue • Prévoyez une journée de PEP pour reprendre éventuellement le système en mains

Figure 9.1. *Programme de maintenance
pour votre système organisationnel.*

Le défi des 21 jours

Une des collaboratrices d'IBT en Australie, Sharon McGann, a recueilli un certain succès auprès de ses étudiants en appliquant ce qu'elle a appelé « le défi des 21 jours ». Au tout début du processus de PEP, elle demande à chacun de ses étudiants de choisir une habitude professionnelle et d'y travailler pour la changer en mieux. Le défi est de travailler à changer cette habitude chaque jour pendant 21 jours consécutifs. Le piège est que si vous manquez un jour, vous revenez au début !

Les progrès sont évalués et commentés par Sharon et son étudiant tout au long du processus de PEP (qui peut durer plusieurs mois). Ce processus de rupture avec cette habitude montre à l'étudiant le processus de développement d'une nouvelle habitude. Cette compréhension sert ensuite de base à des plans d'action et à d'autres changements.

Êtes-vous prêt à relever le défi ? Quelle est l'habitude professionnelle que vous aimeriez le plus changer ? Établissez une stratégie pour changer cette habitude et la remplacer. Tous les jours pendant 21 jours, poursuivez votre plan. Si vous échouez un jour, revenez au premier jour. Notez ce que vous vivez et ressentez pendant ce processus. En comprenant mieux comment vous réagissez à ce défi, vous aurez beaucoup plus de facilité à relever le défi suivant.

Maintenance et voyages

Bien que je sois continuellement en déplacement par monts et par vaux – à l'étranger une fois par mois, et une ou deux fois par mois à travers les États-Unis – notre bureau se passe de secrétaire. Nous nous organisons de manière à faire tout le travail nous-mêmes. Cette idée, qui nous a rendu de grands services, nous a été inspirée par une petite entreprise suédoise.

Nous devons recourir à des « outils » électroniques et aux services de la compagnie du téléphone pour rester en contact. Notre méthode consiste à appeler le bureau chaque jour et à traiter de vive voix toute la correspondance nous concernant. Voici comment nous procédons. Celui d'entre nous qui est au bureau garde sous la main la correspondance arrivée au nom de son collègue en déplacement ; lorsque celui-ci appelle, son courrier est rapidement passé en revue, et il lui suffit habituellement d'y répondre par téléphone depuis l'endroit où il séjourne. C'est une méthode coûteuse, mais rapide. S'il faut envoyer un fax, la personne présente au bureau s'en charge ; s'il y a du courrier à mettre au rebut, elle s'en débarrasse. Certaines questions ne peuvent se régler que sur place, mais elles sont beaucoup moins nombreuses qu'il n'y paraît. Ce système a donné de très bons résultats dans toutes les entreprises où nous l'avons introduit.

Un dirigeant ne devrait jamais prendre de rendez-vous au moment exact de son retour. Il prévoit de disposer de quelques heures pour régler ce qui concerne son voyage (résumé des activités, reçus, offres à préparer) et tout ce qui s'est accumulé en son absence.

Nous avons travaillé pour une société dont les représentants étaient en déplacement du lundi au jeudi et passaient le vendredi au bureau afin de traiter les problèmes administratifs et de faire le planning de la semaine suivante. Mais une journée ne leur suffisait pas : ils se plaignaient de devoir travailler pendant le week-end pour se mettre à jour, à l'exception de l'un d'entre eux qui bouclait toutes ses tâches en temps voulu. Sa méthode était simple. Il avait dans sa mallette des enveloppes adressées au bureau régional, au siège social, à son patron, aux services de comptabilité. Il y mettait au fur et à mesure les papiers concernant ces différents destinataires ; les reçus allaient naturellement dans l'enveloppe de la comptabilité. Le jeudi soir, il n'avait plus qu'à se rendre à la poste ! Entre-temps, il avait consulté ses messages plusieurs fois par jour et il les avait traités aussitôt. Lorsque les autres représentants ont adopté ce système, leurs problèmes se sont évanouis !

La maintenance préventive

Ne vous contentez pas de maintenir une bonne organisation, réfléchissez aussi aux initiatives vous permettant d'éviter de futurs problèmes organisationnels. Par exemple, dès que vous aurez rempli votre déclaration d'impôt, ouvrez un dossier pour l'année suivante. Vous y classerez régulièrement les informations fiscales qui arriveront au cours de l'année. Si vous êtes prévoyant et si vous préparez à l'avance votre dossier impôts, vous vous épargnerez un moment de panique au moment de la déclaration fiscale.

Vous pouvez aussi anticiper les périodes de pointe de l'année en cours et vous organiser de manière à y faire face. Elles pèseront moins lourd sur vous si vous avez pris vos précautions.

Maintenance et progrès continu

J'ai longuement insisté sur la maintenance dans ce chapitre, car elle vous évite de retomber dans de mauvaises habitudes improductives. Mais surtout ne vous arrêtez pas là : un Programme d'Efficacité Personnalisé ne doit pas se satisfaire du statu quo. Efforcez-vous de progresser. Ayez la volonté de perfectionner sans cesse vos méthodes de travail. Dans l'environnement hautement compétitif qui est aujourd'hui le nôtre, vous devez viser l'excellence : même si vous avez réalisé un progrès considérable, ayez pour objectif l'amélioration continuelle de tout ce que vous faites.

Peu de gens sont enclins à planifier les tâches concernant l'amélioration de leurs méthodes de travail. Je me garderai d'en conclure qu'ils les sous-estiment. À vrai dire, étant donné l'obsession actuelle du reengineering et de la qualité dans la plupart des entreprises, ils s'en soucient beaucoup plus qu'il n'y paraît, mais ils l'abordent sous un angle différent. Au lieu de s'intéresser à l'organisation de leur travail quotidien, ils pensent en termes de performance et de « zéro défaut ».

Chaque semaine, j'ai pour principe de me poser la question suivante : « Que vais-je faire dans les jours à venir pour améliorer mes conditions de travail ? » Sur mon programme doivent figurer plusieurs tâches qui me rendront la vie plus facile, qui accroîtront mon efficacité et mes connaissances, ou qui me feront progresser d'une manière ou d'une autre.

Il peut s'agir de lire deux chapitres concernant un logiciel d'application dont j'ai l'intention d'étendre l'usage. Certaines personnes inscrivent sur leur programme de travail des tâches en rapport avec leur développement personnel. Je les encourage à noter tout ce qui leur vient spontanément à l'esprit, puis à passer à l'acte. Parfois, il s'agit simplement d'apprendre à se servir d'une nouvelle imprimante. Vous avez tous mille et un projets en tête, qui vous permettraient de mieux faire. Qu'attendez-vous pour les mettre à exécution ?

Inclure tous ces objectifs dans votre programme hebdomadaire, c'est vous donner un moyen de les réaliser en un temps minimum. Une fois notée, une tâche ne risque plus d'être négligée. Lentement mais sûrement vous améliorez votre nouvelle image d'efficacité, au lieu de simplement la maintenir.

Vous introduisez le changement dans votre vie quotidienne et vous êtes le maître de ce changement.

Un rattrapage périodique

Certains de mes clients ne voient pas la nécessité de garder continuellement leur organisation à jour. Ils obtiennent de bons résultats en opérant un rattrapage périodique : après avoir maintenu leur rythme de travail pendant une période de pointe ou la réalisation d'un projet, ils prennent ensuite le temps de tout remettre en ordre. Si vous décidez de suivre leur exemple, voici quelques conseils : ne restez pas plus de deux semaines sans vous réorganiser ; faites un « nettoyage » complet ; ayez un excellent système de rappel pour ne pas négliger des éléments importants.

La maintenance minimale

Une fois que vous vous êtes organisé, rangez votre bureau chaque soir avant de rentrer chez vous : c'est le minimum en matière de maintenance…

Que faire quand tout va mal ?

Vous avez rangé votre bureau, qui ressemble maintenant au cockpit d'un avion de chasse. Jamais vous n'avez été aussi bien organisé ! Vous avez pris des habitudes qui vous permettent de maîtriser le flux de vos papiers, de vos messages, de vos informations et de votre courrier électronique. Vous programmez votre travail tous les vendredis. Vous avez acheté un ordinateur portable et un logiciel d'organisation vous commencez à avoir bonne conscience. C'est alors que vous vous heurtez à un obstacle imprévisible : on vous demande de partir à Tokyo pour remplacer un collègue pendant six semaines. Ou bien un important client reconsidère ses engagements et vous devez mettre au point un argumentaire de vente pour sauver la situation : pendant deux semaines, cela vous absorbe seize heures par jour ! Autre situation : à votre retour de vacances, vous trouvez du travail en retard et une pagaille généralisée. Si tel est le cas, comment allez-vous réagir ?

À cet instant critique, vous risquez de retomber dans vos mauvaises habitudes. Après tout, elles ne donnaient pas de si mauvais résultats et vous avez eu tant de mal à vous organiser ! Vous ne voulez plus entendre parler du Programme d'Efficacité Personnalisé : l'expérience vous a intéressé, mais elle ne convient pas à votre tempérament, vous dit une petite voix dans votre tête.

J'ai entendu maintes fois ces arguments, mais je vous assure que ce n'est pas le moment d'abandonner la partie. Il existe un remède radical et indolore à cette situation : donnez-vous une journée d'*action immédiate*. Placez sur votre porte un écriteau annonçant votre indisponibilité pour la journée, étalez vos papiers sur votre bureau et repartez à zéro. La tâche sera beaucoup plus facile et rapide que la première fois ; il vous suffira peut-être de quelques heures pour arriver au bout de vos peines.

Afin de vous faciliter ces journées d'*action immédiate*, essayez de garder à jour le flux de vos informations quotidiennes. Si vous passez deux semaines à préparer votre argumentaire de vente, ménagez-vous si possible une heure pour traiter le courrier arrivé. Déléguez le plus possible, soyez énergique (et même sans pitié) à propos de ce que vous ne voulez pas faire. Utilisez votre échéancier pour dégager votre bureau et ranger les documents à la place qui leur revient. Profitez des circonstances pour tester votre efficacité et, lorsque votre situation sera normalisée, continuez sur votre lancée.

Peut-être ne serez-vous jamais dans un tel pétrin, mais le rythme de votre travail fluctue et vous avez parfois l'impression que vous allez vous noyer.

La maintenance signifie la reconnaissance du cycle inhérent à chaque activité, depuis le moment de la mise en route jusqu'à celui où vous remettez tous vos instruments en place, au moins en aussi bon état qu'avant usage. La maintenance est synonyme d'organisation du travail. Et elle devrait toujours être en progression.

En résumé

1. Si vous reconnaissez l'importance fondamentale de la maintenance, vous serez assuré du bon fonctionnement de votre système d'organisation pendant des années. Efforcez-vous de mettre en pratique les règles élémentaires de maintenance qui vous permettront de rentabiliser sur une longue période l'effort que vous avez fourni en vous initiant au PEP.

2. Faites de ces règles un automatisme, comme s'il s'agissait de changer l'huile de votre moteur. Ne ménagez ni votre temps, ni vos efforts : cette routine quotidienne vous permettra de maintenir une organisation sans laquelle vous seriez totalement incapable de travailler.

3. Mettez en place des systèmes qui vous empêcheront de retomber dans vos anciens travers. Adoptez des habitudes qui stimulent votre progrès personnel et qui vous aident à maintenir ces systèmes. Intégrez-les à votre planification hebdomadaire.

4. Pensez en termes de cycles de travail. Chaque activité a un début, un milieu, une fin. Au début, vous vous préparez à la tâche. Au milieu, vous l'accomplissez. À la fin, vous devez vous préoccuper de la maintenance, c'est-à-dire ranger vos outils, dossiers, etc., en les laissant en meilleur état qu'avant usage.

5. Souvenez-vous qu'à l'ère des ordinateurs, la maintenance ne concerne pas uniquement vos dossiers papier. Vos fichiers informatiques et votre messagerie électronique ont aussi leurs exigences. La maintenance de votre disque dur suppose que vous ayez des systèmes de sauvegarde et que vous les utilisiez régulièrement, pour ne pas être à la merci d'une soudaine panne de courant ou d'un autre incident.

6. Consacrez chaque semaine un moment à l'organisation de votre travail à long terme. Vous planifierez le travail de votre semaine à venir et la maintenance de votre organisation. Gardez votre classement à jour. Sauvegardez votre disque dur. Vérifiez vos réserves de matériel. Effectuez votre maintenance à un rythme annuel ou trimestriel, par exemple, pour tout garder en parfait état.

7. Si vous consacrez du temps à la maintenance d'un objet que vous utilisez rarement, interrogez-vous sur son utilité. En cas de doute, tirez-en honnêtement les conséquences.

8. Organisez-vous. Intégrez la maintenance à votre planning ; elle deviendra une réalité. Planifiez votre succès. Adoptez de bonnes habitudes. Si la maintenance se mue en un automatisme, elle sera une étape sur la voie du succès.

9. Ne vous endormez pas sur vos lauriers ! Ayez pour objectif de progresser continuellement dans tout ce que vous faites. Le Programme d'Efficacité Personnalisé est un outil, une méthode de travail qui vous permettra d'y parvenir.

ÉPILOGUE

UNE HABITUDE DE PLUS

> « Une personne bien adaptée se caractérise moins par ses habitudes que par la facilité avec laquelle elle les modifie en fonction des circonstances. Elle est prête à changer, alors qu'un individu plus rigide et plus dogmatique se cantonne sur des positions défensives. »
>
> *Wendel Johnson*

Ces quelques pages représentent le fruit d'une longue expérience.

Nous avons abordé essentiellement la manière dont vous vous êtes conditionné sur le plan de vos méthodes de travail. On entend souvent dire, à juste titre, qu'il est très difficile d'adopter de nouvelles habitudes. Mais difficile ne signifie pas impossible : changer est à la portée de tous ! Il suffit d'innover une première fois en s'habituant à l'*action immédiate*. Lorsque l'idée vous vient à l'esprit d'expérimenter une nouvelle méthode de travail, ne perdez pas un instant. Et si l'envie vous prend de changer de chemin pour aller au bureau, n'hésitez pas.

Le désordre ne représente pas nécessairement une mauvaise habitude en soi. Une habitude bien plus dommageable est le fait de ne jamais rien tenter pour se corriger. Brisez ce cycle, et agissez ! Si vous passez à l'acte au lieu de tergiverser, vous évoluerez en un rien de temps et vous découvrirez que vous êtes le véritable maître de vos habitudes.

ANNEXE A

LISTE D'AMÉLIORATIONS DES RÉUNIONS

Préparatifs de la réunion

1. L'objectif de la réunion est clair.
2. Les bonnes personnes y prendront part.
3. Une salle de réunion a été réservée.
4. Le matériel nécessaire a été commandé et est disponible.
5. Les convocations à cette réunion ont été envoyées en temps et en heure.
6. La convocation contient les éléments suivants :
   - But de la réunion.
   - Les points à l'ordre du jour.
   - L'endroit où se passe la réunion.
   - Les heures de début et de fin.
   - Les préparatifs devant être accomplis par les participants.

Président

1. Dirige la réunion.
2. Respecte l'horaire.
3. Encourage chacun à participer.
4. Permet aux participants de finir leur communication.
5. Garantit que l'on ne s'éloigne pas du sujet.

6. Résume les points de la réunion.
7. S'assure que les décisions sont prises (qui ? quoi ? quand ?)

Secrétaire

1. Écrit le compte rendu de la réunion.
2. Note qui fait quoi et quand pour toutes les actions.
3. Distribue le compte rendu dans un délai acceptable.

Participants

1. Arrivent toujours à l'heure.
2. Écoutent et essaient de comprendre les autres.
3. N'interrompent pas.
4. Créent une atmosphère ouverte et créative.
5. Communiquent de manière claire, profession-nelle et précise.
6. Distribuent de la documentation.

Une liste de contrôle est à votre disposition par télé-chargement à : *http://fr.ibt-pep.com/livres_2.html*

CE QUI FAIT PERDRE DU TEMPS [1]

Dans les réunions

- La raison de la réunion n'est pas claire.
- Les participants ne sont pas les bons.
- Trop de réunions.
- Pas d'ordre du jour.
- Un compte rendu mal écrit ou pas de compte rendu du tout.
- Des conversations/discussions inutiles.
- Pas de réaction.
- Pas de décisions.
- Suivi inexistant ou presque.
- Président faible.
- Des réunions qui ne commencent pas à l'heure.
- Trop d'interruptions extérieures.
- Ordre du jour non respecté.
- Horaire de fin non respecté.
- Durée plus longue que prévue.
- Pas de contrainte de temps par intervention.
- Mauvaise préparation de la part du président.
- Manque de structure de la réunion.
- Délibération mauvaise ou absente.
- Distance et temps de déplacement trop grands pour se rendre à la réunion.

---

1. Ces concepts sont inspirés des travaux de Time Manager International A/S qui a bien voulu m'autoriser à le reprendre ici. *(N.d.A.)*

Au téléphone

- Pas de possibilité de confidentialité.
- Des conversations non structurées.
- Désir de s'impliquer dans trop de choses.
- Incapacité à s'en tenir à des conversations courtes.
- Estimation du temps irréaliste.
- Manque de priorité.
- Pas de filtre de la secrétaire.

Mauvaise délégation

- Insécurité (peur de l'échec).
- Manque de confiance dans les autres.
- Trop de contrôle.
- Directives mauvaises ou absentes.
- Délégation de responsabilités formelles sans véritable autorité.
- Crainte qu'un collègue puisse faire le travail mieux que soi.
- Préférence pour l'action plutôt que pour la gestion.
- Collaborateurs stressés.

Responsable indécis

- Manque de clarté de ses fonctions par rapport à un autre.
- Directives équivoques.
- Manque d'autodiscipline.
- Préférence pour l'action par rapport à la conceptualisation.

- Pas de description de ses fonctions.
- Priorités peu claires.

Mauvaise communication

- Méconnaissance des informations nécessaires à ses collègues.
- Problèmes de langue.
- Utilisation du mauvais support.
- Mauvais timing.
- Interlocuteur réfractaire aux nouvelles idées.
- Retard dans la réponse.
- Trop d'informations.
- Trop de communication.
- Communication peu claire.
- Mauvaise gestion de l'information.
- Mauvaise gestion de la communication.
- Informations peu fiables.
- Informations inutiles.
- Informations incomplètes.

Mauvaise prise de décision

- Manques / retards dans la prise de décision.
- Manque de confiance dans le processus de décision.
- Peur des conséquences de ses erreurs.
- Pas d'échéances réalistes.
- Report des tâches peu plaisantes ou difficiles.
- Ignorance des conséquences de ses décisions.
- Manque de vision (stratégique).
- Manque de connaissance des objectifs du service.
- Objectifs peu clairs.

Manque de systématisation dans le travail

- Absence de priorités.
- Attribution de la même priorité à tous les problèmes.
- Trop de problèmes en même temps.
- Pas de planification.
- Trop peu trop tard.
- Trop en trop peu de temps.
- Pas de temps de préparation.
- Interruptions.
- Incapacité à dire non.
- Désir d'être utile malgré les conséquences sur le travail de base.
- Besoin de se sentir important et d'être impliqué dans tout.
- Réticence à être honnête avec les autres.
- Besoin de faire partie de tout.
- Besoin de se sentir en danger ou impliqué dans une chose nouvelle/différente.
- Incapacité à finir les choses.
- Absence d'échéances.
- Manque de respect pour le temps des autres.
- Manque de perspicacité.
- Incapacité à facilement retrouver des données dans le désordre.
- Stress.
- Manque de discipline.
- Manque de temps de planification.
- Manque de planification.
- Manque de temps / de ressources.
- Interruptions par des visites intempestives.
- Pas de plans pour éviter les visites intempestives.
- Portes toujours ouvertes.

- Personnel recherchant continuellement l'approbation.
- Incapacité à finir une visite.
- Incapacité à dire non à un client.
- Trop de tâches routinières et de paperasse.
- Manque de priorités.
- Pas de délégation du travail. Croyance que l'on peut faire mieux et plus vite soi-même.
- Bureau croulant sous les papiers.
- Manque d'organisation personnelle.
- Absence d'objectifs à court ou long terme.

Pannes informatiques

- L'ordinateur tombe en panne et on n'a plus accès aux fichiers.
- La connexion Internet est lente.
- Le téléchargement des informations est lent.
- Les pièces jointes aux messages électroniques sont dans des applications logicielles que vous n'avez pas.
- Vous ne pouvez pas trouver les informations dont vous avez besoin quand vous procédez à une recherche sur Internet.
- L'ordinateur se bloque et vous perdez des informations.
- Les éléments périphériques (imprimantes, modems, etc.) tombent en panne.
- L'ordinateur plante et vous perdez vos informations.

Vous pouvez télécharger une liste de ces voleurs de temps à : *http://fr.ibt-pep.com/livres_2.html*

ADRESSES IBT
(Institute for Business Technology)

IBT fournit le pont ou le chaînon manquant entre les comportements humains et les avancées technologiques.

Ses programmes aident les entreprises de toutes tailles et de tous secteurs économiques à faire plus et mieux avec moins de ressources, moins de temps, moins de stress et plus de plaisir.

Ils aident leurs clients à rester efficaces et à le devenir davantage dans des contextes d'incertitude et de changement permanent.

Cette société est présente sur tous les continents et a accompagné individuellement plus de 500 000 managers et leurs équipes dans plus de 3 000 entreprises, ce qui représente l'observation multiculturelle des comportements, attitudes et valeurs de milliers de cas de réussites ou d'échecs transformés en réussites.

Ce livre vous a présenté le Programme d'Efficacité Personnalisé (le PEP). Il vous manque cependant l'essentiel : l'adaptation personnalisée aux individus, aux équipes et aux entreprises grâce à laquelle la méthodologie donne de vrais résultats, profonds, visibles et durables, c'est ce que font avec talent les consultants d'IBT.

Cette entreprise a débuté en Suède et a commencé son développement international en 1984 et son fondateur et actuel Président est Kerry Gleeson. Ses consultants opèrent actuellement en une quinzaine de langues, ce qui est un grand avantage pour toutes les sociétés internationales, souhaitant développer une démarche similaire dans les différents pays où elles sont présentes.

Si la lecture de ce livre vous donne envie d'en savoir plus et de profiter de l'expérience d'IBT pour accompagner votre entreprise ou votre équipe dans son évolution vers plus d'efficacité, contactez le bureau IBT de votre pays.

Si le travail que font les consultants IBT vous paraît être une nouvelle activité professionnelle qu'il vous plairait d'exercer et si vous voulez rejoindre les équipes du réseau IBT, mettez-vous en contact avec la société IBT.

Visitez le site internet d'IBT : www.ibt.fr (site en français, anglais, allemand, arabe, espagnol, danois, coréen, norvégien, polonais, suédois).

IBT dans les pays d'expression française :

IBT Bénélux
Burgemeester Haspelslaan 31
NL - 1181 NB Amstelveen
Téléphone : + 31 20 647 3752 – Fax : + 31 20 647 7633
Adresse électronique : pepinfo@ibtnl.nl

IBT Canada
78 Donegani, Suite 210
Pointe Claire, Québec H9R 2V4 – Canada
Téléphone : + 1-514-426 2325 – Fax : + 1-514-426 4986
Adresse électronique : pep@ibtcda.ca

Pour tous les autres territoires appartenant à la Francophonie (en Afrique, Asie, Polynésie, Europe…) :

IBT Francophonie, France, Suisse
Case postale 339
CH - 1224 Chêne-Bougeries – Genève
Téléphone : + 41.22.869.11.00 – Fax : + 41.22.869.11.01
Adresse électronique : ibt@ibt.fr

Lecture conseillée :
Bruno SAVOYAT, *Les secrets de l'efficacité, en faire plus en moins de temps*, Maxima-Laurent de Mesnil éditeur, 2003.

Achevé d'imprimer en novembre 2003
sur les presses de la Nouvelle Imprimerie Laballery
58500 Clamecy
Dépôt légal : novembre 2003
Numéro d'impression : 310127

Imprimé en France